海南省马克思主义理论研究和建设工程专项课题

（重大项目）

中国特色自由贸易港
理论与实践研究

海南省马克思主义理论研究和建设工程专项课题组 ◎ 著

人民出版社

序　言

2018 年 4 月 13 日，习近平总书记亲临庆祝海南建省办经济特区30 周年大会并发表重要讲话，向全世界郑重宣布支持海南全面深化改革开放，逐步探索、稳步推进中国特色自由贸易港建设。此后，习近平总书记又多次在重大会议、重要场合提及海南自由贸易港，对海南自由贸易港建设作出指示批示。尤其是 2022 年 4 月，习近平总书记再次莅临海南，对海南经济社会发展尤其是自由贸易港建设作出新的部署和指示。习近平总书记对海南自由贸易港建设如此重视，不仅体现了新时代党中央全面深化改革开放的坚定决心，而且体现了负责任大国积极担当经济全球化的雄伟魄力。海南省委省政府牢记习近平总书记的殷切嘱托，认真贯彻党中央决策部署，秉承特区精神，把准方向、敢于担当、主动作为，抓紧落实政策早期安排，以钉钉子精神夯实自由贸易港建设基础，推动海南自由贸易港建设进入不可逆转的发展轨道。习近平总书记指出，"海南自由贸易港建设进展明显，整体推进蹄疾步稳、有力有序"，同时，饱含期待地提出，"由海南来完成这项历史性任务，这也是中国特色社会主义经济特区建设的一个战略安排，不断摸索、大胆试验，现在蹚出来一条路子"。

党的十九大正式提出习近平新时代中国特色社会主义思想后，我和海南省委党校的学者们一起思考，习近平总书记亲自谋划、亲自部署、亲自推动的自由贸易港这样一项前无古人的伟大事业，这样一个世界最高水平的开放形态，正是中国式现代化道路的表现之一，正是习近平新时代中国特色社会主义思想关于扩大开放的重要内容之一！鉴于过去学术界对中国特色自由贸易港研究不够多，不够深，我开始组织团队进行习近平总书记建设自由贸易港重要论述相关研究，以期填补理论空白。我指导研究团队查阅习近平总书记关于自由贸易港的重要论述和实践，发现相关研究政策解读多、学术研究少，技术层面研究多、理论层面阐释少，单个政策研究多、全面系统阐释少。这更加坚定了我和研究团队的探索决心。海南省委宣传部发布 2020 年海南省马克思主义理论研究和建设工程重大项目招标公告，我们研究团队有幸中标。2021 年 3 月，课题研究正式展开，我提出，这是一项严肃的党的理论研究，政治要强，政策要准，思考要系统，表述要精准。在研究过程中，我组织研究骨干反复研读习近平总书记两次"4.13"重要讲话[①]、中央 12 号文[②]、中央 8 号文[③]等，认真学习十九届六中全会精神、海南省第八次党代会报告等，力争较为精准地阐释习近平总书记自由贸易港建设重要论述，相对完整地归纳海南四年多的实践探索。2022 年 7 月，在省委宣传部组织中期验收后，我们又吸收了评审专家中肯的意见建议。

本书主要涉及两个方面的内容，分别为：一是学习习近平关于建设中国特色自由贸易港重要论述；二是海南自由贸易港实践探索。从具体章节看，本书分为一个理论阐释和八个实践探索共九个章节，分别为：第一章，习近平建设中国特色自由贸易港重要论述；第二章，

---

① 2018 年 4 月 13 日，习近平总书记在庆祝海南建省办经济特区 30 周年大会上的重要讲话；2022 年 4 月 13 日，习近平总书记在海南考察时的重要讲话。

② 2018 年 4 月 11 日，中共中央、国务院印发《关于支持海南全面深化改革开放的指导意见》。

③ 2020 年 6 月 1 日，中共中央、国务院印发《海南自由贸易港建设总体方案》。

坚持中国特色社会主义基本原则；第三章，坚定不移走高质量发展之路；第四章，把制度集成创新摆在突出位置；第五章，建设世界最高开放水平形态；第六章，扎实推进风险防控；第七章，深入实施乡村振兴战略；第八章，把生态文明建设作为重中之重；第九章，建设高素质专业化干部人才队伍。从章节内部逻辑看，除第一章外，每个章节基本由三个部分组成，分别为：总体要求，具体部署，实践探索。总体要求以习近平总书记"4.13"重要讲话为基础，回答"习近平总书记要求怎么做"；具体部署以中央 12 号文和《海南自由贸易港建设总体方案》为基础，回答"中央具体要求做什么"；实践探索以海南建设自由贸易港的工作进展和成效为基础，回答"海南干得怎么样"。我们希望通过阅读本书，党员干部能够对习近平总书记关于自由贸易港建设重要论述有深刻认识，专家学者能够对自由贸易港建设来龙去脉有些许了解，各界人士能够对自由贸易港实践探索有相对全面的把握。

2022 年 4 月，习近平总书记考察海南时语重心长地指出："我们开放的大门永远是敞开的，同时一定要定下心来，一心一意走自己的路，而且要建立这样的一种自信，就是我们一定会把自己的事业办好，屹立于世界民族之林。"乘着习近平总书记考察海南的东风，海南省第八次党代会对未来五年自由贸易港建设做出系统周密部署。我们坚信，在以习近平同志为核心的党中央坚强领导下，海南自由贸易港建设一定会蓬勃展开行稳致远，一定会实现宏伟的目标。海南也一定会成为新时代中国改革开放的示范，成为展示中国风范、中国气派、中国形象的靓丽名片。

课题组组长：李军

二〇二四年四月

目　录

序　言 1

第一章　学习习近平关于建设中国特色自由贸易港的重要论述 1

一、时代背景 2

（一）中国特色社会主义需要创新发展 2

（二）国际政治经济秩序正在深刻变化 4

（三）全面深化改革开放进入攻坚期 5

（四）中国式现代化道路越走越宽 6

（五）习近平对自由贸易工作长期探索 7

二、主要内容 16

（一）是新时代改革开放进程中的一件大事 18

（二）要体现中国特色符合发展定位学习国际经验 21

（三）加快建设具有世界影响力的中国特色自由贸易港 ... 24

（四）要始终坚持"三区一中心"战略定位 26

（五）要实行更加积极主动的开放战略 28

（六）要把制度集成创新摆在突出位置 30

（七）要在推动经济高质量发展方面走在全国前列 32

（八）要把生态文明建设作为重中之重 33

（九）要坚持维护国家安全不动摇 35

（十）要强化自由贸易港建设工作推进机制 37

（十一）要做好长期奋斗的思想准备和工作准备 39

三、理论方位 41

（一）党对外开放理论的最新成果 41

（二）习近平新时代中国特色社会主义思想的有机组成 ... 43

（三）构建人类命运共同体的理论指引 44

（四）中国特色社会主义创新发展的理论指南 46

四、实践意义 48

（一）必将引领新时代全面深化改革开放 48

（二）必将指引构建更高水平开放型经济新体制 50

（三）必将助推新时代新发展格局构建 52

（四）必将推动海南自由贸易港高质量发展 54

第二章 坚持中国特色社会主义基本原则 57

一、基本原则的形成 58

（一）对适合中国国情的社会主义道路的探索 58

（二）中国特色社会主义的开创 61

（三）中国特色社会主义的坚持和发展 64

（四）开创中国特色社会主义新时代 67

二、基本原则的内容 70

（一）基本原则的阐释演进 70

（二）基本原则的基本框架 74

（三）基本原则的内在逻辑 78

三、坚持基本原则的总体要求 81

（一）坚持党对一切工作的领导 82

（二）坚持以人民为中心 83

（三）坚持推进改革开放 84

（四）坚持新发展理念 85

（五）坚持集中力量办大事 86

（六）坚持人与自然和谐共生 87

四、坚持基本原则的实践探索 88

（一）坚持党的集中统一领导 89

（二）坚持"一本三基四梁八柱"战略框架 90

（三）坚持以人民为中心 92

（四）坚持践行社会主义核心价值观 94

（五）坚持贯彻新发展理念 95

第三章 坚定不移走高质量发展之路 97

一、总体要求 98

（一）进入高质量发展阶段是基本特征 98

（二）推动高质量发展是根本要求 100

（三）高质量发展要贯彻新发展理念 102

（四）高质量发展要推进供给侧结构性改革 104

二、具体部署 105

（一）深化供给侧结构性改革 105

（二）建设现代产业体系 107

（三）实施创新驱动发展战略 108

（四）提高基础设施网络化智能化水平 110

三、实践探索 111

（一）奏响"经济转型三部曲" 111

（二）打造一流营商环境 113

（三）推动四大主导产业快速发展 116

（四）推进儋州洋浦一体化发展 117

（五）构建"三极一带一区"发展新格局 119

（六）加快基础设施建设 121

（七）打好科技创新翻身仗 124

第四章 把制度集成创新摆在突出位置 127

一、总体要求 128

（一）把制度集成创新摆在突出位置 128

（二）以思想大解放推动制度集成创新 130

（三）以人民为中心推动制度集成创新 132

（四）以更大改革自主权推动制度集成创新 133

（五）制度集成创新要久久为功行稳致远 136

二、具体部署 138

（一）集成创新贸易自由便利制度 138

（二）集成创新投资自由便利制度 140

（三）集成创新生产要素流动制度 141

（四）集成创新社会治理制度 142

三、实践探索 144

（一）高标准推动制度集成创新 144

（二）推动流程整合式制度集成创新 146

（三）推出信用承诺式制度集成创新 150

（四）探索共享式制度集成创新 153

（五）推进全省通办式制度集成创新 156

（六）探索内外畅通式制度集成创新 160

（七）推进机制重塑式制度集成创新 163

第五章 建设世界最高开放水平形态 167

一、总体要求 167

（一）推动形成全面开放新格局 168

（二）加快建立开放型经济新体制 170

（三）遵守和维护国际经贸规则 172

（四）努力成为新时代全面深化改革开放的新标杆 174

二、具体部署 176

（一）以贸易投资自由化便利化为重点 176

（二）以生产要素跨境自由便利流动为支撑 180

（三）以有海南特色的现代产业体系为基础 181

（四）以治理体系和治理能力现代化为保障 182

三、实践探索 184

（一）全面开放新格局加快形成 184

（二）政策制度体系初步建立 187

（三）重点开放政策陆续落地 190

（四）重点开放载体日益成型 193

（五）新的开放业态日渐成效 197

（六）法治体系日益完善 199

第六章 扎实推进风险防控 **203**

一、总体要求 203

（一）统筹发展与安全 203

（二）打好防范化解重大风险攻坚战 206

（三）加强风险防控体系建设 207

（四）有关政策要成熟一项推出一项 209

（五）把风险防控工作做实做细做好 211

（六）党委和政府要增强责任感和自觉性 212

二、具体部署 214

（一）以设施建设为重点防控贸易风险 214

（二）以制度建设为重点防控投资风险 216

（三）以完善管理体系为重点防范金融风险 217

（四）做好网络安全和数据安全风险防范 218

（五）补短板强弱项防控公共卫生风险 220

（六）内外并举防控生态风险 221

三、实践探索 223

（一）做好风险防控顶层设计 223

（二）严格防控贸易风险 224

（三）系统防范跨境资金流动风险 225

（四）强化投资过程监管 229

（五）加强数据管理体系创新 231

（六）筑牢生态环境风险屏障 233

（七）健全公共卫生应急体系 234

（八）全岛封关运作准备有序进行 236

第七章　深入实施乡村振兴战略 **239**

一、总体要求 **239**

（一）加快发展乡村产业 240

（二）加强农村生态文明建设 242

（三）抓好农村精神文明建设 243

（四）夯实乡村治理这个根基 245

（五）推动城乡融合发展 246

（六）巩固拓展脱贫攻坚成果同乡村振兴有效衔接 248

二、具体部署 250

（一）推动脱贫攻坚成果向乡村振兴平稳过渡 250

（二）培育农村产业动能 251

（三）建设生态宜居美丽乡村 253

（四）着力推动乡风文明 254

（五）构建乡村治理新体系 255

（六）建立健全体制机制 256

三、实践探索 257

（一）加强党对"三农"工作的全面领导 257

（二）接续推进脱贫地区乡村振兴 258

（三）推进"三农"制度集成创新 261

（四）构建自贸港农业产业体系 261

（五）提升热带特色高效农业竞争力 263

（六）以共享农庄为抓手打造现代农业新载体 264

（七）构建乡村治理共同体 265

第八章 把生态文明建设作为重中之重 268

一、总体要求 269

（一）牢固树立绿水青山就是金山银山理念 269

（二）推动生态文明体制机制改革 271

（三）严格保护海洋生态环境 274

（四）完善绿色发展考核评价体系 276

二、具体部署 279

（一）建设国家生态文明试验区 279

（二）完善生态文明制度体系 281

（三）构建国土空间开发保护制度 283

（四）推动形成绿色生产生活方式 286

三、实践探索 287

（一）高质量建设海南热带雨林国家公园 ... 288

（二）推进生态文明标志性工程建设 289

（三）完善生态文明制度体系 293

（四）构建陆海统筹保护发展新格局 297

（五）推动形成绿色生产生活方式 300

（六）抓好环保督察反馈问题整改 303

第九章 建设高素质专业化干部人才队伍 306

一、总体要求 307

（一）强化党对干部人才队伍建设的领导 ... 307

（二）深化干部人才队伍建设体制机制改革 ... 309

（三）全方位培养引进用好干部人才队伍 ... 310

（四）坚持营造识才爱才敬才用才的环境 ... 313

二、具体部署 314

（一）创新人才培养支持机制 315

（二）构建更加开放的引才机制 316

（三）建设高素质专业化干部队伍 318

（四）全面提升人才服务水平 320

三、实践探索 **321**

（一）强化顶层设计 322

（二）坚持培养引进"双轮驱动" 323

（三）推动人才发展体制机制改革 325

（四）打造高素质专业化干部队伍 328

（五）提升人才服务水平 330

后 记 **333**

第一章 学习习近平关于建设中国特色 自由贸易港的重要论述

改革开放是时代主题，是习近平总书记治国理政长期思考和实践的重大问题。面对世界百年未有之大变局，习近平总书记亲自谋划、亲自部署、亲自推动中国特色自由贸易港建设，这是党中央着眼于国际国内发展大局，深入研究、统筹考虑、科学谋划作出的重大决策，是彰显我国扩大对外开放、积极推动经济全球化决心的重大举措。建设海南自由贸易港是前无古人的伟大事业，是我国改革开放史上具有里程碑意义的重大部署，是在复杂的世界政治经济形势中的中国行动。在过去四年，习近平总书记四次亲临海南，两次进行综合性调研，40余次作出重要指示批示，这在海南发展历史上极为罕见，在全国也很少见，充分体现了海南自由贸易港在新时代改革开放大局中的重要性，充分体现了海南自由贸易港作为新的开放载体在习近平总书记治国理政中的独特性。特别是2018年4月13日，习近平总书记出席庆祝海南建省办经济特区30周年大会并发表重要讲话，向全世界郑重宣布支持海南逐步探索、稳步推进中国特色自由贸易港建设。① 此后，《中

---

① 习近平：《在庆祝海南建省办经济特区30周年大会上的讲话》，人民出版社2018年版，第1页。

共中央、国务院关于支持海南全面深化改革开放的指导意见》《海南自由贸易港建设总体方案》先后出台，《中华人民共和国海南自由贸易港法》颁布实施。2022 年 4 月 13 日，在全岛封关运作准备工作加快推进的关键时刻，习近平总书记再次亲临海南考察并发表重要讲话，赋予海南更重要的历史使命，提出加快建设具有世界影响力的中国特色自由贸易港，让海南成为新时代中国改革开放的示范，把海南自由贸易港打造成展示中国风范的靓丽名片。①习近平总书记关于中国特色自由贸易港建设重要论述，是习近平新时代中国特色社会主义思想的有机组成部分，是海南自由贸易港建设的根本遵循。

一、时代背景

（一）中国特色社会主义需要创新发展

唯物辩证法认为无论是自然界还是人类社会都是在不断地运动、变化和发展，发展的实质就是事物的螺旋式上升，是新事物代替旧事物，为此必须坚持用发展的观点看问题。唯物辩证法还指出，自然界的变化主要由自然界内部矛盾发展引起，社会的发展主要由社会内部矛盾运动引起。社会主要矛盾是时代变革的基本动力和显著标识，构成时代划分的根本尺度。在党的十九大报告中，习近平总书记指出："中国特色社会主义进入新时代，我国社会主要矛盾已经转化为人民

---

① 《习近平总书记考察海南》，新华社，2022 年 4 月 13 日。

日益增长的美好生活需要和不平衡不充分的发展之间的矛盾"。①
习近平总书记对我国社会主要矛盾发生历史性变化的重大政治论断，
深刻揭示了我国经济社会发展的阶段性特征，为准确把握新时代发展
的新要求提供了重要依据和实践遵循。在此基础上，聚焦新时代坚持
和发展什么样的中国特色社会主义、怎样坚持和发展中国特色社会主
义，建设什么样的社会主义现代化强国、怎样建设社会主义现代化强
国，建设什么样的长期执政的马克思主义政党、怎样建设长期执政的
马克思主义政党时代课题，形成了习近平新时代中国特色社会主义思
想。习近平新时代中国特色社会主义思想，深刻体现中国特色社会主
义道路、理论、制度、文化的内在统一，深刻反映中国特色社会主义
理论逻辑、历史逻辑、实践逻辑的有机统一，是对马克思主义哲学、
政治经济学、科学社会主义的创新发展，实现了马克思主义中国化又
一次新的飞跃。在此背景下，以习近平新时代中国特色社会主义思想
为指导，推动中国特色社会主义创新性发展，是适应社会主要矛盾变
化、满足人民群众美好生活需要的重中之重。尤其是在世界政治经济
格局深刻变化的背景下，在坚定"四个自信"，坚持科学社会主义基
本原则的基础上，推动更深层次改革开放，构建更具时代特征和中国
特色的开放载体，有效应对复杂多变的国际形势，有效推动国内改革
走向纵深，有效破除国内利益藩篱，推动中国特色社会主义道路越走
越宽，在世界范围内意识形态、社会制度历史较量中赢得主动，成为
中国特色社会主义创新发展面临的重大课题。

---

① 习近平：《决胜全面建成小康社会 夺取新时代中国特色社会主义伟大胜利》，人民出
版社 2017 年版，第 11 页。

（二）国际政治经济秩序正在深刻变化

第二次世界大战后经济全球化全面广泛展开，尽管出现苏联解体、东欧剧变等，但经济全球化发展依然迅猛。尤其是进入 21 世纪，约占全球人口 1/5 的中国加入世界贸易组织，经济全球化迈入新时期，跨国公司投资和产业转移，重构了全球化产业链、供应链体系，全球化空前拓展。2008 年，以美欧为首的西方国家全面爆发金融危机，随后导致经济危机、民生危机和政治危机等，打乱了世界经济的原有秩序和发展态势。现行国际经济金融体系、世界经济治理结构、西方价值观念和发展模式在全世界范围内受到质疑，"世界经济向何处去"客观上需要形成一套能够协调各国宏观经济政策、共同防范和处理全球性经济问题的治理机制。由几个发达国家垄断的传统国际经济协调体制已难以应对复杂多变的世界经济形势，解决全球性问题越来越离不开发展中大国参与。2020 年突如其来的新冠肺炎疫情肆虐全球，严重危及人类健康、经济增长、社会发展、国家安全和国际关系等，急剧扭转了世界经济增长预期，各国就业形势严峻，全球股市和国际原油市场遭受重创，相关产业和国际贸易遭遇巨大损失，全球商品的生产和运输遭到重大影响。美国及西方国家政客和媒体，极力抹黑诋毁中国，把疫情政治化、病毒标签化，尤其是美国重拾单边主义，超国家的国际机构无能为力。新冠肺炎疫情全球蔓延加速了传统全球治理体系的失效，一些西方国家的国家主义、民族主义、民粹主义普遍抬头，越来越多的民众失去国家保护。在此背景下，习近平总书记指出：我国将"积极参与全球治理体系改革和建设，高举构建人类命运共同体旗帜，秉持共商共建共享的全球治理观，倡导多边主义和国际关系民主化，推动全球经济治理机制变革。"① 这既诠释了"人类命运共同体"为全球治理提供中国智慧的世界历史意义，又彰显了中国为世界和平稳定发展提供保障的时代担当。中国需要更合适的平台支持经济全球化，对标世界最高水平开放形态，建设中国特色自由贸易港则是彰显中国支持经济全球化务实举措。

（三）全面深化改革开放进入攻坚期

以党的十一届三中全会为标志，我国的改革开放事业已走过四十多年的光辉历程。改革开放有力地破除了阻碍市场发展的体制机制，极大地释放了人民群众创新创造活力，极大地推动了生产力发展，形成了更具有比较优势的竞争力，为我国经济社会发展释放了巨大红利。习近平总书记反复强调："改革开放已走过千山万水，但仍需跋山涉水，摆在全党全国各族人民面前的使命更光荣、任务更艰巨、挑战更严峻、工作更伟大。"② 习近平总书记指出："在新时代，中国人民将继续自强不息、自我革新，坚定不移全面深化改革，逢山开路，遇水架桥，敢于向顽瘴痼疾开刀，勇于突破利益固化藩篱，将改革进行到底。"③ 这样一场伟大的改革以渐进式的制度变迁方式有序推进。中国改革已经进入攻坚期和深水区，尤其是在经济新常态下，改革无论是在深度上还是在广度上都是过去任何时期、任何阶段所无法比拟的，已进入不进则退的关键阶段。然而当前全面深化改革的任务还没有完成，经济体制改革的潜力还没有完全释放，用习近平总书记的话

---

① 《中共中央关于坚持和完善中国特色社会主义制度、推进国家治理体系和治理能力现代化若干重大问题的决定》，新华社，2019 年 11 月 5 日。

② 习近平：《在庆祝改革开放 40 周年大会上的讲话》，新华社，2018 年 12 月 18 日。

③ 习近平：《开放共创繁荣 创新引领未来——在博鳌亚洲论坛 2018 年年会开幕式上的主旨演讲》，《人民日报》2018 年 4 月 10 日。

说，"当前，改革又到了一个新的历史关头，很多都是前所未有的新问题，推进改革的复杂程度、敏感程度、艰巨程度不亚于40年前"。[①]必须通过深化对外开放来倒逼国内改革深化，必须通过制度集成创新来优化国内改革。具体而言，从开放载体看，改革开放的新形势要求自由贸易试验区对标世界最高开放水平，逐步向纵深推进。从开放目标看，要直接形成与国际投资贸易通行规则相衔接的制度体系和监管模式。从开放政策看，政策覆盖面更广，不仅要创新贸易投资政策，而且要创新生产要素自由便利流动政策；不仅要创新货物贸易，而且要创新服务贸易；不仅要推动现有内外贸制度、投融资制度改革等，而且需要配套制度改革。因此，建设更高水平的改革开放载体——自由贸易港迫在眉睫。

（四）中国式现代化道路越走越宽

习近平总书记在庆祝中国共产党成立100周年大会上的重要讲话中指出："走自己的路，是党的全部理论和实践立足点，更是党百年奋斗得出的历史结论。"[②]走自己的路，是对党领导人民百年奋斗历史经验的深刻总结。早在1979年，邓小平同志就指出，"我们要实现的四个现代化，是中国式的四个现代化"。[③]2021年习近平总书记在庆祝中国共产党成立100周年大会上的讲话中指出："我们坚持和发展中国特色社会主义，推动物质文明、政治文明、精神文明、社会文明、生态文明协调发展，创造了中国式现代化新道路，创造了人

---

① 习近平：《在深圳经济特区建立40周年庆祝大会上的讲话》，新华社，2020年10月14日。

② 习近平：《在庆祝中国共产党成立100周年大会上的讲话》，《求是》2021年第14期。

③ 《邓小平文选》第二卷，人民出版社1994年版，第231页。

类文明新形态。"①2022 年 7 月，在省部级主要领导干部"学习习近平总书记重要讲话精神，迎接党的二十大"专题研讨班上，习近平总书记再次强调"必须坚持以中国式现代化推进中华民族伟大复兴"。②在中国特色社会主义进入新时代、我国步入发展起来以后新的历史方位，我国在成为世界第二大经济体的基础上，习近平总书记赋予"走自己的路"以新的内涵，即中国式现代化新道路。党的十八大以来，在习近平总书记的正确领导下，我国正在加快迈向更高质量、更有效率、更加公平、更可持续、更为安全的发展之路，经济实力、科技实力、综合国力、国际影响力持续增强。习近平总书记关于中国特色自由贸易港建设的重要讲话、指示批示精神，系统体现了中国式现代化的核心要义，系统体现了对中国式现代化新道路。建设海南自由贸易港是走向共同富裕，走向物质文明和精神文明相协调，走向人与自然和谐共生，走和平发展道路的中国式现代化新道路的新探索，是推动人口规模巨大的中国实现中国式现代化的新部署。

（五）习近平对自由贸易工作长期探索

回顾习近平同志从政历程，可以看出当前海南自由贸易港建设战略部署源于习近平同志在福建时期对厦门自由港建设的探索，深化于习近平同志在浙江和上海时期对改革开放排头兵的部署尤其是担任国家副主席时期对我国外贸实践的深度认知，形成于习近平同志就任总书记以来对自由贸易试验区建设的系列部署。当前海南自由贸易港建设战略部署是习近平同志长期理论探索和实践探索的产物。

---

① 习近平：《在庆祝中国共产党成立 100 周年大会上的讲话》，《求是》2021 年第 14 期。

② 《习近平在省部级主要领导干部"学习习近平总书记重要讲话精神，迎接党的二十大"专题研讨班上发表重要讲话强调 高举中国特色社会主义伟大旗帜 奋力谱写全面建设社会主义现代化国家崭新篇章》，新华社，2022 年 7 月 27 日。

1. 在福建任职期间的初步探索

1985 年 6 月，习近平同志调任厦门担任市委常委、副市长，分管体制机制改革。同月，国务院印发《关于厦门经济特区实施方案的批复》（国发〔1985〕85 号），批准把厦门经济特区的范围扩大到厦门全岛和鼓浪屿全岛，并在特区逐步实行自由港的某些政策。调任厦门是习近平同志"第一次走上市一级的领导岗位，第一次直接参与沿海发达地区的改革开放，第一次亲历城市的建设和管理"。[1] 面对新的工作岗位，习近平同志有着明确的认识，"就是想尝试对改革的实践、对开放的实践"，因为"不搞改革开放，社会主义就不能进步"。[2] 为谋划好、建设好自由港，1986 年 8 月，厦门市委、市政府决定成立经济社会发展战略研究办公室，由习近平同志主抓。面对全新的自由港建设要求，习近平同志组织抽调有关职能部门和研究机构精干人员，带领队伍到中国社会科学院、厦门大学等科研机构拜访专家学者，钻研政策理论，并带领课题组到新加坡考察，学习借鉴国际经验。此外，组织全国第一个关于"出口加工区和自由港"的国际研讨会，为厦门积累相关的国际资料和数据。在深入学习研究和充分实地调研基础之上，习近平同志提出，建设厦门自由港，"我们要立足中国的实际、厦门的实际，不能全搬新加坡的模式，更不能搬用香港的模式，可以把它们作为重要参考"。[3] 在习近平同志的直接领导下，厦门立足自身条件，明确提出"三步走"加"双梯度"的发展模式，把厦门建设为"自由港型的经济特区"。"三步走"是指：第一步在象屿建

---

[1]　中央党校采访实录编辑室：《习近平在厦门》，中共中央党校出版社 2020 年版。

[2]　新华社特约记者：《习近平同志推动厦门经济特区建设发展的探索与实践》，新华社，2018 年 6 月 25 日。

[3]　中央党校采访实录编辑室：《习近平在厦门》，中共中央党校出版社 2020 年版。

保税区；第二步把保税区扩大到全岛，转为自由贸易区；第三步有限度地在全岛放开自由港。"双梯度"是指：在三个阶段的每一个阶段都要保持"双梯度"发展，第一个阶段是保税区和特区双梯度，保税区开放力度大一点；第二个阶段是开放程度比较大但管理比较严格的自贸区和经济特区的双梯度；第三个阶段是自贸区和有限度的全岛放开自由港的双梯度。此后，厦门实现了从出口加工区、保税区、区港联动、保税港区，到自由贸易试验区的迭代升级，对外开放度不断提高。

在福建任职期间是习近平同志对中国特色自由贸易港发展之路的最初探索。在此阶段，通过对改革开放的不断推进，习近平同志对自由贸易的特殊性、适用性、风险性等有了具体认识，初步确立了习近平同志关于自由贸易港建设要突出中国特色、符合地方定位、分步走、要素进出自由、风险管控等基本理念，为海南自由贸易港建设奠定了理论和实践基础。总体来看，由于自由港的新颖性和当时政策的特殊性，厦门自由港方案主要注重人员进出、商品进出、资金进出三个方面的政策倾斜，更倾向于"引进来"，从当时的改革开放实践来看，实属创举。尽管由于偶有争议、建设时机等问题，厦门自由港建设举步维艰，未能如期实现，但是明确了习近平同志对于自由贸易的基本核心理念，如突出中国特色、符合地方定位、分步走、要素进出自由、风险管控等，为当前我国的自由贸易试验区和自由贸易港建设构建了基本框架，奠定了坚实的理论和实践基础。后来习近平同志在福建其他地方任职时，持续推进福建对外开放和自由贸易工作。任职福州时，相继提出"海上福州""人人都是投资环境"等重要发展思想。任福建省长时，把扩大对外开放视为福建发展"生命线"，因为"对外开放兴，福建兴；对外开放步伐加快，福建兴旺繁荣的机会越大"。

2. 在浙江上海任职期间的实践

（1）浙江任职时期：实践层次进一步提升

2002 年 10 月至 2007 年 3 月，习近平同志先后担任浙江省委副书记、代省长和省委书记。在浙江任职期间，习近平同志首次全面主持省域工作，虽然没有提出关于自由贸易区和自由贸易港建设的具体理论和措施，但推动了浙江从经济体制改革一马当先,走向政治、社会、生态、文化等各领域改革全面铺开。当时的浙江经过改革开放 20 多年的实践，正处在经济大发展、社会大转型的关键时期，经济社会发展走在了前列，但先发优势不断弱化，诸多矛盾问题迸发。随着我国正式加入世贸组织，浙江参与国际竞争能力不强的问题凸显。面对彼时浙江种种复杂形势，习近平同志提出要"干在实处、走在前列"。在对浙江经济的发展理念和路径进行认真梳理和思考基础之上，2003年 7 月，习近平同志提出"八八战略"，要求不断提高对内对外开放水平，成为引领浙江发展的总纲领。针对浙江资源紧缺、环境容量小等制约，习近平同志多次提出，不仅要"立足浙江发展浙江"而且要"跳出浙江发展浙江"，努力推进对外开放从以"引进来"为主向"走出去、引进来"并举转变，重点抓好"三个千方百计"，即千方百计把外资"引进来"、千方百计推动本地企业"走出去"和千方百计"创良好营商环境"。引导浙江在大力引进各种要素的同时打到省外去、国外去，统筹利用国际国内"两个市场、两种资源"实现更大发展。针对改革开放，习近平同志形象地以"地瓜理论"比喻，地瓜藤蔓的延伸扩张最终为的是块茎能长得更加粗壮硕大。[①] 针对浙江民营经济"低小散

---

① 习近平：《之江新语》，浙江人民出版社 2007 年版，第 72 页。

弱"突出问题，习近平同志提出了"腾笼换鸟"和"凤凰涅槃"的"两只鸟"重要论断，促进了思想的再解放，推进经济结构的战略性调整和增长方式的根本性转变。习近平同志在浙江期间关于改革开放工作的实践探索构成了全面的开放论，即，既重视引进来，更注重走出去，还高度关注创营商环境，既为习近平同志担任总书记以来布局全国新一轮改革开放奠定了实践基础，更为习近平总书记在海南建省办经济特区 30 周年庆祝大会上提出的"自由贸易试验区和自由贸易港全方位开放战略""营商环境居国内一流"等目标要求提供了理论基石和实践基础。

（2）上海任职时期：当好改革开放排头兵

2007 年 3 月至 10 月，习近平同志担任上海市委书记。彼时，中央对上海的未来发展提出"四个率先"新要求，"率先推进改革开放，继续当好全国改革开放的排头兵"是其中之一。上任之初，习近平同志前往浦东调研，要求浦东的工作要更多地从"全国一盘棋"的角度出发，"进一步深刻认识开发开放浦东这项国家战略的重大意义"。① 因为浦东已经成为我国改革开放的窗口和现代化建设的缩影，浦东开发开放的战略指向，不仅是建设一座新城，更要为全国探索新路。2007 年 8 月，时任上海市委书记习近平指出，推进浦东综合配套改革，一定要按照中央精神，一定要以一往无前的勇气、克难攻坚的胆识和先行一步的锐气，努力取得突破性进展，要为全国的改革开放探索新路、积累经验、提供示范。在任期间，习近平同志认识到，改革开放是发展的根本动力，进而对上海各项产业综合改革提出要求，如，抓住浦东综合配套改革试点的契机，

---

① 中央党校采访实录编辑室：《习近平在上海》，中共中央党校出版社 2022 年版，第 286 页。

加大金融改革创新突破的力度；要着力发展"水岸经济"，把上海建设成为国内外各类要素大流通、大交汇的重要枢纽；要大力推进产业结构战略调整，加快形成服务经济为主的产业结构等，推动上海经济社会又好又快发展。习近平同志在上海任职时期，对于改革开放的"先行先试"示范作用有了深刻认知，即上海浦东的改革开放要为全国的开放型经济建设探索新道路、新模式，积累经验和提供示范。这些认知及实践提升了改革开放层次、拓展了理论视野，为习近平总书记在庆祝海南建省办经济特区 30 周年大会上提出海南要"着力打造全面深化改革开放试验区""多出可复制可推广的经验，带动全国改革步伐""扩大服务业特别是金融业对外开放"和海南自由贸易港"要把制度集成创新摆在突出位置，解放思想、大胆创新，成熟一项推出一项，行稳致远，久久为功""让海南成为新时代中国改革开放的示范"奠定了实践基础。

（3）担任党和国家领导人时期：与世界深度互动

2007 年 10 月，习近平同志离开上海赴中央任职，在此阶段，习近平同志一如既往践行开放发展理念，多次指出"中国过去三十年的发展靠的是改革开放，未来的发展也必须靠改革开放，中国将继续坚持走充满生机活力的改革开放之路"。[①]2009 年，习近平同志出席《中国— 秘鲁自由贸易协定》签字仪式时指出，该协定不仅有利于深化两国经贸合作，而且有利于各自国家的经济发展。此后，习近平同志与世界主流经贸规则频繁接触，自由贸易思想乃至改革开放思想不断提升完善。在亚洲，习近平同志对中日关系、中韩关系都提出要求，希望"为早日启动双边自由贸易区谈判创造条件"。在大洋洲，习近

---

① 习近平：《加强国际友城交流合作，增进世界各国人民友谊——在中国国际友好城市大会开幕式上的致辞》，新华社，2008 年 11 月 8 日。

平同志提出中新两国要"深化自贸合作，共创互利双赢"。同时，希望中澳两国稳步推进双边自由贸易协定谈判，"携手推动中澳经贸合作再上新台阶"。在南美洲，习近平同志认为深化中智经贸合作前景广阔，要"把握有利机遇，深化互利合作"。在东盟，习近平同志希望双方继续落实和完善自贸区协议，进一步提高贸易和投资自由化、便利化水平。在联合国，习近平同志提出"中国将拓展对外开放广度和深度"，因为"开放的程度决定着开放型经济的发展速度，开放的水平决定着开放型经济的发展前景"。[①]

习近平同志在参与部署我国与世界经贸合作过程中，自由贸易理念进一步完善。如，深入了解世界主要自由贸易区的经贸往来规则，不断深化我国与世界各国的双边经贸交流重点，为后来全国布局各省（市）自由贸易试验区的开放重点积累重要经验。如，深入了解世界主要自由贸易区的经验教训，对于自由贸易的"放与管"有了清晰认识，为海南自由贸易港实施"一线放开、二线管住"的监管方式提供了实践依据。如，"中秘自贸协定"中货物贸易方面"90%以上的产品分阶段实施零关税"、服务贸易方面"进一步开放"、投资方面提供"准入后国民待遇、最惠国待遇和公平公正待遇"等，为海南自由贸易港实施"贸易投资自由化便利化""零关税、简税制、低税率"等政策提供实践基础。总体上看，习近平同志不断构建我国与世界各国的双边经贸交流规则，推动我国开放型经济进一步扩大，充分展现了中国愿与世界各国合作共赢的发展理念，为我国自由贸易试验区布局和中国特色自由贸易港建设打下坚实的开放合作理念基础。

---

① 习近平：《在第二届世界投资论坛开幕式上的主旨演讲》，新华社，2010 年 9 月 7 日。

3. 就任总书记以来的全面布局

党的十八大以来，以习近平同志为核心的党中央放眼全球，准确把握我国经济社会发展新形势新任务，系统谋划自由贸易试验区和中国特色自由贸易港建设，夯实了自由贸易区和自由贸易港建设实践，拓展了开放型经济发展新空间，逐步形成全方位开放新格局。中国特色自由贸易理论体系正在形成。从党的十八大提出的"加快实施自由贸易区战略"，到党的十八届三中全会部署的"以周边为基础加快实施自由贸易区战略，形成面向全球的高标准自由贸易区网络"，再到中央全面深化改革领导小组第十八次会议提出的我国自由贸易区建设的总体要求、基本原则、目标任务、战略布局等，习近平总书记的自由贸易理论体系由探索到成型、由零散到系统，直至在海南自由贸易港生根发芽。习近平总书记强调："要推进更高水平的对外开放，加快实施自由贸易区战略，加快构建开放型经济新体制。"①2015年，国务院印发《关于加快实施自由贸易区战略的若干意见》提出要进一步优化自由贸易区建设布局，要"加快构建周边自由贸易区""积极推进'一带一路'沿线自由贸易区""逐步形成全球自由贸易区网络"。这与习近平总书记在庆祝海南建省办经济特区30周年大会重要讲话中提出的"海南要利用建设自由贸易港的契机，加强同'一带一路'沿线国家和地区开展多层次、多领域的务实合作"的要求完全吻合。习近平总书记对于自由贸易试验区寄予厚望，多次提出要"加快实施自由贸易区战略"，并对各省（市）自由贸易试验区建设提出新要求。如，"大胆试大胆闯自主改""着眼国际高标准贸易和投资规则""继

---

① 《习近平谈治国理政》第二卷，外文出版社2017年版，第99页。

续推动贸易和投资自由便利化"等。在战略意义上，习近平总书记认为"建设自由贸易试验区是党中央在新时代推进改革开放的一项战略举措，在我国改革开放进程中具有里程碑意义"，①体现出我国改革开放不断向纵深推进。在使命担当上，习近平总书记要求自由贸易试验区"进一步发挥改革开放'排头兵'的示范引领作用""进一步彰显全面深化改革和扩大开放试验田的作用""在各方面体制机制改革方面先行先试、大胆探索，为全国提供更多可复制可推广的经验"。在核心任务上，习近平总书记明确指出，自由贸易试验区建设的核心是制度创新。在空间布局上，逐步由沿海、沿边地区向内陆拓展。在试点任务上，各有侧重地进行差别化试验，各具特色、各有使命，自由贸易试验区是国家层面试验田，不是地方自留地，不应在优惠政策洼地中打转，需更多"首创性"的探索。当前我国已经形成21个自由贸易试验区和海南自由贸易港的"21+1"自由贸易新格局。这些自由贸易试验田在更大范围、更广领域、更多层次进行差别化的比对试验、互补试验，服务我国对外开放总体战略布局，中国特色自由贸易试验布局日益成型。

回顾习近平总书记的从政生涯，恰好契合了中国波澜壮阔的40年改革开放历程。在福建探索自由港建设、为外商投资营造良好环境；在浙江，鼓励"立足浙江发展浙江""跳出浙江发展浙江"；在上海，鼓励上海当好"全国改革开放的排头兵"；在中央，全面布局自由贸易试验区和自由贸易港建设，推动改革开放不断攻坚克难。在此期间，习近平同志对改革开放尤其是自由贸易工作进行了深入思考和充分实践，不仅为习近平新时代中国特色社会主义思

---

① 《习近平对自由贸易试验区建设作出重要指示》，新华社，2018年10月24日。

想提供丰富的理论素养，同时也为习近平建设中国特色自由贸易港重要论述打下坚实的实践基础。

二、主要内容

推进自由贸易试验区和自由贸易港建设是新时代改革开放的重大战略部署。早在 2017 年 10 月，习近平总书记在党的十九大报告中就明确指出，赋予自由贸易试验区更大改革自主权，探索建设自由贸易港。① 海南是我国最大的经济特区，地理位置独特，拥有全国最好的生态环境，同时又是相对独立的地理单元，具有成为全国改革开放试验田的独特优势。2018 年 4 月，习近平总书记在庆祝海南建省办经济特区 30 周年大会上郑重宣布，党中央决定支持海南全岛建设自由贸易试验区，支持海南逐步探索、稳步推进中国特色自由贸易港建设，分步骤、分阶段建立自由贸易港政策和制度体系。② 之后，又多次在不同场合对海南自由贸易港建设提出要求、作出指示。2018 年 11 月，在首届中国国际进口博览会开幕式上，习近平主席重申中国将抓紧研究提出海南分步骤、分阶段建设自由贸易港政策和制度体系，加快探索建设中国特色自由贸易港进程。③ 2019 年 4 月 26 日，习近平主席在第二届"一带一路"国际合作高峰论坛开幕式上的主旨

---

① 习近平：《决胜全面建成小康社会，夺取新时代中国特色社会主义伟大胜利——在中国共产党第十九次全国代表大会上的报告》，新华社，2017 年 10 月 27 日。

② 习近平：《在庆祝海南省办经济特区 30 周年大会上的讲话》，新华社，2018 年 4 月 13 日。

③ 习近平：《在首届中国国际进口博览会开幕式上的主旨演讲》，新华社，2018 年 11 月 5 日。

演讲中指出，我们将新布局一批自由贸易试验区，加快探索建设自由贸易港。①2019 年 6 月 28 日，习近平主席在二十国集团领导人峰会上关于世界经济形势和贸易问题的发言中指出，我们将新设 6 个自由贸易试验区，增设上海自由贸易试验区新片区，加快探索建设海南自由贸易港进程。②2019 年 10 月 28 日，习近平总书记在党的十九届四中全会上指出，加快自由贸易试验区、自由贸易港等对外开放高地建设。③2019 年 11 月 5 日，习近平主席在第二届中国国际进口博览会开幕式主旨演讲中指出，中国将继续鼓励自由贸易试验区大胆试、大胆闯，加快推进海南自由贸易港建设，打造开放新高地。④2019 年 12 月 10 日，习近平总书记在中央经济工作会议上强调，发挥好自贸试验区改革开放试验田作用，推动建设海南自由贸易港，健全"一带一路"投资政策和服务体系。⑤直至 2020 年 5 月 28 日，习近平总书记对海南自由贸易港建设做出专门指示，提出明确要求。2020 年 6 月 1 日，《海南自由贸易港建设总体方案》公布，标志着中国特色自由贸易港建设正式启动。2021 年 11 月 4 日，习近平主席在第四届中国国际进口博览会开幕式主旨演讲中提出"海南自由贸易港跨境服务贸易负面清单已经出台"，并向全世界宣示"中国将在自由贸易试验区和海南自由贸易港做好高水平开放压力测试"。2022 年 4 月，习近平

---

① 习近平：《在第二届"一带一路"国际合作高峰论坛开幕式上的主旨演讲》，新华社，2019 年 4 月 26 日。

② 习近平：《在二十国集团领导人峰会上关于世界经济形势和贸易问题的讲话》，新华社，2019 年 6 月 28 日。

③ 习近平：《坚持和完善中国特色社会主义制度　推进国家治理体系和治理能力现代化》，《求是》2020 年第 1 期。

④ 习近平：《在第二届中国国际进口博览会开幕式上的主旨演讲》，新华社，2019 年 11 月 5 日。

⑤ 《中央经济工作会议在北京举行》，新华社，2019 年 12 月 10 日。

总书记再次亲临海南考察并发表重要讲话，对海南发展给予充分肯定，要求加快建设具有世界影响力的中国特色自由贸易港，让海南成为新时代中国改革开放的示范，把海南自由贸易港打造成为展示中国风范的靓丽名片，为海南工作进一步指明了方向、提供了遵循、鼓舞了干劲。2022 年 4 月 21 日，习近平总书记在博鳌亚洲论坛 2022 年年会开幕式主旨演讲中，指出"中国将扎实推进自由贸易试验区、海南自由贸易港建设，对接国际高标准经贸规则，推动制度型开放"。其中，2018 年 4 月 13 日习近平总书记出席庆祝海南建省办经济特区 30 周年大会发表的重要讲话，2022 年 4 月习近平总书记在海南考察时发表的重要讲话、《中共中央 国务院关于支持海南全面深化改革开放的指导意见》《海南自由贸易港建设总体方案》《中华人民共和国海南自由贸易港法》对海南全面深化改革开放和自由贸易港建设的部署安排，2018 年 4 月 13 日以来习近平总书记对海南工作的系列重要指示批示等是习近平建设中国特色自由贸易港重要论述的主要来源。

（一）是新时代改革开放进程中的一件大事

党的十八大以来，面对全球经济复苏乏力和治理体系加速变革，立足我国经济稳居世界第二但依然是世界上最大的发展中国家的现实，新一届中央领导集体着眼全球经贸发展新特点，顺应全球经贸发展新趋势，以加快实施自由贸易区战略和推动自由贸易试验区建设为重点，实行更加积极主动开放战略。早在 2013 年 3 月，习近平总书记就强调，我国改革已经进入攻坚期和深水区，要以开放的最大优势谋求更大发展空间。2013 年 8 月，习近平总书记主持召开中央政治局会议时指出："建立自由贸易试验区，对加快政府职能转变、积极探索管理模式创新、促进贸易和投资便利化，为全面深化改革和扩大开放探索新途径、积累新经验，具有重要意义。"①2014年11月，习近平主席出席二十国集团领导人第九次峰会时指出："中国要继续做全球自由贸易的旗手，维护多边贸易体制，培育全球大市场。"②2014年12月，习近平总书记在主持中央政治局第十九次集体学习时强调，必须适应经济全球化新趋势、准确判断国际形势新变化、深刻把握国内改革发展新要求，加快实施自由贸易区战略，加快构建开放型经济新体制。并提出不能当旁观者、跟随者，而是要做参与者、引领者。2015年11月，中央全面深化改革领导小组第十八次会议审议通过《国务院关于加快实施自由贸易区战略的若干意见》，提出了我国自由贸易区建设的总体要求、目标任务、战略布局等。2016年底，习近平总书记指示上海自贸试验区大胆试、大胆闯、自主改，力争取得更多可复制推广的制度创新成果。③以自由贸易试验区为载体，以投资制度、金融创新、监管制度、政府管理等为抓手，带动全面深化改革开放，提升对外开放水平是新一届领导集体的总体思路。

党的十八大以来，中国特色社会主义进入新时代，我国社会的主要矛盾已经转化为人民日益增长的美好生活需要和不平衡不充分的发展之间的矛盾。面对新形势新任务，党中央部署主动参与和推动经济全球化进程，发展更高层次的开放型经济，推动形成全面开放新格局的总体方略，并提出赋予自由贸易试验区更大改革自主权，探索建设

---

① 《中共中央政治局召开会议》，新华社，2013年8月27日。
② 习近平：《在二十国集团领导人第九次峰会上的讲话》，人民网，2014年11月15日。
③ 《习近平对上海自贸试验区建设作出重要指示》，人民网，2017年1月1日。

自由贸易港。然而，2017 年新一届美国政府上任以来，实行单边主义、保护主义和经济霸权主义，导致中美经贸摩擦持续升级的同时，也使多边贸易体制和自由贸易原则遭遇严重威胁。在此背景下，如何担当和引领全球化进程，如何彰显我国对外开放的坚强决心是重大考验。2018 年 4 月 10 日，在博鳌亚洲论坛开幕式上的主旨演讲中，习近平主席提出中国将采取大幅度放宽市场准入，创造更有吸引力的投资环境，加强知识产权保护，主动扩大进口等重大举措。[①]2018 年 4 月 13 日，习近平总书记在海南建省办经济特区 30 周年纪念大会上，郑重向全世界宣告建设海南自由贸易港，"欢迎全世界投资者到海南投资兴业，积极参与海南自由贸易港建设，共享中国发展机遇、共享中国改革成果"。[②]2018 年 11 月 5 日，在首届中国国际进口博览会开幕式上，习近平主席再次提出，中国将激发进口潜力，持续放宽市场准入，营造国际一流营商环境，打造对外开放新高地，推动多边和双边合作深入发展。[③]2021 年习近平主席又多次指出："要推动贸易和投资自由化便利化，维护以世界贸易组织为核心的多边贸易体制。我们要拆墙而不要筑墙，要开放而不要隔绝，要融合而不要脱钩，引导经济全球化朝着更加开放、包容、普惠、平衡、共赢的方向发展。"[④]2020 年 6 月 1 日，中共中央、国务院印发《海南自由贸易港建设总体方案》，这是我国对外开放具有里程碑意义的大事。习近平总书记指出："在

---

① 习近平：《开放共创繁荣，创新引领未来——在博鳌亚洲论坛 2018 年年会开幕式上的主旨演讲》，《人民日报》2018 年 4 月 10 日。

② 习近平：《在庆祝海南建省办经济特区 30 周年大会上的讲话》，新华社，2018 年 4 月 13 日。

③ 习近平：《共建创新包容的开放型世界经济——在首届中国国际进口博览会开幕式上的主旨演讲》，新华社，2018 年 11 月 5 日。

④ 习近平：《团结合作抗疫，引领经济复苏——在亚太经合组织领导人非正式会议上的讲话》，新华社，2021 年 7 月 16 日。

海南建设自由贸易港，是党中央着眼于国内国际两个大局、为推动中国特色社会主义创新发展作出的一个重大战略决策，是我国新时代改革开放进程中的一件大事。"①"大局""重大战略决策""大事"彰显了海南建设自由贸易港的重大意义。海南自由贸易港一开始就担负着维护多边贸易体制和反对逆经济全球化的重要使命，担负着通过全面深化改革开放来适应对外开放形势和满足人民对美好生活需要的重要使命，是中国特色社会主义创新发展和新时代推进改革开放的重大举措。

（二）要体现中国特色符合发展定位学习国际经验

道路问题是关系党的事业兴衰成败第一位的问题。早在 2012 年，习近平总书记就深刻指出，我们的改革开放是有方向、有立场、有原则的。我们当然要高举改革旗帜，但我们的改革是在中国特色社会主义道路上不断前进的改革，既不走封闭僵化的老路，也不走改旗易帜的邪路。在方向问题上，我们头脑必须十分清醒。我们的方向就是不断推动社会主义制度自我完善和发展，而不是对社会主义制度改弦易张。坚持中国特色社会主义是历史的结论、人民的选择，必须毫不动摇坚持和发展。②2013 年，习近平总书记更是明确指出："中国特色社会主义是社会主义而不是其他什么主义，科学社会主义基本原则不能丢，丢了就不是社会主义。"③习近平总书记所指明的改革方向，就是坚持中国共产党的全面领导，坚持中国特色社会主义道路，不断完善和发展中国特色社会主义制度，这是总结长期历史经验得出的基

---

① 《习近平对海南自由贸易港建设作出重要指示》，新华社，2020 年 6 月 1 日。

② 《习近平在广东考察》，新华社，2012 年 12 月 13 日。

③ 习近平：《关于坚持和发展中国特色社会主义的几个问题》，《求是》2019 年第 7 期。

本结论，任何时候都不能偏离和动摇。自由贸易港是当今世界最高水平的开放形态，方向问题是自由贸易港建设的根本。中国特色自由贸易港是在中国特色社会主义社会条件下建设的自由贸易港，是中国特色社会主义对外开放创新发展的新路径新形式。自由贸易港建设的根本原则根植于中国长期的革命、建设、改革的伟大历史和生动实践，根植于党的十八大以来习近平总书记对坚持中国特色社会主义的重要论述，根植于习近平总书记对全面深化改革开放的重要论述及实践。为此，中国特色自由贸易港建设必须立足基本国情，坚持基本国策，旗帜鲜明地坚持走中国特色社会主义道路，旗帜鲜明地坚持以中国特色社会主义理论尤其是习近平新时代中国特色社会主义思想为指导，旗帜鲜明地坚持中国特色社会主义根本制度和基本制度，创新和发展重要制度。同时，习近平总书记指出："我国社会主义还处在初级阶段，我们还面临很多没有弄清楚的问题和待解的难题，对许多重大问题的认识和处理都还处在不断深化的过程之中，这一点也不容置疑。"[1] 在此背景下，建设中国特色自由贸易港还要学习借鉴国际知名自由贸易港建设经验。

2018 年 4 月 13 日，在庆祝海南建省办经济特区 30 周年大会上，习近平总书记提出："海南建设自由贸易港要体现中国特色，符合中国国情，符合海南发展定位，学习借鉴国际自由贸易港的先进经营方式、管理方法。"[2] 2018 年，中央 12 号文再次强调"海南自由贸易港建设要体现中国特色，符合海南发展定位，学习借鉴国际自由贸易港建设经验"。2020 年 5 月 28 日，习近平总书记对海南自

---

① 习近平：《关于坚持和发展中国特色社会主义的几个问题》，《求是》2019 年第 7 期。

② 习近平：《在庆祝海南建省办经济特区 30 周年大会上的讲话》，新华社，2018 年 4 月 13 日。

由贸易港作出重要指示，要求海南自由贸易港要坚持党的领导，坚持中国特色社会主义制度，对接国际高水平经贸规则，促进生产要素自由便利流动，高质量高标准建设自由贸易港，①这进一步明确了自由贸易港的建设原则和方向。2022 年 4 月 13 日，习近平总书记考察海南时再次指出，要坚持党的领导不动摇，自觉站在党和国家大局上想问题、办事情，始终坚持正确政治方向。要坚持中国特色社会主义制度不动摇，牢牢把握中国特色社会主义这个定性。要坚持维护国家安全不动摇，加强重大风险识别和防范，统筹改革发展稳定，坚持先立后破、不立不破。②由"体现中国特色，符合中国国情，符合海南发展定位"到"坚持党的领导，坚持中国特色社会主义制度"再到"坚持党的领导不动摇，始终坚持正确政治方向"，由"学习借鉴国际自由贸易港的先进经营方式、管理方法"到"学习借鉴国际自由贸易港建设经验"再到"对接国际高水平经贸规则，促进生产要素自由便利流动"，充分体现了党中央对自由贸易港建设和海南全面深化改革工作规律认识的逐步深化，实践路线日益清晰。世界上没有放之四海而皆准的发展道路和发展模式，同样没有一成不变的自由贸易港建设模式。随着国际经贸形势不断变化，多边双边贸易规则不断建立，新时代如何适应和对接先进国际经贸规则至关重要。海南自由贸易港要坚持党的领导、坚持中国特色社会主义制度、坚持维护国家安全，不断将政治优势、制度优势转化为自由贸易港建设的强大效能。

---

① 《习近平对海南自由贸易港建设作出重要指示》，新华社，2020 年 6 月 1 日。
② 《习近平总书记考察海南》，新华社，2022 年 4 月 13 日。

（三）加快建设具有世界影响力的中国特色自由贸易港

2022 年 4 月，习近平总书记在海南考察时要求，加快建设具有世界影响力的中国特色自由贸易港。[①] 海南省第八次党代会将加快建设具有世界影响力的中国特色自由贸易港作为主线主题。海南自由贸易港是世界唯一的社会主义制度下的自由贸易港。国际知名自由贸易港基本都采用西方现行制度。体制特征是海南自由贸易港的独有特征，体制优势是海南自由贸易港的独特优势。中国特色社会主义取得的辉煌成绩是体制优势的最大底气，海南自由贸易港蓬勃展开并得到习近平总书记充分肯定是体制优势的最大体现。用好体制优势是海南成为具有世界影响力的自由贸易港的必然选择和必由之路。为此，要建设体制优势最明显的自由贸易港。新加坡、迪拜、香港等知名自由贸易港基本都以世界经济为依托，借力战后经济全球化红利成为举世瞩目的经济体。但当今世界正在经历新一轮大发展大变革大调整，世界知名自由贸易港发展面临诸多不确定因素。反观，海南自由贸易港处于国内国际双循环"8"字形交汇点，连接中国和东南亚两个最活跃区域，尤其是直接背靠世界第二大经济体的超大规模国内市场和腹地经济。在百年未有之大变局下建设具有世界影响力的自由贸易港，就要融入新发展格局，用好稳定后方和腹地优势，把握发展主动权。海南自由贸易港建设以来，离岛免税额和新设市场主体数量超常规增长就是最好例证。为此，要建设经济腹地最宽广的自由贸易港。

生态环境是海南自由贸易港最强的优势和最大的本钱。海南自由贸易港生态空间最广阔，生态条件优质，生态根基扎实。新加坡岛海岸线仅 140 多千米，海南岛海岸线 1900 多千米。海南热带雨林国家

[①] 《习近平总书记考察海南》，新华社，2022 年 4 月 13 日。

公园规划总面积 4400 余平方千米, 比世界知名自由贸易港国土面积都大。海南自由贸易港是我国生态安全屏障和生物多样性的天然宝库, 也是我国乃至世界的天然基因库。建设具有世界影响力的自由贸易港就要坚持生态立省, 把生态文明作为重中之重, 守护好绿水青山, 建设好国家公园, 保护好生物多样性。要建设科技体系最完整的自由贸易港。随着海南自由贸易港建设的加快推进尤其是以超常规手段打赢科技创新翻身仗三年行动的深入实施, 海南科技实力快速改善。国家级科技创新平台建设、国家科技计划项目立项取得积极进展, 高新技术企业数量、R&D 经费投入增速迅猛。与世界知名自由贸易港相比, 海南有最广阔的科技应用场景, 有最广大的科技人才腹地, 有源源不断的国家资源支持, 尤其是随着 "陆海空" 三大领域原创性、引领性科技攻关取得突破, 到 2025 年, 海南有望初步建成具有国际影响力的科技创新高地。建设具有世界影响力的自由贸易港就要瞄准科技创新领域 "国之大者", 牢牢把核心技术抓在自己手中, 为国家高水平科技自立自强做出海南贡献。为此, 要建设生态环境最优美的自由贸易港。

与香港、新加坡等全球自由贸易港相比, 海南自由贸易港具有更加丰富的内涵, 更加多元的功能。从区域面积看, 海南全岛 3.5 万平方公里, 大约是香港的 35 倍、新加坡的 50 倍、迪拜的 10 倍, 是全球最大自由贸易港, 其辐射力、联动性是其他自由港难以比拟的。从机场数量看, 海南有 4 个民用机场, 香港、新加坡仅有 1 个民用机场。从目标定位看, 海南自由贸易港除了贸易投资便利化外, 还承担建设全面深化改革开放试验区、国家生态文明试验区、国际旅游消费中心、国家重大战略服务保障区等目标任务。建设具有世界影响力的自由贸易港就要立足投资贸易这个重点，做好全面深化改革开放这篇文章，立足多功能多平台，把海南自由贸易港打造成为引领我国新时代对外开放的鲜明旗帜和重要开放门户。要建设产业体系最完整的自由贸易港。当前国际知名自由贸易港产业体系"空心"特点明显，香港、新加坡产业结构更侧重于金融、航运、法律、贸易、投资、时尚设计以及部分高端制造业等，农业增加值占比几乎为零。而海南自由贸易港聚焦发展旅游业、现代服务业、高新技术产业和热带特色高效农业等实体经济。随着封关之后，以零关税、简税制、低税率为特点的税制在全岛实施，有利于吸引越来越多的跨国公司集聚，形成新的产业链、供应链、服务链高地。建设具有世界影响力的自由贸易港就要继续调结构、增动能，精准谋划项目和招商引资，不断做大做优做强细分产业，建设现代产业体系。为此，要建设功能平台最多样的自由贸易港。

（四）要始终坚持"三区一中心"战略定位

习近平总书记明确指出，海南要着力打造全面深化改革开放试验区、国家生态文明试验区、国际旅游消费中心、国家重大战略服务保障区（"三区一中心"），争创新时代中国特色社会主义生动范例。[1]"三区一中心"既是明确的建设目标，也是清晰的战略定位。

打造全面深化改革开放试验区要求海南解放思想、敢闯敢试、大胆创新，重点在经济体制改革和社会治理创新等方面先行先试，坚持质量第一、效益优先，以供给侧结构性改革为主线，推动经济发展质量变革、效率变革、动力变革，提高全要素生产率，加快建立开放型生态型服务型产业体系。在经济全球化新形势下，探索建立开放型经

---

① 习近平：《在庆祝海南建省办经济特区 30 周年大会上的讲话》，新华社，2018 年 4 月 13 日。

济新体制，打造我国面向太平洋和印度洋的重要对外开放门户，并为全国改革开放探路开路。深化人才发展体制机制改革，实行更加积极、更加开放、更加有效的人才政策。完善公共服务体系，加强社会治理制度建设，形成有效的社会治理、良好的社会秩序。

打造国家生态文明试验区要求海南牢固树立社会主义生态文明观，像对待生命一样对待生态环境，加快建立健全生态文明建设长效机制，压紧压实生态环境保护责任，在生态文明体制改革上先行一步，实行最严格的生态环境保护制度，构建高效统一的规划管理体系，完善以绿色发展为导向的考核评价机制，开展国家公园体制试点，推动全省生态文明建设达到并保持国际一流水平，实行最严格的生态环境保护制度，还自然以宁静、和谐、美丽，提供更多优质生态产品以满足人民日益增长的优美生态环境需要，谱写美丽中国海南篇章，真正成为中华民族的四季花园。

打造国际旅游消费中心要求海南擦亮国际旅游岛这张名片，深入推进国际旅游岛建设，不断优化发展环境，开放旅游消费领域，积极培育旅游消费新业态、新热点，提升高端旅游消费水平，推动旅游消费提质升级，释放旅游消费潜力，积极探索消费型经济发展的新路径。大力推进旅游消费领域对外开放和国人境外消费回流，积极培育旅游消费新热点，高水平建设一批重大基础设施和重大旅游吸引物，提升旅游服务能力和水平，构建全域旅游新格局，成为世界级旅游消费胜地。

打造国家重大战略服务保障区要求海南扛起责任担当，履行好党中央赋予的重要使命，加强南海维权和开发服务保障能力建设，加快完善海南的维权、航运、渔业等重点基础设施，显著提升我国对管辖海域的综合管控和开发能力。建立完善的救援保障体系。保障法院行使对我国管辖海域的司法管辖权。充分利用博鳌亚洲论坛等国际交流平台，推动海南与"一带一路"沿线国家和地区开展更加务实高效的合作，建设21世纪海上丝绸之路重要战略支点。深化对外交往与合作，加强与承担国家战略的有关省区市的区域合作，更好服务海洋强国、"一带一路"建设等国家重大战略实施，坚决守好祖国南大门。

（五）要实行更加积极主动的开放战略

发展是解决一切问题的总钥匙，开放是推动发展的重要引擎。中国是在开放条件下发展起来的，未来中国要实现更好发展，也必须在更加开放的条件下进行。党的十八大后，习近平总书记到地方考察的第一站，就来到广东这个中国改革开放先行地，鲜明提出"改革不停顿、开放不止步"。2018年4月，习近平主席在博鳌亚洲论坛主旨演讲中坚定指出，"我要明确告诉大家，中国开放的大门不会关闭，只会越开越大！"[①]40年来，中国经济发展之所以取得举世瞩目的传奇成就，中国人民之所以能书写国家和民族发展的壮丽史诗，开放是前提条件。打开国门搞建设，中国人民始终敞开胸襟、拥抱世界，成功实现从封闭半封闭到全方位开放的伟大转折。从设立自由贸易试验区，到探索建设自由贸易港；从搭建虹桥国际经济论坛、中非合作论坛等多边对话和合作平台，从引进来到走出去，从加入世界贸易组织到共建"一带一路"，中国以不断扩大开放的实际行动推动开放的大门越开越大。开放是当代中国的鲜明标识。中国已经成为世界经济增长的主要稳定器和动力源，为世界和平与发展作出了中国贡献。习近平主席指出，"过去40年中国经济发展是在开放条件下取得的，未

---

① 习近平：《开放共创繁荣　创新引领未来——在博鳌亚洲论坛2018年年会开幕式上的主旨演讲》，新华社，2018年4月10日。

来中国经济实现高质量发展也必须在更加开放的条件下进行。"①

2018 年 4 月 13 日，在庆祝海南建省办经济特区 30 周年大会讲话中，习近平总书记要求，海南要坚持开放为先，实行更加积极主动的开放战略。②2022 年 4 月，习近平总书记考察海南时语重心长地讲道："我们开放的大门永远是敞开的，同时一定要定下心来，一心一意走自己的路，而且要建立这样的一种自信，就是我们一定会把自己的事业办好，屹立于世界民族之林。"③海南是一个岛屿型省份，内部市场小，各方面人才和资源相对匮乏，开放是推动经济社会高质量发展的必然要求。同时，海南是我国最大的经济特区，具有实施全面深化改革和试验最高水平开放政策的独特优势。为此，海南必须胸怀"两个大局"，紧密结合省情实际，学习借鉴国际自由贸易港的先进经验，主动对标高标准国际经贸规则，组织研究制定及配合制定相关配套政策，扎实推进重点工作，促进政策红利逐步释放。必须加快建立开放型经济新体制，探索形成具有国际竞争力的开放制度体系，为我国更深层次地适应、运用并积极参与国际经贸规则制定提供重要平台。必须利用建设自由贸易港的契机，同"一带一路"沿线国家和地区开展多层次、多领域的务实合作，建设 21 世纪海上丝绸之路的文化、教育、农业、旅游等交流平台，在建设 21 世纪海上丝绸之路重要战略支点上迈出更加坚实的步伐，增强区域辐射带动作用，打造我国深度融入全球经济体系的前沿地带。海南自由贸易港建设以实际行动向世界表明"中国开放的大门不会关闭，只会越开越大"，必将推动经

---

① 习近平：《共建创新包容的开放型世界经济——在首届中国国际进口博览会开幕式上的主旨演讲》，人民出版社 2018 年版，第 5 页。

② 习近平：《在庆祝海南建省办经济特区 30 周年大会上的讲话》，新华社，2018 年 4 月 13 日。

③ 《习近平总书记考察海南》，新华社，2022 年 4 月 13 日。

济全球化朝着更加开放、包容、普惠、平衡、共赢的方向发展，让经济全球化进程更有活力、更加包容、更可持续，让不同国家、不同阶层、不同人群共享经济全球化的好处。

（六）要把制度集成创新摆在突出位置

制度是关系党和国家事业发展的根本性、全局性、稳定性、长期性问题。习近平总书记高度重视制度建设，多次强调要突出制度建设这条主线。习近平总书记深刻指出："新时代改革开放具有许多新的内涵和特点，其中很重要的一点就是制度建设分量更重，改革更多面对的是深层次体制机制问题，对改革顶层设计的要求更高，对改革的系统性、整体性、协同性要求更强。"[1] 习近平总书记曾明确提出："要统筹推进各领域改革，就需要有管总的目标，也要回答推进各领域改革最终是为了什么，要取得什么样的整体效果这个问题，并要求全面深化改革必须是全面的系统的改革和改进，是各领域改革和改进的联动和集成，形成总体效应，取得总体效果。要高度重视运用法治思维和法治方式，发挥法治的引领和推动作用，加强对相关立法工作的协调，确保在法治轨道上推进改革。"[2]

海南自由贸易港建设是全面深化改革开放的重要部分，是改革不适应实践发展要求的体制机制，构建新的体制机制的过程。2018 年 4 月 13 日，在庆祝海南建省办经济特区 30 周年大会讲话中，习近平总书记指出，海南要站在更高起点谋划和推进改革，下大气力破除体制

---

① 习近平：《关于〈中共中央关于坚持和完善中国特色社会主义制度 推进国家治理体系和治理能力现代化若干重大问题的决定〉的说明》，新华社，2019 年 11 月 5 日。
② 习近平：《在省部级主要领导干部学习贯彻十八届三中全会精神全面深化改革专题研讨班上的讲话》，新华社，2014 年 2 月 17 日。

机制弊端，不断解放和发展社会生产力。要更大力度转变政府职能，深化简政放权、放管结合、优化服务改革，全面提升政府治理能力。要实行高水平的贸易和投资自由化便利化政策，对外资全面实行准入前国民待遇加负面清单管理制度，要坚持问题导向，从群众关心的事情做起，从群众不满意的地方改起，敢于较真碰硬，勇于破难题、闯难关，在破除体制机制弊端、调整深层次利益格局上再啃下一些硬骨头。要强化改革举措系统集成，科学配置各方面资源，加快推进城乡融合发展体制机制、人才体制、财税金融体制、收入分配制度、国有企业等方面的改革。创新科技管理体制，建立符合科研规律的科技创新管理制度和国际科技合作机制。要牢固树立和全面践行绿水青山就是金山银山的理念，在生态文明体制改革上先行一步，要实行最严格的生态环境保护制度，构建高效统一的规划管理体系，率先建立现代生态环境和资源保护监管体制。[①]

2020 年 5 月 28 日，习近平总书记对海南自由贸易港建设做出指示，要求海南自由贸易港建设把制度集成创新摆在突出位置。要加强顶层设计和整体谋划，更加注重改革的系统性、整体性、协同性，在各项改革协同配合中推进。[②]2022 年 4 月 13 日，习近平总书记在考察海南时再次强调："要继续抓好海南自由贸易港建设总体方案和海南自由贸易港法贯彻落实，把制度集成创新摆在突出位置。"[③]制度集成创新具有融合性、系统性特点，需要多领域、多部门协同发力。习近平总书记突出强调海南体制机制改革，就是要充分利用海南的独特开放优势，解放思想、大胆创新，以思想大解放取得改革大突破，

---

① 习近平：《在庆祝海南建省办经济特区 30 周年大会上的讲话》，新华社，2018 年 4 月 13 日。
② 《习近平对海南自由贸易港建设作出重要指示》，新华社，2020 年 6 月 1 日。
③ 《习近平总书记考察海南》，新华社，2022 年 4 月 13 日。

形成更多可复制可推广的经验。海南自由贸易港要以贸易和投资自由化便利化为重点，推动全方位、大力度、高层次的改革创新，把制度集成创新摆在突出位置，建立与高水平自由贸易港相适应的政策制度体系。

（七）要在推动经济高质量发展方面走在全国前列

推动高质量发展是习近平总书记着眼于中国特色社会主义进入新时代的历史方位，着眼于我国经济已由高速增长阶段转向高质量发展阶段，要实现转变发展方式、优化经济结构、转换增长动力的现实国情作出的重大战略部署。经济发展规律表明，一个国家进入工业化中后期，只有实现发展方式从规模速度型转向质量效益型，推动高质量发展，才能顺利完成工业化、实现现代化。2018 年 4 月 13 日，在庆祝海南建省办经济特区 30 周年大会上，习近平总书记强调，海南要坚决贯彻新发展理念，建设现代化经济体系，在推动经济高质量发展方面走在全国前列。[①] 并指出，海南要深化供给侧结构性改革，要瞄准国际标准提高水平，下大气力调优结构，重点发展旅游、互联网、医疗健康、金融、会展等现代服务业，加快服务贸易创新发展，促进服务业优化升级，形成以服务型经济为主的产业结构。要推动海南建设具有世界影响力的国际旅游消费中心。要实施乡村振兴战略，发挥热带地区气候优势，做强做优热带特色高效农业，打造国家热带现代农业基地。要提高海洋资源开发能力，加快培育新兴海洋产业，支持海南建设现代化海洋牧场，着力推动海洋经济向质量效益型转变。要发展海洋科技，加强深海科学技术研究，推进"智慧海洋"建设，

---

① 习近平：《在庆祝海南建省办经济特区 30 周年大会上的讲话》，新华社，2018 年 4 月 13 日。

把海南打造成海洋强省。要实施乡村振兴战略，发挥热带地区气候优势，做强做优热带特色高效农业，打造国家热带现代农业基地，进一步打响海南热带农产品品牌。要发展乡村旅游，打造体现热带风情的精品小镇。

2022年4月13日，习近平总书记在海南考察时再次指出，要把海南更好发展起来，贯彻新发展理念、推动高质量发展是根本出路。[①]要深入推进农业供给侧结构性改革，加强农业全产业链建设。加快构建现代产业体系，抢抓全球新一轮科技革命和产业变革重要机遇，加快培育具有海南特色的合作竞争新优势，实现高质量发展。自由贸易港经济体系是我国经济体系的重要部分，自由贸易港经济高质量发展是我国经济高质量发展的重要部分。海南自由贸易港建设要加快建设实体经济、科技创新、现代金融、人力资源协同发展的产业体系，要建设统一开放、竞争有序的市场体系，要构建体现效率、促进公平的收入分配体系，逐步实现共同富裕，要建设彰显优势、协调联动的城乡区域发展体系，要保持资源节约、环境友好的绿色发展体系，加快形成多元平衡、安全高效的全面开放体系，要以供给侧结构性改革为主线，推动经济发展质量变革、效率变革、动力变革，提高全要素生产率，实现经济高质量发展。

（八）要把生态文明建设作为重中之重

党的十八大以来，习近平总书记坚持把生态文明建设纳入中国特色社会主义事业"五位一体"总体布局，把"美丽中国"作为生态文明建设的宏伟目标，围绕生态文明建设作出一系列重要论断，开展了

---

① 《习近平总书记考察海南》，新华社，2022年4月13日。

一系列根本性、开创性、长远性工作，推动我国生态环境保护发生历史性、转折性、全局性变化，形成习近平生态文明思想，把党对生态文明建设规律的认识提升到一个新境界。习近平总书记指出，"像保护眼睛一样保护生态环境，像对待生命一样对待生态环境。""生态环境没有替代品，用之不觉，失之难存"。要坚持人与自然和谐共生，坚持节约优先、保护优先、自然恢复为主的总体方针。要贯彻创新、协调、绿色、开放、共享的发展理念，加快形成节约资源和保护环境的空间格局、产业结构、生产方式、生活方式，给自然生态留下休养生息的时间和空间。坚持生态惠民、生态利民、生态为民，重点解决损害群众健康的突出环境问题，不断满足人民日益增长的优美生态环境需要。用最严格制度最严密法治保护生态环境，加快制度创新，强化制度执行，让制度成为刚性的约束和不可触碰的高压线。山水林田湖草是生命共同体，要统筹兼顾、整体施策、多措并举，全方位、全地域、全过程开展生态文明建设。

习近平总书记高度重视海南生态文明建设。2013 年 4 月 9 日，习近平总书记在海南考察时鲜明指出，"你挣到了钱，但空气、饮用水都不合格，哪有什么幸福可言""保护海南生态环境，不仅是海南自身发展的需要，也是我们国家的需要。十三亿中国人应该有环境优美、适宜度假的地方"。①2018 年 4 月 13 日，习近平总书记在海南考察时强调，海南拥有全国最好的生态环境，青山绿水、碧海蓝天是海南最强的优势和最大的本钱，是一笔既买不来也借不到的宝贵财富，必须倍加珍惜、精心呵护。并要求海南把保护生态环境作为发展的根本立足点，牢固树立绿水青山就是金山银山的理念，像对待生命一样

---

① 《习近平在海南考察》，新华社，2013 年 4 月 13 日。

对待这一片海上绿洲和这一汪湛蓝海水。①2022 年 4 月 13 日，习近平总书记在海南考察时再次要求，要坚持生态立省不动摇，把生态文明建设作为重中之重。要扎实推进国家生态文明试验区建设。热带雨林国家公园是国宝，是水库、粮库、钱库，更是碳库，要充分认识其对国家的战略意义，努力结出累累硕果。②

生态环境是海南自由贸易港最强的优势和最大的本钱。海南自由贸易港未必是生态环境治理最好的区域，但一定是生态空间最广阔，生态条件最优质，生态根基最扎实的自由贸易港。海南自由贸易港陆生植物、陆生动物、海洋鱼类种类及特有类群均居全国前列，是我国生态安全屏障和生物多样性的天然宝库，也是我国乃至世界的天然基因库。为此，我们必须把生态环境保护贯穿到海南自由贸易港建设全过程，要以海南生态环境好并不等于生态环境保护工作做得好为理念，以中央生态环保督察和国家海洋督察反馈问题的整改为契机，以到 2035 年海南岛生态环境做到全世界领先为目标，以标志性项目为引领，以国家生态文明试验区建设为抓手，把生态文明作为重中之重，守护好绿水青山，建设好国家公园，保护好生物多样性，把生态环境建设成为自由贸易港的重要支撑，加快建设具有世界影响力的自由贸易港。

（九）要坚持维护国家安全不动摇

国家安全工作是党治国理政一项十分重要的工作，也是保障国泰民安一项十分重要的工作。早在 2014 年，习近平总书记在中央国家安全委员会第一次会议上就提出总体国家安全观，并在中央政治局第

---

① 《习近平在海南考察》，新华社，2018 年 4 月 13 日。
② 《习近平总书记考察海南》，新华社，2022 年 4 月 13 日。

二十六次集体学习时提出"十个坚持"的工作要求，为有效防范化解各种风险挑战，有力维护塑造国家发展和民族复兴的安全环境，指明了前进方向、提供了根本遵循。2018 年 4 月 13 日，在庆祝海南建省办经济特区 30 周年大会上，习近平总书记强调，海南要加强风险防控体系建设。[①]2022 年 4 月 13 日，习近平总书记在海南考察时强调，要坚持维护国家安全不动摇，加强重大风险识别和防范，统筹改革发展稳定，坚持先立后破、不立不破。[②]在海南建设中国特色自由贸易港，是习近平总书记亲自谋划、亲自部署、亲自推动的改革开放重大举措。越开放越要重视安全，越要统筹好发展和安全，越要增强自身竞争能力、开放监管能力、风险防控能力。

当前，世界正经历百年未有之大变局，新冠肺炎疫情全球大流行使这个大变局加速演进，全球动荡源、风险点显著增多，不稳定不确定的安全因素明显增加。2022 年 4 月，习近平总书记在海南考察时再次指出，"'慎终如始，则无败事。'百年变局，一件事一件事出来，一会儿灰犀牛，一会儿黑天鹅。对变化莫测的形势要有一种底线意识、危机意识，确保海南自由贸易港建设行稳致远。诸葛一生唯谨慎，吕端大事不糊涂。有位革命前辈曾说过这样的话，'时时放心不下'。我听了很有共鸣。"[③]坚持统筹发展和安全，坚持发展和安全并重，实现高质量发展和高水平安全的良性互动，是海南加快建设具有世界影响力的中国特色自由贸易港必须要遵循的基本原则。随着海南更多领域、更深层次的改革开放，伴随着人流、物流、资金流、信息流的大量进出，风险点逐渐增多，比如，实施入境旅游免签潜在的

---

① 习近平:《在庆祝海南建省办经济特区 30 周年大会上的讲话》，新华社，2018 年 4 月 13 日。
② 《习近平总书记考察海南》，新华社，2022 年 4 月 13 日。
③ 《习近平总书记考察海南》，新华社，2022 年 4 月 13 日。

人员流动风险、货物贸易自由流动潜在的走私风险，数据安全有序流动潜在的意识形态风险，等等。风险防控是影响海南自由贸易港建设成败的重要变量。风险防控做得好，自由贸易港建设才能取得胜利；风险防控做不好，自由贸易港建设就难以成功。2022年4月，习近平总书记在海南考察时指出，"任何方面陡然地做事都是不牢靠的。就像想当个举重健将，开始50公斤，想提到100公斤，一把就上去那是不可能的。压力测试也是自己能力提高的一个过程。要循序渐进，尽早去调研、去准备。"①海南要深刻理解发展与安全的辩证统一关系，切实增强政治意识和大局意识，把好政治方向和推进节奏，坚持把防范化解国家安全风险摆在突出位置，提高风险预见、预判能力，力争把可能带来重大风险的隐患发现和处置于萌芽状态，着力在更高层次、以更大力度统筹发展和安全，努力实现更高质量、更有效率、更加公平、更可持续、更为安全的发展。

（十）要强化自由贸易港建设工作推进机制

中国特色社会主义制度是当代中国发展进步的根本制度保障，是具有鲜明中国特色、明显制度优势、强大自我完善能力的先进制度，是自由贸易港建设的体制保障。②习近平总书记指出："我们最大的优势是我国社会主义制度能够集中力量办大事。这是我们成就事业的重要法宝。"新时代进行伟大斗争、建设伟大工程、推进伟大事业、实现伟大梦想，需要我们一如既往地用好这一重要法宝。自由贸易港建设是一项长期复杂的系统工程。自由贸易港建设不是对单个部门、

---

① 《习近平总书记考察海南》，新华社，2022年4月13日。

② 习近平：《坚持和完善中国特色社会主义制度 推进国家治理体系和治理能力现代化》，《求是》2020年第20期。

单个领域的修修补补，是跨部门、跨领域、跨行业的系统性集成性改革创新，要建设好自由贸易港，就要在党中央集中统一领导下，坚持全国一盘棋，更好发挥中央和地方两个积极性，协调不同部门、不同政策的定位和功能，调动各方面积极性，集中力量办大事。这不仅需要海南解放思想、大胆创新，充分发扬敢闯敢试、敢为人先、埋头苦干的特区精神，更需要强化"中央统筹、部门支持、省抓落实"的工作推进机制。

2018 年 4 月 13 日，在庆祝海南建省办经济特区 30 周年大会上，习近平总书记要求："中央和国家有关部门要从全局高度出发，会同海南省做好顶层设计，坚持先谋后动，积极研究制定支持举措，共同推动各项政策落地见效。"①2018 年中央 12 号文提出，海南省要发挥主体责任，主动作为、真抓实干，敢为人先、大胆探索。中央有关部门要真放真改真支持，会同海南省抓紧制定实施方案。2020 年 5 月 28 日，习近平总书记对海南自由贸易港做出指示："海南省要把准方向、敢于担当、主动作为，抓紧落实政策早期安排，以钉钉子精神夯实自由贸易港建设基础。中央和国家有关部门要从大局出发，支持海南大胆改革创新。"②2022 年 4 月 13 日，习近平总书记在海南考察时再次强调："要强化'中央统筹、部门支持、省抓落实'的工作推进机制，确保海南自由贸易港如期顺利封关运作。"③海南自由贸易港建设要在内外贸、投融资、财政税务、金融创新、出入境等方面探索更加灵活的制度体系、监管模式和管理体制。这些领域多属于中央事权，相应的制度制定也是由相关部委主导。在此背景下，集成中央与地方事权

---

① 习近平：《在庆祝海南建省办经济特区 30 周年大会上的讲话》，新华社，2018 年 4 月 13 日。
② 《习近平对海南自由贸易港建设作出重要指示》，新华社，2020 年 6 月 1 日。
③ 《习近平总书记考海南察》，新华社，2022 年 4 月 13 日。

相关制度，是自由贸易港建设的客观需要，也是调动各方面积极性的重要保障。海南自由贸易港建设要加强改革系统集成，注重协调推进，使各方面创新举措相互配合、相得益彰，提高改革创新的整体效益。一方面，中央和国家有关部门应从大局出发，支持海南大胆改革创新；另一方面，海南省要认真贯彻党中央决策部署，把准方向、敢于担当、主动作为。对于省级事权事项，海南应敢闯敢试、大胆创新；对于中央事权事项，海南应强化同相关部委沟通、争取支持，科学务实推进政策设计，形成符合改革方向、立足海南省情、契合市场需求、综合部委考量的制度政策体系，确保自由贸易港制度创新精准有效。

（十一）要做好长期奋斗的思想准备和工作准备

习近平总书记反复强调，加快改革创新，方法要明确，放眼长远、从长计议，稳扎稳打、步步为营，锲而不舍、久久为功。[①] 要保持历史耐心和战略定力，一张蓝图绘到底，有序配套推出改革举措，一茬接着一茬干。要有"别无他途"的坚定信念、"久久为功"的务实态度和"功成不必在我""功成必定有我"的情怀担当。2018年4月13日，在庆祝海南建省办经济特区30周年大会上，习近平总书记指出，支持海南逐步探索、稳步推进中国特色自由贸易港建设，分步骤、分阶段建立自由贸易港政策和制度体系。[②] 中央12号文明确海南全面深化改革开放的阶段性和自由贸易港建设的阶段性目标，即，到2020年，与全国同步实现全面建成小康社会目标；到2025年，自由贸易港制度初步建立；到2035年，在社会主义现代化建设上走在全国前列；

---

① 习近平：《在主持召开十八届中央财经领导小组第九次会议时的讲话》，新华社，2015年2月10日。

② 习近平：《在庆祝海南建省办经济特区30周年大会上的讲话》，新华社，2018年4月13日。

自由贸易港的制度体系和运作模式更加成熟；到本世纪中叶，率先实现社会主义现代化，形成高度市场化、国际化、法治化、现代化的制度体系，同时对海南全面深化改革开放提出具体要求。《海南自由贸易港建设总体方案》进一步提出：到 2025 年，初步建立以贸易自由便利和投资自由便利为重点的自由贸易港政策制度体系，到 2035 年，自由贸易港制度体系和运作模式更加成熟，到本世纪中叶，全面建成具有较强国际影响力的高水平自由贸易港。2022 年 4 月 13 日，习近平总书记在海南考察时再次强调："推进自由贸易港建设是一个复杂的系统工程，要做好长期奋斗的思想准备和工作准备。""要加快建设具有世界影响力的中国特色自由贸易港。"[1] 分步骤、分阶段推进自由贸易港建设，并统筹设置相应的战略目标、战略重点、优先顺序、推进时间表，是推进改革开放的方法论，是建设海南自由贸易港的时间表，充分体现了习近平总书记高瞻远瞩、统揽全局、把握事物发展总体趋势和方向的战略思维和战略能力。

在海南建设中国特色社会主义自由贸易港是一项全新的探索，既没有先例可循，又不能简单照搬西方自由贸易港发展模式，只有分步骤、分阶段才能把总蓝图转化为实景图，才能行稳致远。从现实情况看，海南自由贸易港需要分步骤分阶段推进。从国际经验看，自由贸易港必须有大流量的经济活动支撑，国际知名自由贸易港是经过几十年甚至上百年的发展与积累才实现的。目前海南经济体量较小，人流、物流、资金流、信息流不足，短期内难以一下见效。同时，由于海南自由贸易港实施范围为海南岛全岛，在面积如此之大的范围内实施自由贸易政策，全球范围内极为少见，海南 60% 以上的人口是农民，80% 的

---

[1] 《习近平总书记考海南察》，新华社，2022 年 4 月 13 日。

土地在农村，兼具城乡的现实对自由贸易港建设提出更高要求。地理空间广泛的同时，政策范围也同样广泛，除了商品自由外，要守住不发生系统性风险底线的前提，实现贸易自由便利、投资自由便利、跨境资金流动自由便利、人员进出自由便利、运输来往自由便利、数据安全有序流动等，构建生产要素、产业体系、税收制度、社会治理、法治体系等系统性政策体系。

三、理论方位

（一）党对外开放理论的最新成果

党的十八大以来，以习近平同志为核心的党中央统筹国内国际两个大局，推进对外开放理论和实践创新，不断提高对外开放水平，推动形成全面开放新格局。习近平关于建设中国特色自由贸易港的重要论述既继承了中国特色社会主义理论体系中关于对外开放的基本思想，又紧密结合新的时代特点和实践要求对党的对外开放理论作了创新发展，生动体现了党的对外开放理论与时俱进的鲜明品格、突出特点。一是更加强调开放高地建设。习近平总书记多次强调，中国开放的大门不会关闭，只会越开越大！党的十八大以来以习近平同志为核心的党中央在着力推动整体开放水平的同时，不仅注重打造自由贸易试验区和自由贸易港建设等新的开放载体，而且要求自由贸易港直接对标国际最高水平的开放形态进行建设。习近平总书记指出："新时代海南要高举改革开放旗帜，打造开放层次更高、营商环境更优、辐射作用更强的开放新高地，努力成为新时代全面深化改革开放的新标杆，形成更高层次改革开放新格局。"[①] 二是更加强调规则等制度型开放。改革开放尤其是加入 WTO 以来，我国主动引入国际资本，学习先进技术、管理要素等，参与全球产业链价值链分工等，形成商品和要素型开放特征。习近平总书记反复强调，越是面对外部环境的不确定性，越要以扩大开放的确定性应对，并多次要求自由贸易港要加快制度型开放步伐，实行高水平的贸易和投资自由化便利化政策，放宽市场准入，对外资全面实行准入前国民待遇加负面清单管理制度。加快形成与国际投资、贸易通行规则相衔接的制度体系和监管模式。三是更加强调开放工作的系统集成。习近平总书记多次提出各项工作要注重系统的整体性和要素的协同性。习近平总书记指出，自由贸易港要在内外贸、投融资、财政税务、金融创新、入出境等方面，探索更加灵活的政策体系、监管模式、管理体制。要开展国际人才管理改革试点，允许外籍和港澳台地区技术技能人员按规定就业、永久居留等，进而实现贸易、投资、跨境资金、人员、运输来往等的自由便利和数据的安全有序流动。同时，注重在税收、社会治理、法治、风险防控等方面制度集成。四是更加强调推动服务贸易开放。服务贸易是国际贸易的重要组成部分和国际经贸合作的重要领域。习近平总书记要求自由贸易港要围绕种业、医疗、教育、体育、电信、互联网、文化、维修、金融、航运等重点领域，深化现代农业、高新技术产业、现代服务业对外开放，推动服务贸易加快发展，推进航运逐步开放。重点发展旅游、互联网、医疗健康、金融、会展等现代服务业，加快服务贸易创新发展等。五是更加强调中央统筹推进。习近平总书记明确要求，国家建立海南自由贸易港建设领导机制，统筹协调重大政策和重

---

① 习近平：《在庆祝海南建省办经济特区30周年大会上的讲话》，新华社，2018年4月13日。

大事项，初步建立了中央抓总、部门支持和省抓落实的全新实施机制。同时，在国家层面出台《中华人民共和国海南自由贸易港法》，为海南自由贸易港推进制度集成创新、系统协调改革提供基础法律保障。纵观习近平总书记关于自由贸易港建设的重要论述，"全面开放""最高水平""积极主动""共商共建共享"是新时代推进改革开放的基本特征，是党的开放理论的再次升华。

（二）习近平新时代中国特色社会主义思想的有机组成

习近平新时代中国特色社会主义思想是当代中国马克思主义、21世纪马克思主义，是中华文化和中国精神的时代精华，是全党的指导思想。党的十九届六中全会通过的《中共中央关于党的百年奋斗重大成就和历史经验的决议》，用"十个明确"对习近平新时代中国特色社会主义思想作了进一步系统概括。习近平关于建设中国特色自由贸易港的重要论述是习近平总书记建设最高水平开放形态，创新发展中国特色社会主义，构建更高水平开放格局的总体谋划，是习近平新时代中国特色社会主义思想在海南全面深化改革开放和中国特色自由贸易港建设的集中体现。中国特色自由贸易港是习近平总书记亲自谋划、亲自部署、亲自推动的对外开放重大战略，最本质的特征是中国共产党领导下的社会主义自由贸易港。建设自由贸易港是中国特色社会主义创新发展战略部署和务实举措。自由贸易港建设是社会主义现代化建设和中华民族伟大复兴的重要组成。中华民族伟大复兴与中国特色自由贸易港建设的目标在时间轴上高度吻合，中华民族伟大复兴的进程势必引领中国特色自由贸易港建设的全程，中国特色自由贸易港建设势必助力中华民族伟大复兴。习近平总书记明确要求海南自由贸易港要坚持中国特色社会主义根本原则，要坚持以人民为中心的发展思想，要贯彻落实"五位一体"总体布局，全面推进"四个全面"战略布局，贯彻新发展理念，建设现代化经济体系，满足新时代人民群众对美好生活的需要，推进制度集成创新，建设自由贸易港政策制度体系，推进治理体系和治理能力现代化，建设自由贸易港法治体系，推进营商环境法治化、国际化、便利化，立足新时代党的建设总要求，以伟大自我革命引领伟大社会革命。

习近平总书记对海南自由贸易港建设的要求是习近平新时代中国特色社会主义思想的有机组成。两年多来，海南自由贸易港深入学习贯彻习近平建设中国特色自由贸易港重要论述，自觉在思想上、政治上、行动上同以习近平同志为核心的党中央保持高度一致。坚决把握新发展阶段、贯彻新发展理念、构建新发展格局，充分发挥独特的区位优势和政策优势，努力打造国内国际双循环的重要交汇点。牢牢抓住重点领域和关键环节攻坚破题，坚定改革决心，在重点领域有效破解一批长期存在的体制性障碍、机制性梗阻。完整、准确、全面贯彻新发展理念，推动经济发展质量明显提高。以壮士断腕决心摆脱经济对房地产业的依赖，坚持把生态环境保护贯穿自由贸易港建设全过程，高位推动国家生态文明试验区建设，推动生态环境持续改善。习近平关于建设中国特色自由贸易港的重要论述是实践验证了的科学理论，丰富了习近平新时代中国特色社会主义思想。

（三）构建人类命运共同体的理论指引

全球正处在大发展、大变革、大调整时期，处于百年未之大变局的大时代。世界经济复苏乏力，战争冲突频仍，恐怖主义、难民危机、气候变化等非传统安全问题持续蔓延，逆全球化、贸易保护主义、民粹主义思潮上升。构建人类命运共同体是习近平新时代中国特色社会主义思想的重要部分，是新时代我国参与全球治理的指导方略，是推动人类社会发展的中国方案。习近平总书记指出："让和平的薪火代代相传，让发展的动力源源不断，让文明的光芒熠熠生辉，是各国人民的期待，也是我们这一代政治家应有的担当。"① 人类命运共同体理念是习近平总书记判明时代主题，洞察世界发展趋势，在深刻总结国内外历史经验、准确把握人类社会发展规律基础上提出的重要思想。2013 年 3 月，习近平主席在莫斯科国际关系学院首次向国际社会提出命运共同体理念。2015 年 9 月，习近平主席在联合国发表重要演讲，向国际社会全面阐述了人类命运共同体"五位一体"的内涵，呼吁构建以合作共赢为核心的新型国际关系，打造人类命运共同体。2017 年 1 月，习近平主席在日内瓦万国宫发表主旨演讲，主张共同推进构建人类命运共同体的伟大进程，坚持对话协商、共建共享、合作共赢、交流互鉴、绿色低碳，建设一个持久和平、普遍安全、共同繁荣、开放包容、清洁美丽的世界。2017 年 10 月，党的十九大报告明确提出，坚持和平发展道路，推动构建人类命运共同体。人类命运共同体已成为新时代中国特色大国外交的总目标，并写入《中国共产党章程》《中华人民共和国宪法》，成为中国共产党和全体中国人民的共同意志。习近平主席在博鳌亚洲论坛 2018 年年会开幕式主旨演讲中再次强调，要努力构建人类命运共同体，共创和平、安宁、繁荣、开放、美丽的亚洲。②

在海南建设自由贸易港，就是用实际行动向世界表明，中国开放的大门不会关闭，只会越开越大，中国将一以贯之地扎实推动贸易投

---

① 习近平：《共同构建人类命运共同体》，《求是》2021 年第 1 期。

② 习近平：《开放共创繁荣，创新引领未来——在博鳌亚洲论坛 2018 年年会开幕式上的主旨演讲》，《人民日报》2018 年 4 月 10 日。

资自由化便利化，打造全球开放合作的典范，引领经济全球化进程，为我国深度参与全球经济治理和国际经贸规则制定提供重要平台。在博鳌亚洲论坛 2021 年年会上，习近平主席再次提出："开放融通是不可阻挡的历史趋势，人为'筑墙''脱钩'违背经济规律和市场规则，损人不利己。"[①]建设海南自由贸易港是中国对世界的庄重承诺，是支持经济全球化，构建人类命运共同体的实际行动。海南自由贸易港对标世界最高水平开放形态，实行境内关外制度体系，以贸易投资便利化为重点，以"一线"放开、"二线"管住为特征，能够广泛吸引国内国际双循环当中的人流、物流、资金流汇聚，成为资本、知识、技术、管理、数据等全球优质生产要素聚集区。随着海南自由贸易港同"一带一路"参与国家和地区开展多层次、多领域务实合作，不同国家、不同阶层、不同人群会在海南共享经济全球化的好处。海南自由贸易港将成为 21 世纪海上丝绸之路重要战略支点，成为构建人类命运共同体的实践场景和重要舞台。

（四）中国特色社会主义创新发展的理论指南

坚持和发展中国特色社会主义必须把握时代特点，直面时代课题，在体现时代性、把握规律性、富于创造性中不断展现活力。习近平关于建设中国特色自由贸易港的重要论述根植于中国特色社会主义改革和开放伟大实践，开辟了马克思主义对外开放理论新境界，是新时代中国特色社会主义实现更高水平开放的指导思想。党的十八大以来，党的理论创新实现了新飞跃，党的执政方略有重大创新，发展理念有重大转变，发展环境有重大变化，发展要求变得更高。在此背景下，

---

① 习近平：《同舟共济克时艰，命运与共创未来——在博鳌亚洲论坛 2021 年年会开幕式上的视频主旨演讲》，新华社，2021 年 4 月 20 日。

如何创新发展中国特色社会主义成为鲜明的时代课题。中国特色社会主义的形成和发展有其内在的历史逻辑、理论逻辑和实践逻辑。新民主主义革命的伟大胜利为建立社会主义制度创造了历史前提，社会主义革命的完成实现了中国历史上最深刻的社会变革，党的十一届三中全会开启了改革开放的伟大进程，新时代要立足强起来的发展方位，立足社会主要矛盾的变化，把握党的执政规律、社会主义建设规律和人类社会发展规律，借鉴和运用党领导革命、建设、改革的历史经验推动中国特色社会主义创新发展。

海南自由贸易港建设是中国特色社会主义创新发展的重大战略部署，是中国特色社会主义创新发展的伟大探索。从顶层设计来看，在新中国史和社会主义发展史上，海南自由贸易港首次实施"境内关外"的开放战略并推动封关运作，实施"一线放开、二线管住、岛内自由"货物进出口管理制度。对货物贸易，海南自由贸易港实行以"零关税"为基本特征的自由化便利化制度安排。对服务贸易，海南自由贸易港实行以"既准入又准营"为基本特征的自由化便利化政策。对各类投资，海南自由贸易港大幅放宽市场准入，实施全国最短的负面清单，实行海南自由贸易港服务贸易负面清单，激发各类市场主体活力。从要素开放看，海南自由贸易港首次实施系统性整体性的要素开放举措，从资本到科技到人才再到数据，分阶段开放资本项目，实行更加开放的人才和停居留政策、出入境管理政策，建立更加自由开放的航运制度，有序扩大通信资源和业务开放，全面实施跨境自由有序安全便捷流动的政策举措。从产业体系看，海南自由贸易港直接对标现代化产业体系，大力发展旅游业、现代服务业和高新技术产业、热带特色高效农业。从税收体系看，海南自由贸易港按照零关税、低税率、简税制、强法治、分阶段的原则，逐步建立与高水平自由贸易港相适应的税收制度。从法治建设看，建立以海南自由贸易港法为基础，以地方性法规和商事纠纷解决机制为重要组成的自由贸易港法治体系。从社会治理看，着力推进政府机构改革和政府职能转变，构建系统完备、科学规范、运行有效的自由贸易港治理体系。习近平关于建设中国特色自由贸易港的重要论述是建设海南自由贸易港的根本遵循，是积极应对逆经济全球化的理论基石，是系统谋划中国特色社会主义创新发展的理论指南。

四、实践意义

（一）必将引领新时代全面深化改革开放

全面深化改革开放是习近平总书记治国理政的重要方面，是全面推进社会主义现代化建设的强大动力。关于"全面"，习近平总书记指出："全面深化改革，全面者，就是要统筹推进各领域改革，就需要有管总的目标，也要回答推进各领域改革最终是为了什么、要取得什么样的整体结果这个问题。"① "全面"更加强调各领域改革是一个整体，重点在"整体"。"深化"是针对改革遇到的"硬骨头"和"险滩"来讲的，强调的是新阶段改革呈现出新特征，推进改革就必须敢于啃硬骨头、敢于涉险滩。习近平总书记指出："中国改革经过30多年，已进入深水区，好吃的肉都吃掉了，剩下的都是难啃的硬骨头。"②2018

---

① 习近平：《在省部级主要领导干部学习贯彻十八届三中全会精神全面深化改革专题研讨班上的讲话》，新华社，2014年2月17日。

② 《习近平谈治国理政》，外文出版社2014年版，第101页。

年 4 月 13 日，在庆祝海南建省办经济特区 30 周年大会上，习近平总书记要求海南站在更高起点谋划和推进改革，下大气力破除体制机制弊端，不断解放和发展社会生产力，要坚持开放为先，实行更加积极主动的开放战略。① 这是新时代海南全面深化改革开放的根本遵循。

自由贸易港建设是全面深化改革开放的重要部分，全面深化改革开放是自由贸易港建设的重要保障。从战略意义来看，海南自由贸易港不同于一般的口岸，必须打造开放层次更高、营商环境更优、辐射作用更强的开放新高地，努力成为新时代全面深化改革开放的新标杆，形成更高层次改革开放新格局。没有改革开放的全面推进和深化推进，就难以实现自由贸易港建设目标。从改革开放内容来看，海南自由贸易港政策体系着眼于贸易投资自由化便利化这个重点，以各类生产要素跨境自由有序安全便捷流动和现代产业体系建设为支撑，以特殊的税收制度安排、高效的社会治理体系和完备的法治体系为保障。其中，贸易投资自由化便利化方面的制度为重点，要素流动和产业准入为支撑制度，税收、法治和社会治理方面为保障。三类改革相互联系、相互影响甚至互为前提。自由贸易港建设进展甚至成败一定程度上取决于三类改革协同创新程度，取决于三类改革协同落实程度。没有要素的自由便捷流动，就没有投资贸易的大流量大体量，没有社会治理、高效法治、税收改革等的大突破，就没有要素流动的自由化便利化。

自 2018 年 4 月 13 日以来，特别是《海南自由贸易港建设总体方案》发布以来，自由贸易港建设进展明显，整体推进蹄疾步稳、有力有序。"全面深化改革开放政策和制度体系初步形成，以贸易投资自由化便利化为重点的 150 多项政策文件落地生效。120 多项制度创新成果陆续推出。'两个 15%'所得税优惠政策、三张'零关税'清单

---

① 习近平：《在庆祝海南建省办经济特区 30 周年大会上的讲话》，新华社，2018 年 4 月 13 日。

有序实施。全国首张跨境服务贸易清单和最短外商投资准入负面清单落地实施。'一线放开、二线管住'进出口管理制度试点推进并增点扩区，封关运作准备全面启动。""外向型经济势头良好，入籍'中国洋浦港'国际船舶33艘，2021年货物贸易规模首次突破千亿元，经济外向度五年提高8.2个百分点，实际利用外资累计超过90亿美元，接近之前30年的总和。2021年主要经济指标增速历史性走在全国前列。"[①]海南自由贸易港必将始终站在改革开放最前沿，为全国提供更多可复制可推广经验，为我国全面深化改革开放形成新经验、深化新认识、贡献新方案，助推海南成为新时代中国改革开放的示范。

（二）必将指引构建更高水平开放型经济新体制

以开放促改革促发展，是我国现代化建设不断取得新成就的重要法宝。习近平总书记在庆祝海南建省办经济特区30周年大会上提出："海南要坚持开放为先，实行更加积极主动的开放战略，加快建立开放型经济新体制，推动形成全面开放新格局。"[②]改革开放40多年来，从开办经济特区，到加入世界贸易组织，再到设立自贸试验区和倡议"一带一路"建设，对外开放逐步扩大，我国经济从半封闭状态转变成为深度融入世界经济的全球第一货物贸易大国和主要的引进外资大国及对外投资大国。新时代，党中央着眼于社会主要矛盾的变化，着眼于社会发展新阶段的新特点，要求全面提高对外开放水平，推动贸易和投资自由化便利化，推进贸易创新发展，推动共建"一带一路"高质量发展，积极参与全球经济治理体系改革。习近平主席提出："中国将有效发挥自由贸易试验区、自由贸易港引领作用，出台跨境服务贸易负面清单，在数字

---

① 《海南省第八次党代会报告辅导手册》，海南出版社2022年版，第2、3页。

② 习近平：《在庆祝海南建省办经济特区30周年大会上的讲话》，新华社，2018年4月13日。

经济、互联网等领域持续扩大开放，深入开展贸易和投资自由化便利化改革创新，推动建设更高水平开放型经济新体制。"①

坚持实施更大范围、更宽领域、更深层次对外开放，更好吸引全球资源要素，打造参与国际经济合作和竞争新优势是更高水平开放型经济新体制的本质要求。海南自由贸易港建设不仅打破此前在一省（市）内划定几个片区的自由贸易试验区形式，而且直接瞄准自由贸易港这一当今世界最高水平的开放形态，在海南全岛开展投资贸易自由化便利化实践探索，是改革开放以来力度最大、范围最大、面积最广的全面深化改革开放试验区，并且在中央层面组建层次最高、规模最大、落实最有力的领导小组来统筹协调自由贸易港建设，这既是开放力度和规模的体现，更是主动作为牵引大局的顶层设计。同时，海南自由贸易港瞄准最高开放形态目标，推出基础性、根本性、全局性的重大改革举措，深入推进简政放权、放管结合、优化服务，全面推行准入便利、依法过程监管的制度体系，建立与国际接轨的监管标准和规范制度体制，解决在外商投资管理体制、贸易发展方式、政府职能转变、要素便捷安全有序流动、社会治理体制、财政税收制度重构等方面存在的结构性、周期性、体制性问题，推动规则、规制、管理、标准等制度型开放，全面实现贸易自由便利、投资自由便利、跨境资金流动自由便利、人员进出自由便利、运输来往自由便利和数据安全有序流动，极大拓展了对外开放的大空间大网络，构建中国对外开放的新模式和新优势，形成了陆海联动的全面开放新格局。坚持稳扎稳打、步步为营，统筹安排好开放节奏和进度，加强重大风险识别和系

---

① 习近平：《在第三届中国国际进口博览会开幕式上的主旨演讲》，人民出版社 2020 年版，第 7 页。

统性风险防范，建立健全风险防控配套措施，有针对性防范化解贸易、投资、金融、数据流动、生态和公共卫生等领域重大风险，开展常态化评估工作，及时纠偏纠错，确保方向正确、健康发展，为不断丰富更高水平开放型经济新体制提供源头活水。

（三）必将助推新时代新发展格局构建

加快构建以国内大循环为主体、国内国际双循环相互促进的新发展格局，是以习近平同志为核心的党中央立足中华民族伟大复兴历史使命，着眼百年未有之大变局，为新时代与时俱进提升我国经济发展水平作出的系统性深层次的战略谋划，也是为社会主义现代化建设起好步开好局作出的重大战略决策。习近平总书记多次强调，要推动形成以国内大循环为主体、国内国际双循环相互促进的新发展格局，新发展格局决不是封闭的国内循环，而是开放的国内国际双循环。尤其是在疫情形势依然比较严峻的情况下，习近平总书记指出："当前经济形势仍然复杂严峻，不稳定性不确定性较大，我们遇到的很多问题是中长期的，必须从持久战的角度加以认识，加快形成以国内大循环为主体、国内国际双循环相互促进的新发展格局。"[①] 通过深入实施扩内需和供给侧结构性改革两大战略，建立宏大顺畅的国内经济大循环，吸引全球要素，利用全球资源，形成全球市场，带动国际循环，进而建立国内大循环为主体、国内国际双循环的发展格局，这是根据我国发展阶段、环境、条件变化作出的判断，是重塑我国国际合作和竞争新优势的战略抉择。

改革开放以来，从经济特区建设到国际旅游岛建设再到自由贸易

---

① 《习近平主持中共中央政治局会议 决定召开十九届五中全会 分析研究当前经济形势和经济工作》，新华社，2020 年 7 月 30 日。

港建设，海南一直是我国发展格局中的重要部分。当前作为世界唯一的社会主义自由贸易港和我国唯一的自由贸易港，无论从中央给予最高开放水平的政策体系看，还是从"两洲"和"两洋"往来必经之地的地理区位看，海南自由贸易港都是新发展格局构建的重要节点，是新发展格局不可或缺的部分。海南省第八次党代会报告提出："要加快探索自由贸易港积极服务和融入新发展格局的有效路径，更好集聚和配置全球要素资源，形成更大范围、更宽领域、更深层次对外开放格局"。[①] 在制度层面，海南在 2025 年封关之后实行境内关外管理，全面迈入自由贸易港时代，既对接国外市场又引致国内市场，既对接国际经贸规则，又立足国内经济特色，是理想的国际国内循环交汇点。在政策层面，自由贸易港的主要政策是贸易自由便利和投资自由便利，已出台的 150 多项政策几乎都服务于促进国际投资和贸易自由便利。在区位层面，海南自由贸易港连接了中国内地和东南亚两个全球最活跃的市场，能够充分利用博鳌亚洲论坛等国际交流平台，推动与"一带一路"沿线国家和地区开展更加务实高效的合作，建设 21 世纪海上丝绸之路重要战略支点。

新发展格局给予海南自由贸易港更大的经济腹地支持，海南自由贸易港建设会牵引更大的国内国际需求。国内大循环的重中之重是立足国内需求、挖掘消费潜力、拓展投资空间。自由贸易港政策优势能使海南成为国内大循环的重要部分。海南独特的产业体系形成独特的产品供给，能够契合人民群众多样化的需求，随着自由贸易港政策体系的不断完善，能够创造出更多符合新时代特点，符合消费升级需求的产品供给体系，进而引致更多国内需求。同时，自由贸易港政策优势使海南在国际国内

---

① 《海南省第八次党代会报告辅导手册》，海南出版社 2022 年版，第 55 页。

双循环格局中扮演重要角色，新冠肺炎疫情以来免税购物大幅增长就是明显的例证，未来更大范围免税领域和更大体量免税市场尤其是随着消博会等具有海南特色的消费载体形成，更会使海南成为重要的国内外资源要素集聚地，成为真正意义上的新发展格局新通道。

（四）必将推动海南自由贸易港高质量发展

推动高质量发展使发展成果更好惠及全体人民，不断实现人民对美好生活的向往是以习近平同志为核心的党中央根据我国发展阶段、发展环境、发展条件变化作出的科学判断。习近平总书记在庆祝海南建省办经济特区 30 周年大会上提出："海南要坚决贯彻新发展理念，建设现代化经济体系，在推动经济高质量发展方面走在全国前列。"[①]2022 年 4 月，习近平总书记考察海南时强调："要把海南更好发展起来，贯彻新发展理念、推动高质量发展是根本出路。"[②] 习近平总书记指出："高质量发展，就是能够很好满足人民日益增长的美好生活需要的发展，是体现新发展理念的发展。"[③]高质量发展不只是一个经济要求，而是对经济社会发展方方面面的总要求，不是只对经济发达地区的要求，而是所有地区发展都必须贯彻的要求，不是一时一事的要求，而是必须长期坚持的要求。总之，高质量发展就是在新发展阶段，以解决社会主要矛盾为出发点，以新发展理念为指导，以供给侧结构性改革为抓手，切实提升发展质量和效益。作为全球唯一的中国特色自由贸易港，海南具有贯彻

---

① 习近平：《在庆祝海南建省办经济特区 30 周年大会上的讲话》，人民出版社 2018 年版，第 14 页。

② 《习近平总书记考察海南》，新华社，2022 年 4 月 13 日。

③ 《习近平谈治国理政》第三卷，外文出版社 2020 年版，第 238 页。

落实新发展理念的现实条件，具有实现高质量发展的比较优势。从政策体系看，海南自由贸易港政策开放性独一无二。从产业体系看，海南正在立足发展实体经济，以供给侧结构性改革为主线，围绕旅游业、现代服务业、高新技术产业、热带特色高效农业等构建现代产业体系，发展新一代信息技术产业和数字经济，推动互联网、物联网、大数据、卫星导航、人工智能同实体经济深度融合。同时，重点发展旅游、互联网、医疗健康、金融、会展等现代服务业，加快服务贸易创新发展，促进服务业优化升级，形成以服务型经济为主的产业结构。从创新要素看，海南自由贸易港正在加强国家南繁科研育种基地（海南）建设，打造国家热带农业科学中心，建设全球动植物种质资源引进中转基地，建设一批重大科研基础设施和条件平台，建设航天领域重大科技创新基地和国家深海基地南方中心，打造空间科技创新战略高地，设立海南国际离岸创新创业示范区。在生态方面，海南以国家生态文明试验区建设为抓手，整改一批不利于环境保护的项目，建设一批生态环境保护标志性项目，热带雨林国家公园正式设立，对标世界先进水平的能源发展规划，推动清洁能源岛建设，推广装配式建筑，推进全岛"禁塑"等，正在筑牢生态文明和绿色发展基础。在乡村振兴方面，牢牢守住耕地保护、粮食安全、不发生规模性返贫等基本底线，确保农业稳产增产、农民稳步增收、农村稳定安宁，积极实施乡村振兴战略，推动乡村产业建设，发挥热带地区气候优势，做强做优热带特色高效农业，打造国家热带现代农业基地，建设现代化海洋牧场，推动农村产业特色化、规模化、品牌化、绿色化发展，因地制宜打造特色鲜明的主题共享农庄，以农村人居环境整治提升为抓手带动乡村建设全面开展，积极拓宽农民增收渠道，深化农村农垦改革，激发农村农垦发展活力。在推动共同富裕方面，严格落实"菜篮子"市县长负责制，有力平抑菜价物价，持续引入国内外优质教育和医疗资源，建好国际教育创新岛和博鳌乐城国际医疗旅游先行区，推动全面实现"家门口上好学"和"小病不进城、大病不出岛"，以壮士断腕的决心调控房地产，加快建设安居型商品住房，持续推动城乡居民收入增收等。习近平关于建设中国特色自由贸易港的重要论述正在成为海南高质量发展的理论基石。

第二章 坚持中国特色社会主义基本原则

建设海南自由贸易港是习近平总书记着眼于国际国内发展大局，亲自谋划、亲自部署、亲自推动的重大战略，是我国改革开放史上具有里程碑意义的重大战略。习近平总书记明确指出，"中国特色社会主义是社会主义而不是其他什么主义，科学社会主义基本原则不能丢，丢了就不是社会主义。"① 中国特色社会主义既坚持了科学社会主义基本原则，又根据时代条件赋予其鲜明的中国特色。"中国特色社会主义是理论逻辑、实践逻辑和历史逻辑的辩证统一，是根植于中国大地、反映中国人民意愿、适应中国和时代发展进步要求的科学社会主义，是加快推进社会主义现代化、实现中华民族伟大复兴的必由之路。"② 海南自由贸易港是中国特色社会主义条件下的自由贸易港。中国特色社会主义的基本原则必须贯穿在海南自由贸易港建设全过程。

---

① 习近平：《关于坚持和发展中国特色社会主义的几个问题》，《求是》2019 年第 7 期。

② 习近平：《关于坚持和发展中国特色社会主义的几个问题》，《求是》2019 年第 7 期。

一、基本原则的形成

中国特色社会主义经历了从"有中国特色的社会主义"到"中国特色社会主义"再到"新时代中国特色社会主义"的演进过程，逐步形成中国特色社会主义道路、理论、制度和文化。中国特色社会主义的理论变迁反映出党对社会主义本质、规律和建设途径认知的不断深化。

（一）对适合中国国情的社会主义道路的探索

新中国成立后，以毛泽东同志为核心的党的第一代中央领导集体领导全国人民进行适合中国国情的社会主义道路的探索，为中国特色社会主义奠定了实践基础。在新中国成立后27年的时间里，相继完成新民主主义革命，进行社会主义改造，确立社会主义制度。在此过程中，以毛泽东同志为核心的党的第一代中央领导集体基于经济文化落后的基本现状，带领党和人民围绕"什么是社会主义""怎样建设中国的社会主义"等问题，对适合中国国情的社会主义建设道路进行了探索。虽然没有正式提出中国特色命题，但在实践上带领党和人民探索建设符合中国国情的社会主义。"十月革命一声炮响，给我们送来了马克思列宁主义……走俄国人的路——这就是结论。"[①] 以毛泽东同志为代表的中国共产党人对苏联经验极为重视，以苏联为"向前发展的活榜样"。当时苏联已经建成世界上第一个社会主义国家，它的建设模式对中国的社会主义革命与建设事业产生了重要影响。向苏

---

① 《毛泽东选集》第4卷，人民出版社1991年版，第1470—1471页。

联学习，按照苏联的模式建设社会主义，成为中国共产党的不二选择。
"他们已经建设起来了一个伟大的光辉灿烂的社会主义国家。苏联共
产党就是我们的最好的先生，我们必须向他们学习。"① 在这种思想
指导下，1953 年 2 月，毛泽东同志号召，"在全国掀起一个学习苏
联的高潮，来建设我们的国家"②。到 50 年代中期，我国基本上接纳
苏联模式，移植了苏联的经济、政治、文化体制和建设经验。

学习苏联对于新中国来说是一条捷径。但是，对于照搬苏联
经验，一贯主张独立自主的毛泽东同志"总觉得不满意，心情不舒
畅"③。1956 年，我国基本完成三大改造，进入社会主义建设时期。
同年苏共召开二十大，对斯大林的个人崇拜和教条主义进行了批判，
对苏联社会主义建设模式的缺点和错误进行了揭露。这次会议破除
了中国对苏联经验和模式的盲从。"特别值得注意的是，最近苏联
方面暴露了他们在建设社会主义过程中的一些缺点和错误，他们走
过的弯路，你还想走？过去我们就是鉴于他们的经验教训，少走了
一些弯路，现在当然更要引以为戒。"④ 基于苏联模式的弊端，毛
泽东同志果断提出"走自己的路"，强调独立自主地探索建设社会
主义的道路。"要进行第二次结合，找出在中国怎样建设社会主义
的道路"，"不要再硬搬苏联的一切了，应该用自己的头脑思索了。
应该把马列主义的基本原理同中国社会主义革命和建设的具体实际

---

① 《毛泽东选集》第 4 卷，人民出版社 1991 年版，第 1481 页。
② 《毛泽东文集》第 6 卷，人民出版社 1999 年版，第 264 页。
③ 《毛泽东文集》第 8 卷，人民出版社 1999 年版，第 117 页。
④ 《毛泽东文集》第 7 卷，人民出版社 1999 年版，第 23 页。

结合起来，探索在我们国家里建设社会主义的道路了"。① 在此背景下，毛泽东同志全面细致地听取了工业、农业、商业、运输业等34 个部委的工作汇报，于 1956 年 4 月 25 日中共中央政治局扩大会议上作《论十大关系》的报告，提出一系列适合中国实际的社会主义建设的方针和政策，初步架构了我国社会主义建设的基本框架。总的来看，报告的基本方针是"我们一定要努力把党内党外、国内国外的一切积极的因素，直接的、间接的积极因素，全部调动起来，把我国建设成为一个强大的社会主义国家"②，这也是毛泽东同志关于怎样建设社会主义的根本指导思想。毛泽东同志指出，"前几年搞建设主要是照搬外国经验，《论十大关系》开始提出我们自己的建设路线，有我们自己的一套内容"③。《论十大关系》标志着中国共产党正式开始探索中国社会主义建设道路。1957 年，在《关于正确处理人民内部矛盾的问题》的报告中，毛泽东同志对社会主义社会人民内部矛盾的问题作了全面分析，区分了敌我之间和人民内部两类不同性质的矛盾。《论十大关系》和《关于正确处理人民内部矛盾的问题》是毛泽东同志对建设社会主义探索的重要成果。自此，我国在建设社会主义的指导思想上实现了由"以苏为师"到"以苏为鉴"的根本性转变。从"以苏为师"到"以苏为鉴"，从"走俄国人的路"到"走自己的路"，毛泽东同志对于社会主义建设的认知经历了曲折与困惑，不断深化，在向苏联学习的同时，也有着独立思考与创造。在政治上，建

---

① 《毛泽东年谱(1949—1976)》第 2 卷，中央文献出版社 2013 年版，第 557 页。

② 《毛泽东文集》第 7 卷，人民出版社 1999 年版，第 44 页。

③ 中共中央文献研究室：《建国以来毛泽东文稿》第九册，中央文献出版社 1996 年版，第 213 页。

立了有别于苏联的人民民主专政国体、人民代表大会制度和共产党领导的多党合作和政治协商制度；在经济上，实现了对农业、手工业和资本主义工商业的社会主义改造，并逐步建立起高度集中的计划经济体制；在思想文化上，树立了以马克思列宁主义为指导思想的一元化体制，使马克思主义成为我国的主流意识形态。

（二）中国特色社会主义的开创

党的十一届三中全会开辟了中国特色社会主义道路，开启了改革开放和社会主义现代化建设的新时期。党的十二大正式提出"有中国特色的社会主义"，并在十三大、十四大和十五大上得以沿用并不断完善。1982 年 9 月，邓小平同志在党的十二大开幕词中首次提出"建设有中国特色的社会主义"命题。邓小平同志指出，"把马克思主义的普遍真理同我国的具体实际结合起来，走自己的道路，建设有中国特色的社会主义，这就是我们总结长期历史经验得出的基本结论。"[①] "建设有中国特色的社会主义"的提出，使得我国改革开放和社会主义现代化建设第一次有了科学的称谓，具有重要的里程碑意义。邓小平同志认为，我国在改革开放前社会主义建设过程中出现的种种弊端，关键在于中国共产党缺乏历史经验，加之受苏联模式影响过深，因此陷入了教条主义陷阱。最根本原因在于当时的中国共产党对社会主义的本质没有明确的认识。"根本原因是没有搞清楚什么是社会主义,怎样建设社会主义""什么叫社会主义,什么叫马克思主义？我们过去对这个问题的认识不是完全清醒的。""为什么没有搞清楚呢？一是因为多年来照搬苏联模式，没有从本国实际出发；一是政策

---

① 《邓小平文选》第 3 卷，人民出版社 1993 年版，第 3 页。

制定的太'左'，急于求成，超越阶段，违背了客观规律。"①邓小平同志认为"苏联搞社会主义，从1917年十月革命算起，已经63年了，但是怎么搞社会主义，它也吹不起牛皮。我们还确实缺乏经验，也许现在我们才认真地探索一条比较好的道路"②，"社会主义究竟是个什么样子，苏联搞了很多年，也并没有完全搞清楚。可能列宁的思路比较好，搞了个新经济政策，但是后来苏联的模式僵化了"③。邓小平同志认为，苏联模式之所以会崩塌，根源在于苏联也没有搞清楚"什么是社会主义，怎样建设社会主义"。而对于当时的中国怎么建设社会主义，邓小平同志认为，要推动马克思主义基本原理与中国实际第二次结合，要对"什么是社会主义，怎样建设社会主义"有科学、明确的认识，才能为开辟符合中国国情的社会主义建设道路提供正确的指导思想和理论依据。他提出，"坦率地说，我们过去照搬苏联搞社会主义的模式，带来很多问题，我们很早就发现了，但没有解决好。我们现在要解决好这个问题，我们要建设的是具有中国自己特色的社会主义"④。邓小平同志认为，苏联模式的社会主义和具有中国特色的社会主义是两个不同的模式，是两个不同的概念内涵。

1987年10月25日，党的十三大胜利召开，大会报告的主题是沿着有中国特色的社会主义道路前进。在党的十三大前夕，邓小平同志指出，"我们党的十三大要阐述中国社会主义是处在一个什么阶段，就是处在初级阶段，是初级阶段的社会主义。社会主义本身是共产主义的初级阶段，而我们中国又处在社会主义的初级阶段，就是不发达

---

① 《邓小平文选》第3卷，人民出版社1993年版，第252页。
② 《邓小平文选》第2卷，人民出版社1994年版，第250—251页。
③ 《邓小平文选》第3卷，人民出版社1993年版，第139页。
④ 《邓小平文选》第3卷，人民出版社1993年版，第261页。

的阶段。一切都要从这个实际出发,根据这个实际来制订规划。"①
党的十三大宣布,我国正处在社会主义的初级阶段。这个论断包括两
层含义。第一,我国社会已经是社会主义社会。我们必须坚持而不能
离开社会主义。第二,我国的社会主义社会还处在初级阶段。我们必
须从这个实际出发,而不能超越这个阶段。大会提出了在社会主义初
级阶段我国经济建设的"三步走"的发展战略,系统阐述了党的"一
个中心、两个基本点"的基本路线,初步回答了我国社会主义建设的
阶段、任务、动力、条件、布局和国际环境等基本问题。报告沿用了
"有中国特色的社会主义"概念,并在此基础上提出了"有中国特色
的社会主义基本路线""有中国特色的社会主义实践""有中国特色
社会主义的宏伟事业""有中国特色的社会主义理论""有中国特色
的社会主义伟大旗帜"等一系列概念。报告还指出,"有中国特色的
社会主义,是马克思主义基本原理同中国现代化建设相结合的产物,
是扎根于当代中国的科学社会主义。它是全党同志和全国人民统一认
识、增强团结的思想基础,是指引我们事业前进的伟大旗帜。"②

　　1992 年 10 月 12 日,党的十四大胜利召开,大会确立了邓小平
建设有中国特色社会主义理论在全党的指导地位,明确了"邓小平建
设有中国特色社会主义理论"的新提法。报告指出,"在社会主义的
发展道路问题上,强调走自己的路,不把书本当教条,不照搬外国模
式,以马克思主义为指导,以实践作为检验真理的唯一标准,解放思
想,实事求是,尊重群众的首创精神,建设有中国特色的社会主义。"③

---

① 《邓小平文选》第 3 卷,人民出版社 1993 年版,第 252 页。
② 《十三大以来重要文献选编》(上册),人民出版社 1991 年版,第 55 页。
③ 《江泽民文选》第 1 卷,人民出版社 2006 年版,第 218 页。

建设有中国特色的社会主义，就其引起社会变革的广度和深度来说，是开始了一场新的革命。1997年9月12日，党的十五大提出社会主义初级阶段的基本纲领，系统阐述了建设有中国特色社会主义的经济、政治、文化的基本目标和基本政策，形成了中国特色社会主义事业"三位一体"的总体布局。大会还根据邓小平同志的"三步走"战略构想，提出了"新三步走"发展战略。

（三）中国特色社会主义的坚持和发展

进入21世纪，中国共产党人继续推进马克思主义中国化进程，继续丰富、发展和完善有中国特色的社会主义理论，党的十六大正式提出"中国特色社会主义"新概念，并在十七大、十八大上沿用。2002年党的十六大首次使用"中国特色社会主义"概念，不再使用"有中国特色社会主义"的提法。与之对应的是，其衍生概念也发生了变化，如"中国特色社会主义事业""中国特色社会主义道路""中国特色社会主义经济""中国特色社会主义政治""中国特色社会主义文化""中国特色社会主义共同理想""中国特色社会主义法律体系"等。从有"有"到无"有"的变化表明，在"有中国特色的社会主义"提出的20年的探索和实践中，中国共产党人对社会主义本质的认识更加深刻，把握更加准确。强调"有"字，说明中国共产党对当时中国特色的社会主义是个什么样子还不十分清楚，还在不断探索，偏重的是"社会主义"，"有中国特色"只是对"社会主义"的修饰和限定；去掉"有"字，表明十一届三中全会以来党对社会主义的探索已形成一些特色，彰显了社会主义的中国形态、独立意义[1]。党的十四

---

① 余翔、陈金龙：《中国特色社会主义：概念演变与内涵升华》，《光明日报》2013年1月16日。

大以后，中国共产党实现了改革开放新的历史性突破，现代化建设在经济、政治、文化建设等多个方面取得了令人瞩目的成就，社会主义事业蒸蒸日上，已经从事实上充分证明我国已成功地找到了一条符合中国国情、尽显中国特色的社会主义建设道路。总而言之，不再保留"有"字，体现的是中国改革开放的伟大实践成果，体现的是中国共产党对我国社会主义建设理论的深刻把握，表明中国共产党已经完成了从马克思设想的社会主义到中国的社会主义的彻底转变，表明马克思主义中国化的道路已经进入一个全新的阶段，即自觉地把思想认识从那些不合时宜的观念、做法和体制的束缚中解放出来，从对马克思主义的错误的和教条式的理解中解放出来，从主观主义和形而上学的桎梏中解放出来，是对马克思主义的伟大创新。

2007 年党的十七大报告明确指出，"改革开放以来我们取得一切成绩和进步的根本原因，归结起来就是：开辟了中国特色社会主义道路，形成了中国特色社会主义理论体系。高举中国特色社会主义伟大旗帜，最根本的就是要坚持这条道路和这个理论体系。"① 即中国特色社会主义的内涵应当包括"中国特色社会主义道路"和"中国特色社会主义理论体系"两个方面。中国特色社会主义理论体系，就是包括邓小平理论、"三个代表"重要思想以及科学发展观等重大战略思想在内的科学理论体系。"这个理论体系，坚持和发展了马克思列宁主义、毛泽东思想，凝结了几代中国共产党人带领人民不懈探索实践的智慧和心血，是马克思主义中国化最新成果，是党最可宝贵的政

---

① 胡锦涛：《高举中国特色社会主义伟大旗帜，为夺取全面建设小康社会新胜利而奋斗——在中国共产党第十七次全国代表大会上的报告》，《人民日报》2007 年 10 月 25 日。

治和精神财富，是全国各族人民团结奋斗的共同思想基础。"①"中国特色社会主义理论体系"概念比"中国特色社会主义理论"更加突出和强化中国特色社会主义思想理论的系统性，既强调马克思主义中国化的系列理论成果——邓小平理论、"三个代表"重要思想、科学发展观等各自形成科学完整的"体系"，而且强调中国特色社会主义理论体系是发展的开放的理论体系。党的十七大沿用了有关"中国特色"的系列提法，如"中国特色社会主义事业""中国特色社会主义的伟大实践""中国特色社会主义经济建设""中国特色社会主义政治建设""中国特色社会主义文化建设"等，并增加"中国特色社会主义社会建设"提法，形成中国特色社会主义经济建设、政治建设、文化建设、社会建设"四位一体"总体布局。

2012 年党的十八大重申了"中国特色社会主义道路"和"中国特色社会主义理论体系"，增加了"中国特色社会主义制度"新的表述②。由此，中国特色社会主义的内涵由"中国特色社会主义道路"和"中国特色社会主义理论体系"两个方面扩充为"中国特色社会主义道路""中国特色社会主义理论体系"和"中国特色社会主义制度"三个方面。其中，中国特色社会主义制度，就是人民代表大会制度的根本政治制度，中国共产党领导的多党合作和政治协商制度、民族区域自治制度以及基层群众自治制度等基本政治制度，中国特色社会主义法律体系，公有制为主体、多种所有制经济共同发展的基本经济制度，以及建立在这些制度基础上的经济体制、政治体制、文化体制、

---

① 胡锦涛：《高举中国特色社会主义伟大旗帜，为夺取全面建设小康社会新胜利而奋斗——在中国共产党第十七次全国代表大会上的报告》，《人民日报》2007 年 10 月 25 日。

② 胡锦涛：《坚定不移沿着中国特色社会主义道路前进，为全面建成小康社会而奋斗——在中国共产党第十八次全国代表大会上的报告》，《人民日报》2012 年 11 月 18 日。

社会体制等各项具体制度。报告还从实践特色、理论特色、民族特色和时代特色四个方面，回答了"中国特色社会主义"的特色所在。十八大报告还指出，"建设中国特色社会主义，总依据是社会主义初级阶段，总布局是五位一体，总任务是实现社会主义现代化和中华民族伟大复兴。"① 相比党的十七大，中国特色社会主义总体布局从经济建设、政治建设、文化建设、社会建设的"四位一体"拓展为经济建设、政治建设、文化建设、社会建设、生态文明建设的"五位一体"，表明党对社会主义建设有了更全面的认知。

（四）开创中国特色社会主义新时代

2017 年，基于世情国情党情的新变化尤其是社会主要矛盾发生了转变，党的十九大提出"经过长期努力，中国特色社会主义进入了新时代，这是我国发展新的历史方位。"② 并指出，"中国特色社会主义道路是实现社会主义现代化、创造人民美好生活的必由之路，中国特色社会主义理论体系是指导党和人民实现中华民族伟大复兴的正确理论，中国特色社会主义制度是当代中国发展进步的根本制度保障，中国特色社会主义文化是激励全党全国各族人民奋勇前进的强大精神力量"③。也即，中国特色社会主义包括中国特色社会主义道路、理论、制度、文化，这是中国特色社会主义的最大"特色"。新时代坚持和发展中国特色社会主义，要坚定不移走中国特色社会

---

① 胡锦涛：《坚定不移沿着中国特色社会主义道路前进，为全面建成小康社会而奋斗——在中国共产党第十八次全国代表大会上的报告》，《人民日报》2012 年 11 月 18 日。

② 习近平：《决胜全面建成小康社会 夺取新时代中国特色社会主义伟大胜利——在中国共产党第十九次全国代表大会上的报告》，《人民日报》2017 年 10 月 28 日。

③ 习近平：《决胜全面建成小康社会 夺取新时代中国特色社会主义伟大胜利——在中国共产党第十九次全国代表大会上的报告》，《人民日报》2017 年 10 月 28 日。

主义道路，以中国特色社会主义理论体系为指导，不断完善中国特色社会主义制度，繁荣发展中国特色社会主义文化。

2021 年党的十九届六中全会审议通过的《中共中央关于党的百年奋斗重大成就和历史经验的决议》指出，"党的十八大以来，中国特色社会主义进入新时代。党面临的主要任务是，实现第一个百年奋斗目标，开启实现第二个百年奋斗目标新征程，朝着实现中华民族伟大复兴的宏伟目标继续前进。"① 强调，"中国特色社会主义新时代是承前启后、继往开来、在新的历史条件下继续夺取中国特色社会主义伟大胜利的时代，是决胜全面建成小康社会、进而全面建设社会主义现代化强国的时代，是全国各族人民团结奋斗、不断创造美好生活、逐步实现全体人民共同富裕的时代，是全体中华儿女勠力同心、奋力实现中华民族伟大复兴中国梦的时代，是我国不断为人类作出更大贡献的时代。中国特色社会主义新时代是我国发展新的历史方位。以习近平总书记为主要代表的中国共产党人，坚持把马克思主义基本原理同中国具体实际相结合、同中华优秀传统文化相结合，坚持毛泽东思想、邓小平理论、'三个代表'重要思想、科学发展观，深刻总结并充分运用党成立以来的历史经验，从新的实际出发，创立了习近平新时代中国特色社会主义思想，明确中国特色社会主义最本质的特征是中国共产党领导，中国特色社会主义制度的最大优势是中国共产党领导，中国共产党是最高政治领导力量，全党必须增强'四个意识'、坚定'四个自信'、做到'两个维护'；明确坚持和发展中国特色社会主义，总任务是实现社会主义现代化和中华民族伟大复兴，在全面建成小康社会的基础上，分两步走在本世纪中叶建成富强民主文明和

---

① 《中共中央关于党的百年奋斗重大成就和历史经验的决议》，《人民日报》2021 年 11 月 17 日。

谐美丽的社会主义现代化强国，以中国式现代化推进中华民族伟大复兴；明确新时代我国社会主要矛盾是人民日益增长的美好生活需要和不平衡不充分的发展之间的矛盾，必须坚持以人民为中心的发展思想，发展全过程人民民主，推动人的全面发展、全体人民共同富裕取得更为明显的实质性进展；明确中国特色社会主义事业总体布局是经济建设、政治建设、文化建设、社会建设、生态文明建设五位一体，战略布局是全面建设社会主义现代化国家、全面深化改革、全面依法治国、全面从严治党四个全面；明确全面深化改革总目标是完善和发展中国特色社会主义制度、推进国家治理体系和治理能力现代化；明确全面推进依法治国总目标是建设中国特色社会主义法治体系、建设社会主义法治国家；明确必须坚持和完善社会主义基本经济制度，使市场在资源配置中起决定性作用，更好发挥政府作用，把握新发展阶段，贯彻创新、协调、绿色、开放、共享的新发展理念，加快构建以国内大循环为主体、国内国际双循环相互促进的新发展格局，推动高质量发展，统筹发展和安全；明确党在新时代的强军目标是建设一支听党指挥、能打胜仗、作风优良的人民军队，把人民军队建设成为世界一流军队；明确中国特色大国外交要服务民族复兴、促进人类进步，推动建设新型国际关系，推动构建人类命运共同体；明确全面从严治党的战略方针，提出新时代党的建设总要求，全面推进党的政治建设、思想建设、组织建设、作风建设、纪律建设，把制度建设贯穿其中，深入推进反腐败斗争，落实管党治党政治责任，以伟大自我革命引领伟大社会革命。这些战略思想和创新理念，是党对中国特色社会主义建设规律认识深化和理论创新的重大成果。"① 在习近平新时代中国特

---

① 《中共中央关于党的百年奋斗重大成就和历史经验的决议》，《人民日报》2021年11月17日。

色社会主义思想指引下，全党全国贯彻党的基本理论、基本路线、基本方略，统揽伟大斗争、伟大工程、伟大事业、伟大梦想，坚持稳中求进工作总基调，出台一系列重大方针政策，推出一系列重大举措，推进一系列重大工作，战胜一系列重大风险挑战，解决了许多长期想解决而没有解决的难题，办成了许多过去想办而没有办成的大事，推动党和国家事业取得历史性成就、发生历史性变革。

二、基本原则的内容

（一）基本原则的阐释演进

道路关乎党的命脉，关乎国家前途、民族命运、人民幸福。历史和现实都告诉我们，只有社会主义才能救中国，只有中国特色社会主义才能发展中国，这是历史的结论、人民的选择。在改革开放四十多年一以贯之的接力探索中，坚定不移走中国特色社会主义道路是政治经济生活的根本。党的十五大报告指出，一个世纪以来，中国人民在前进道路上经历了三次历史性的巨大变化，第一次是辛亥革命，推翻统治中国几千年的君主专制制度。第二次是中华人民共和国的成立和社会主义制度的建立。第三次是改革开放，为实现社会主义现代化而奋斗。这是在以邓小平同志为核心的党的第二代中央领导集体的领导下开始的新的革命。在建国以来革命和建设成就的基础上，我们党总结历史经验和教训，成功地走出了一条建设有中国特色社会主义的新道路。社会主义在中国显示的蓬勃生机和活力，为全世界所瞩目。①

①　江泽民：《高举邓小平理论伟大旗帜，把建设有中国特色社会主义事业全面推向二十一世纪——在中国共产党第十五次全国代表大会上的报告》，《人民日报》1997年9月22日。

党的十六大报告指出，十三年来的实践，加深了我们对什么是社会主义、怎样建设社会主义，建设什么样的党、怎样建设党的认识，积累了十分宝贵的经验。主要包括，坚持以邓小平理论为指导，不断推进理论创新。坚持以经济建设为中心，用发展的办法解决前进中的问题。坚持改革开放，不断完善社会主义市场经济体制。坚持四项基本原则，发展社会主义民主政治。坚持物质文明和精神文明两手抓，实行依法治国和以德治国相结合。坚持稳定压倒一切的方针，正确处理改革发展稳定的关系。坚持党对军队的绝对领导，走中国特色的精兵之路。坚持团结一切可以团结的力量，不断增强中华民族的凝聚力。坚持独立自主的和平外交政策，维护世界和平与促进共同发展。坚持加强和改善党的领导，全面推进党的建设新的伟大工程。[①]并强调"以上十条，是党领导人民建设中国特色社会主义必须坚持的基本经验。这些经验，联系党成立以来的历史经验，归结起来就是，我们党必须始终代表中国先进生产力的发展要求，代表中国先进文化的前进方向，代表中国最广大人民的根本利益。这是坚持和发展社会主义的必然要求，是我们党艰辛探索和伟大实践的必然结论。"[②]

党的十七大报告指出，"改革开放以来我们取得一切成绩和进步的根本原因，归结起来就是：开辟了中国特色社会主义道路，形成了中国特色社会主义理论体系。高举中国特色社会主义伟大旗帜，最根本的就是要坚持这条道路和这个理论体系。中国特色社会主义道路，就是在中国共产党领导下，立足基本国情，以经济建设为中心，坚持四项基本原则，坚持改革开放，解放和发展社会生产力，巩固和完善社会主义制度，建

---

① 江泽民：《全面建设小康社会，开创中国特色社会主义事业新局面——在中国共产党第十六次全国代表大会上的报告》，《人民日报》2002 年 11 月 18 日。

② 江泽民：《全面建设小康社会，开创中国特色社会主义事业新局面——在中国共产党第十六次全国代表大会上的报告》，《人民日报》2002 年 11 月 18 日。

设社会主义市场经济、社会主义民主政治、社会主义先进文化、社会主义和谐社会，建设富强民主文明和谐的社会主义现代化国家。中国特色社会主义道路之所以完全正确、之所以能够引领中国发展进步，关键在于我们既坚持了科学社会主义的基本原则，又根据我国实际和时代特征赋予其鲜明的中国特色。在当代中国，坚持中国特色社会主义道路，就是真正坚持社会主义。"① 同时指出，中国特色社会主义理论体系，就是包括邓小平理论、"三个代表"重要思想以及科学发展观等重大战略思想在内的科学理论体系。这个理论体系，坚持和发展了马克思列宁主义、毛泽东思想，凝结了几代中国共产党人带领人民不懈探索实践的智慧和心血，是马克思主义中国化最新成果，是党最可宝贵的政治和精神财富，是全国各族人民团结奋斗的共同思想基础。中国特色社会主义理论体系是不断发展的开放的理论体系。在当代中国，坚持中国特色社会主义理论体系，就是真正坚持马克思主义。并要求全党同志要倍加珍惜、长期坚持和不断发展党历经艰辛开创的中国特色社会主义道路和中国特色社会主义理论体系，坚持解放思想、实事求是、与时俱进，勇于变革、勇于创新，永不僵化、永不停滞，不为任何风险所惧，不被任何干扰所惑，使中国特色社会主义道路越走越宽广，让当代中国马克思主义放射出更加灿烂的真理光芒。

党的十八大报告指出，在新的历史条件下夺取中国特色社会主义新胜利，必须牢牢把握以下基本要求，并使之成为全党全国各族人民的共同信念。即，必须坚持人民主体地位。必须坚持解放和发展社会生产力。必须坚持推进改革开放。必须坚持维护社会公平正

---

① 胡锦涛：《高举中国特色社会主义伟大旗帜，为夺取全面建设小康社会新胜利而奋斗——在中国共产党第十七次全国代表大会上的报告》，《人民日报》2007 年 10 月 25 日。

义。必须坚持走共同富裕道路。必须坚持促进社会和谐。必须坚持和平发展。必须坚持党的领导。[①]并指出，"我们必须清醒认识到，我国仍处于并将长期处于社会主义初级阶段的基本国情没有变，人民日益增长的物质文化需要同落后的社会生产之间的矛盾这一社会主要矛盾没有变，我国是世界最大发展中国家的国际地位没有变。在任何情况下都要牢牢把握社会主义初级阶段这个最大国情，推进任何方面的改革发展都要牢牢立足社会主义初级阶段这个最大实际。党的基本路线是党和国家的生命线，必须坚持把以经济建设为中心同四项基本原则、改革开放这两个基本点统一于中国特色社会主义伟大实践，既不妄自菲薄，也不妄自尊大，扎扎实实夺取中国特色社会主义新胜利。"[②]

随着中国特色社会主义进入新时代，以习近平同志为主要代表的中国共产党人，坚持把马克思主义基本原理同中国具体实际相结合、同中华优秀传统文化相结合，坚持毛泽东思想、邓小平理论、"三个代表"重要思想、科学发展观，深刻总结并充分运用党成立以来的历史经验，从新的实际出发，创立了习近平新时代中国特色社会主义思想。党的十九大报告指出，新时代坚持和发展中国特色社会主义的基本方略为：坚持党对一切工作的领导；坚持以人民为中心；坚持全面深化改革；坚持新发展理念；坚持人民当家作主；坚持全面依法治国；坚持社会主义核心价值体系；坚持在发展中保障和改善民生；坚持人与自然和谐共生；坚持总体国家安全观；坚持党对人民军队的绝对领

---

① 胡锦涛：《坚定不移沿着中国特色社会主义道路前进，为全面建成小康社会而奋斗——在中国共产党第十八次全国代表大会上的报告》，《人民日报》2012 年 11 月 18 日。

② 胡锦涛：《坚定不移沿着中国特色社会主义道路前进，为全面建成小康社会而奋斗——在中国共产党第十八次全国代表大会上的报告》，《人民日报》2012 年 11 月 18 日。

导；坚持"一国两制"和推进祖国统一；坚持推动构建人类命运共同体；坚持全面从严治党。并号召全党同志必须全面贯彻党的基本理论、基本路线、基本方略，更好引领党和人民事业发展。

（二）基本原则的基本框架

坚持党的领导。中国共产党是领导我们事业的核心力量。中国人民和中华民族之所以能够扭转近代以后的历史命运、取得今天的伟大成就，最根本的是有中国共产党的坚强领导。历史和现实都证明，没有中国共产党，就没有新中国，就没有中华民族伟大复兴。马克思主义政党理论指出，政党是阶级的产物，是阶级利益的代表。政党是为政治需要而产生，政党在整个现代民主政治中的重要作用是其他组织不可替代的。《共产党宣言》的问世标志着马克思主义科学社会主义理论的诞生，无产阶级政党理论由此形成。马克思恩格斯指出，无产阶级专政的实现路径就是由共产党领导。共产党具有别的政治集团所不具有的优势，富有政治远见，通晓社会规律，有指导思想和行动纲领。这是马克思主义政党独特的标志和优势。治理好我们这个世界上最大的政党和人口最多的国家，必须坚持党的全面领导特别是党中央集中统一领导，充分发挥党的领导政治优势，把党的领导落实到党和国家事业各领域各方面各环节，就一定能够确保全党全军全国各族人民团结一致向前进。

坚持人民至上。习近平总书记指出，"党的根基在人民、血脉在人民、力量在人民，人民是党执政兴国的最大底气。"① 民心是最大的政治，正义是最强的力量。历史唯物主义的创立第一次科学地解决了

---

① 《中共中央关于党的百年奋斗重大成就和历史经验的决议》，《人民日报》2021 年 11 月 17 日。

社会存在和社会意识的关系这个历史观的基本问题，确立了科学的群众史观。历史唯物主义认为，社会物质资料的生产方式是人类社会发展的决定力量，而在生产方式中，生产力又是最活跃、最革命的因素，是人类社会发展的最终决定力量，是全部历史发展的基础。为此，人类的历史首先是生产发展的历史，是作为生产过程的基本力量物质资料生产者本身的历史，以及代表生产力发展要求的各个阶级和阶层的最广大人民群众的历史。历史唯物主义强调，人民群众是历史的创造者，是真正的英雄，人民群众自己创造自己的历史，是历史活动的主体。共产党是为人民利益而产生的政党。共产党人没有任何同整个无产阶级的利益不同的利益，其最终目标就是要实现"每个人的自由发展是一切人的自由发展的条件"①的共产主义社会。中国共产党是马克思主义的忠实践行者，时刻坚持人民至上。

坚持改革开放。习近平总书记在庆祝改革开放40周年大会上指出，"改革开放是我们党的一次伟大觉醒，正是这个伟大觉醒孕育了我们党从理论到实践的伟大创造。改革开放是中国人民和中华民族发展史上一次伟大革命，正是这个伟大革命推动了中国特色社会主义事业的伟大飞跃！"②生产力和生产关系、经济基础和上层建筑的矛盾是人类社会的基本矛盾。基本矛盾的运动推动着人类社会的发展。当生产力发展到一定程度，就会与原有的生产关系发生矛盾，推动生产关系变革。生产关系相对于社会上层建筑来说又称为经济基础，当经济基础需要变更时又与上层建筑发生矛盾，这就需要对上层建筑进行变革。同时，马克思主义认为，世界是普遍联系的整体，任何事物内

---

① 《马克思恩格斯选集》第1卷，人民出版社1995年版，第294页。
② 习近平：《在庆祝改革开放40周年大会上的重要讲话》，《人民日报》2018年12月18日。

部各要素之间以及事物之间都存在着相互影响、相互制约和相互作用的关系，一个国家、一个民族要取得很好的发展，必须处理好它的内部联系和外部联系，不断深化对内改革，扩大对外开放。从大历史观看，变革和开放总体上是中国的历史常态。未来要继续坚持改革开放，推动党和国家事业发生更多历史性变革、取得更多历史性成就。

坚持独立自主。走自己的路，是党百年奋斗得出的历史结论。习近平总书记指出："我们党在革命、建设、改革各个历史时期，坚持从我国国情出发，探索并形成了符合中国实际的新民主主义革命道路、社会主义改造和社会主义建设道路、中国特色社会主义道路，这种独立自主的探索精神，这种坚持走自己路的坚定决心，是我们党不断从挫折中觉醒、不断从胜利走向胜利的真谛。"[1]唯物辩证法认为，内因是事物发展的内部矛盾和源泉，起决定作用，外因是事物发展的外部矛盾，起加速和延缓作用，外因必须通过内因才能起作用。因此，必须重视内因的作用。但也不能忽视外因的作用，分析和解决问题时，要坚持内外因相结合的观点。世界上没有放之四海而皆准的具体发展模式，也没有一成不变的发展道路。历史条件的多样性，决定了各国选择发展道路的多样性。人类历史上，没有一个民族、没有一个国家可以通过依赖外部力量、跟在他人后面亦步亦趋实现强大和振兴。在国内我们要始终坚持独立自主。坚持独立自主，并不是闭门造车。对于人类优秀文明成果、国外先进经验，要保持开放心态，坚持辩证取舍、为我所用。

坚持统一战线。习近平总书记指出，"近代以来，中国人民和中华民族弘扬伟大爱国主义精神，心聚在了一起、血流到了一起，共同

---

① 《中共中央关于党的百年奋斗重大成就和历史经验的决议》，《人民日报》2021年11月17日。

书写了抵御外来侵略、推翻反动统治、建设人民国家、推进改革开放的英雄史诗。"①统一战线始终是中国共产党凝聚人心、汇聚力量的重要法宝。统一战线是马克思主义的基本战略策略。马克思、恩格斯早在《共产党宣言》中就提出"全世界无产者联合起来"，并强调"共产党人到处都努力争取全世界民主政党之间的团结和协调，创立了无产阶级统一战线理论"②。在马克思看来，共同体在本质上是基于共同利益、共同目标和共同价值而形成的一种共同关系。换言之，无论在何种历史形态和社会阶段，人为了自身的生存和发展，都必须联合起来形成共同体，这是马克思共同体思想的前提要义。坚持大团结大联合，团结一切可以团结的力量，调动一切可以调动的积极因素，促进政党关系、民族关系、宗教关系、阶层关系、海内外同胞关系和谐，最大限度凝聚起共同奋斗的力量是党不断走向胜利的法宝。

坚持实事求是。习近平总书记指出，"实事求是，是马克思主义的根本观点，是中国共产党人认识世界、改造世界的根本要求，是我们党的基本思想方法、工作方法、领导方法。不论过去、现在和将来，我们都要坚持一切从实际出发，理论联系实际，在实践中检验真理和发展真理。"③中国共产党的百年奋斗征程，就是坚守马克思主义基本原理并不断赋予马克思主义原创性智慧的过程，就是把马克思主义基本原理同中国具体实际相结合、同中华优秀传统文化相结合的探索过程。中国共产党将马克思主义哲学实践观的思维方式转换为实事求是的思想路线，将马克思主义哲学辩证唯物主义的理论方法发展为实

---

① 习近平：《在纪念辛亥革命110周年大会上的讲话》，人民出版社2021年版，第9页。

② 《马克思恩格斯文集》第2卷，人民出版社2009年版，第66页。

③ 习近平：《在纪念毛泽东同志诞辰120周年座谈会上的讲话》，人民出版社2013年版，第15—16页。

践智慧的辩证思维，将马克思主义哲学历史唯物主义具体化为创造中国式现代化道路和人类文明新形态。马克思主义理论不是教条而是行动指南，必须随着实践发展而发展，必须中国化才能落地生根，必须本土化才能深入人心。坚持实事求是，就要不断推进实践基础上的理论创新。马克思主义基本原理是普遍真理，具有永恒的思想价值，但马克思主义经典作家并没有穷尽真理，而是不断为寻求真理和发展真理开辟道路。实践反复证明，能不能做到实事求是，是党和国家各项工作成败的关键。

（三）基本原则的内在逻辑

习近平总书记指出，"当代中国的伟大社会变革，不是简单延续我国历史文化的母版，不是简单套用马克思主义经典作家设想的模板，不是其他国家社会主义实践的再版，也不是国外现代化发展的翻版。"① 社会主义并没有定于一尊、一成不变的套路，只有把科学社会主义基本原则同本国具体实际、历史文化传统、时代要求紧密结合起来，在实践中不断探索总结，才能把蓝图变为美好现实。

科学社会主义基本原则是根。习近平总书记指出："中国特色社会主义是社会主义而不是其他什么主义，科学社会主义基本原则不能丢，丢了就不是社会主义。"② 中国特色社会主义不是从天上掉下来的，不是什么"独立形态的社会主义"，它是科学社会主义发展历史进程中的一个阶段。从马克思恩格斯创立科学社会主义学说以来，经历了俄国十月革命的伟大胜利、苏联社会主义模式的形成、我国改革开放前的社会主义实践，直到中国特色社会主义的形成和发展，世界社会

---

① 习近平：《在哲学社会科学工作座谈会上的讲话》，人民出版社 2016 年版，第 21 页。

② 《习近平谈治国理政》，外文出版社 2014 年版，第 22 页。

主义事业尽管历尽艰辛和曲折，但总体上看是从无到有，从一国实践到多国实践，得到了很大的发展。这几个阶段是一脉相承的，贯穿其中的是科学社会主义基本原则，它们都是科学社会主义发展的不同时间段，都是科学社会主义基本原则同当时当地的具体情况相结合的产物。尽管在具体运行层次上，在具体的管理方法、经营机制上，我们向资本主义国家学习、借鉴了一些具体做法，但在社会制度的本质层次上始终贯彻科学社会主义的基本原则。这就是说，中国特色社会主义的根子是科学社会主义，这个"根"始终没有变，因而我们搞的始终是社会主义。马克思主义是我们立党立国、兴党强国的根本指导思想。

中华优秀传统文化是脉。习近平总书记指出："中国共产党人是马克思主义者，坚持马克思主义的科学学说，坚持和发展中国特色社会主义，但中国共产党人不是历史虚无主义者，也不是文化虚无主义者。我们从来认为，马克思主义基本原理必须同中国具体实际紧密结合起来，应该科学对待民族传统文化，科学对待世界各国文化，用人类创造的一切优秀思想文化成果武装自己。在带领中国人民进行革命、建设、改革的长期历史实践中，中国共产党人始终是中国优秀传统文化的忠实继承者和弘扬者。"[1] 党的十六大明确提出"坚持弘扬和培育民族精神"，党的十七大明确提出"弘扬中华文化，建设中华民族共有精神家园"，党的十八大明确提出"三个倡导""培育和践行社会主义核心价值观"。尤其是党的十八大以来，习近平总书记对中华优秀传统文化的高度评价，深刻表明，中国共产党人愈益将中国优秀

---

[1] 习近平：《在纪念孔子诞辰 2565 周年国际学术研讨会暨国际儒学联合会第五届会员大会开幕会上的讲话》，人民出版社 2014 年版，第 13 页。

传统文化同中国特色社会主义有机联系在一起，在增强民族文化自信的基础上坚定中国特色社会主义的道路自信、理论自信、制度自信。党走过的100多年的光辉历程，对待中国优秀传统文化的科学的态度，突出体现在三个方面：一是扬弃性继承。这就是加以科学总结，取其精华、弃其糟粕，立足现实、为我所用。二是创造性转化。这就是深入挖掘和把握中国优秀传统文化的精髓，使之转化为我们共有的精神家园和推进中国特色社会主义的巨大精神力量。三是创新性发展。这就是着眼时代变化和实践发展，把跨越时空、超越国度、富有永恒魅力的优秀文化基因大力弘扬起来，使之在新的历史进程中发展光大。脚踏中华大地，传承中华文明，走符合中国国情的正确道路，党和人民就具有无比广阔的舞台，具有无比深厚的历史底蕴，具有无比强大的前进动力。只有坚持从历史走向未来，从延续民族文化血脉中开拓前进，我们才能做好今天的事业。

马克思主义中国化是魂。习近平总书记指出："我们党的历史，就是一部不断推进马克思主义中国化的历史，就是一部不断推进理论创新、进行理论创造的历史。"[①] 马克思主义中国化就是把马克思主义基本原理同中国具体实际相结合，吸收古今中外先进思想的精华，用中国特色、中国风格、中国气派的理论话语体系建构中国化的马克思主义。党之所以能够领导人民在一次次求索、一次次挫折、一次次开拓中完成中国其他各种政治力量不可能完成的艰巨任务，根本在于坚持解放思想、实事求是、与时俱进、求真务实，坚持把马克思主义基本原理同中国具体实际相结合、同中华优秀传统文化相结合，坚持实践是检验真理的唯一标准，坚持一切从实际出

---

① 习近平：《在党史学习教育动员大会上的重要讲话》，人民出版社2021年版，第12页。

发，及时回答时代之问、人民之问，不断推进马克思主义中国化、时代化。中国共产党的历史性贡献与马克思主义中国化的历史进程紧密相连。在马克思主义中国化进程中，中国共产党人坚持解放思想与实事求是相统一、培元固本与守正创新相统一，不断回答每一时代的重大课题，创立了毛泽东思想、邓小平理论，形成了"三个代表"重要思想、科学发展观。党的十八大以来，以习近平同志为主要代表的中国共产党人，顺应时代发展，从理论和实践结合上系统回答了新时代坚持和发展什么样的中国特色社会主义、怎样坚持和发展中国特色社会主义这个重大时代课题，创立了习近平新时代中国特色社会主义思想。这一思想坚持运用辩证唯物主义和历史唯物主义世界观方法论观察世界、引领时代、指导实践，以全新的视野深化了对共产党执政规律、社会主义建设规律、人类社会发展规律的认识，实现了马克思主义中国化的创造性升华，开辟了马克思主义的新境界，丰富和发展了马克思主义。

三、坚持基本原则的总体要求

习近平总书记在庆祝海南建省办经济特区 30 周年大会上指出，"海南建设自由贸易港要体现中国特色，符合中国国情，符合海南发展定位。"① 这是海南自由贸易港建设的底线和方向，是海南自由贸易港的根本遵循。

---

① 习近平：《在庆祝海南建省办经济特区 30 周年大会上的讲话》，《人民日报》2018 年 4 月 14 日。

（一）坚持党对一切工作的领导

习近平总书记在庆祝海南建省办经济特区 30 周年大会上指出，"坚持党的领导，全面从严治党，是改革开放取得成功的关键和根本。"① 并对海南在全面深化改革开放和自由贸易港建设中坚持党的领导提出具体要求，一是要强化党性，自觉同党中央保持一致。广大党员、干部要坚定维护党中央权威和集中统一领导，自觉在思想上政治上行动上同党中央保持高度一致，自觉站在党和国家大局上想问题、办事情，在增强"四个意识"、坚定"四个自信"上勇当先锋，在讲政治、顾大局、守规矩上做好表率。二是要学好用好新时代中国特色社会主义思想。用新时代中国特色社会主义思想武装头脑，帮助广大党员、干部坚定理想信念、更新知识观念、掌握过硬本领，更好适应新形势新任务的需要。三是要加强基层组织建设，把每一个基层党组织都打造成坚强的战斗堡垒。四是要以改革创新精神抓好党建，持之以恒正风肃纪，深入推进反腐败斗争，教育引导广大党员、干部自觉抵制不良风气对党内生活的侵蚀，营造风清气正的良好政治生态。2022 年 4 月 13 日，习近平总书记在海南调研考察中指出，"要坚持党的领导不动摇，自觉站在党和国家大局上想问题、办事情，始终坚持正确政治方向。"② 从历史看，党的全面领导是经济特区成功的根本保障；从当前看，经济特区取得的成就是党的全面领导的结果。当前海南正在建设自由贸易港，其改革的深度、开放的广度、建设的难度不亚于经济特区建设，在此背景下，坚持党的全面领导不仅必要而且紧迫。实现党的全面领

---

① 习近平：《在庆祝海南建省办经济特区 30 周年大会上的讲话》，《人民日报》2018 年 4 月 14 日。

② 《习近平总书记考察海南》，新华社，2022 年 4 月 13 日。

导，加强党的建设是前提和基础。海南要根据新时代党的建设总要求，以改革创新精神加强党的全面领导和党的建设，切实凝聚从普通党员到党员领导干部，从基层党组织到各级党委的强大力量。

（二）坚持以人民为中心

习近平总书记在庆祝海南建省办经济特区 30 周年大会上指出，"改革开放在认识和实践上的每一次突破和深化，改革开放中每一个新生事物的产生和发展，改革开放每一个领域和环节经验的创造和积累，无不来自亿万人民的智慧和实践。海南要坚持以人民为中心的发展思想，不断满足人民日益增长的美好生活需要，让改革发展成果更多更公平惠及人民。"① 并对海南自由贸易港建设坚持以人民为中心发展思想提出具体要求，一是要坚持人民主体地位，发挥群众首创精神，紧紧依靠人民推动改革开放。二是要坚持从人民群众普遍关注、反映强烈、反复出现的问题背后查找体制机制弊端，找准深化改革的重点和突破口。三是要始终把人民利益摆在至高无上的地位，加快推进民生领域体制机制改革，尽力而为、量力而行，着力提高保障和改善民生水平，不断完善公共服务体系，不断促进社会公平正义，推动公共资源向基层延伸、向农村覆盖、向困难群体倾斜，着力解决人民群众关心的现实利益问题。四是在重大改革开放举措方面要充分尊重人民意愿，形成广泛共识，动员人民积极支持改革、踊跃投身改革。2022 年 4 月 13 日，习近平总书记在海南调研考察中指出，"要实施更多有温度的举措，落实更多暖民心的行动，用心用情用力解决好人民群众的急难愁盼问题，积极探索

---

① 习近平：《在庆祝海南建省办经济特区 30 周年大会上的讲话》，《人民日报》2018 年 4 月 14 日。

共同富裕的实现途径。"① 以人民为中心不仅是中国共产党的世界观，更是中国共产党的方法论。一切为了人民是自由贸易港建设的政治站位和政治立场，把人民利益放在最突出的位置，把人民要求当作党委的行动方向，把人民对美好生活的向往作为主要目标和终极追求。一切依靠人民，充分调动和发挥广大人民群众的积极性、主动性、创造性，是自由贸易港建设的根本方法论，无论是营商环境打造还是制度集成创新都要瞄准人民需求，解决人民渴盼，动员人民参与。一切由人民来评判是自由贸易港建设成效的标尺，把人民是否真正得到了实惠、人民生活是否得到了改善作为自由贸易港建设成败的标准。

（三）坚持推进改革开放

习近平总书记在庆祝海南建省办经济特区 30 周年大会上指出，1988 年 4 月，七届全国人大一次会议正式批准设立海南省，划定海南岛为经济特区。从此，海南这个祖国美丽的海岛获得了前所未有的发展机遇，进入了深化改革、扩大开放的历史新阶段。经过 30 年不懈努力，海南已从一个边陲海岛发展成为我国改革开放的重要窗口。② 同时，对新时代海南持续推进改革开放提出新的更高要求，一是海南实行更加积极主动的开放战略，探索建立开放型经济新体制，把海南打造成为我国面向太平洋和印度洋的重要对外开放门户。二是要站在更高起点谋划和推进改革，下大气力破除体制机制弊端，不断解放和发展社会生产力。三是要大力弘扬敢闯敢试、敢为人先、埋头苦干的特区精神，坚持解放思想和实事求是的有机统一，一切从国情出发、

---

① 《习近平总书记考察海南》，新华社，2022 年 4 月 13 日。
② 习近平：《在庆祝海南建省办经济特区 30 周年大会上的讲话》，《人民日报》2018 年 4 月 14 日。

从实际出发，既总结国内成功做法又借鉴国外有益经验，既大胆探索又脚踏实地，敢闯敢干，大胆实践，多出可复制可推广的经验，带动全国改革步伐。当前的改革开放和 40 多年前的改革开放相比，有更多新的特点。从国际方面看，贸易保护主义和单边主义日渐抬头，使得经济全球化进程扑朔迷离，在此背景下，区域性的、排他性的双边、多边贸易格局加快构建；从国内看，我国社会主要矛盾发生变化，新发展理念逐步贯彻，改革开放格局布局和体制机制相对成熟，改革在很多领域突入了"无人区"，破除已固化的制度体系和利益藩篱成为自由贸易港建设新的重点任务，形成更高层次改革开放新格局成为自由贸易港建设新的发展目标，也是新时代改革开放新的发展目标。

（四）坚持新发展理念

习近平总书记在庆祝海南建省办经济特区 30 周年大会上再次指出，"我国经济已由高速增长阶段转向高质量发展阶段，这是党中央对新时代我国经济发展特征的重大判断。"[①] 在此基础上，习近平总书记对海南坚持新发展理念提出具体要求，一是要坚持质量第一、效益优先，以供给侧结构性改革为主线，推动经济发展质量变革、效率变革、动力变革，提高全要素生产率，加快建立开放型生态型服务型产业体系。这是对海南经济发展工作的总体要求。二是海南要深化供给侧结构性改革，集聚创新要素，奠定现代化经济体系的战略支撑。要大力发展高附加值产业、高技术含量产业、绿色低碳产业、具有国际竞争力产业。避免过度依赖劳动力、土地、资源等生产要素投入，加大人才、技术、知识、信息等高级要素投入比重。三是要大力发展

---

① 习近平:《在庆祝海南建省办经济特区 30 周年大会上的讲话》,《人民日报》2018 年 4 月 14 日。

现代服务业。要瞄准国际标准提高水平，下大气力调优结构，促进服务业优化升级，形成以服务型经济为主的产业结构，建设具有世界影响力的国际旅游消费中心。四是要实施乡村振兴战略，发挥热带地区气候优势，做强做优热带特色高效农业。以新发展理念统领乡村振兴工作全局，激发乡村振兴改革动力，形成城乡平衡发展格局，加快推进美丽乡村建设，着力提升农民的获得感，着力破解"三农"发展难题。五是要坚定走人海和谐、合作共赢的发展道路，提高海洋资源开发能力，加快培育新兴海洋产业，着力推动海洋经济向质量效益型转变。要打造国家军民融合创新示范区，统筹海洋开发和海上维权，加快推进南海资源开发服务保障基地和海上救援基地建设。

（五）坚持集中力量办大事

制度优势是一个政党、一个国家的最大优势。没有强大的制度保障就没有百年来的伟大成就。中国特色社会主义制度最大的优势就是能够集中力量办大事，这是我们成就事业的重要法宝，是几代人接续奋斗的结果。习近平总书记在庆祝海南建省办经济特区 30 周年大会上明确指出，"中央和国家有关部门要从全局高度出发，会同海南省做好顶层设计，坚持先谋后动，积极研究制定支持举措，共同推动各项政策落地见效。"① 海南自由贸易港是全世界唯一的社会主义自由贸易港，是姓"社"的自由贸易港，从本质上区别于世界已有的和知名的自由贸易港。中国特色社会主义制度和体制是海南自由贸易港的母体，体现和发挥制度体制优势是海南自由贸易港必须完成的使命。海南自由贸易港制度源于中国特色社会主义制度和体制，是新时代推进改革

---

① 习近平:《在庆祝海南建省办经济特区 30 周年大会上的讲话》,《人民日报》2018 年 4 月 14 日。

开放的制度成果，是中国特色社会主义创新发展的制度体现。海南自由贸易港建设成效甚至是成败很大程度上体现中国特色社会主义制度和体制的优势大小。充分发挥并挖掘制度和体制优势是海南自由贸易港建设的保障。海南自由贸易港制度需要中国特色社会主义制度和体制保障，无论是一线放开的制度安排，还是二线管住的制度设计，都与中国特色社会主义制度和体制息息相关。离开中国特色社会主义制度体系，就难以推进自由贸易港建设工作。发挥不好中国特色社会主义制度和体制优势，就难以完成自由贸易港建设任务。

（六）坚持人与自然和谐共生

2013年4月，习近平总书记在海南考察时指出，"对人的生存来说，金山银山固然重要，但绿水青山是人民幸福生活的重要内容，是金钱不能代替的。你挣到了钱，但空气、饮用水都不合格，哪有什么幸福可言。"[①] 在庆祝海南建省办经济特区30周年大会上，习近平总书记再次指出，"海南生态环境是大自然赐予的宝贵财富，必须倍加珍惜、精心呵护，使海南真正成为中华民族的四季花园。"[②] 并对海南坚持人与自然和谐共生提出具体要求，一是支持海南建设国家生态文明试验区，鼓励海南省走出一条人与自然和谐发展的路子，为全国生态文明建设探索经验。把海南建设成为生态文明体制改革样板区、陆海统筹保护发展实践区、生态价值实现机制试验区、清洁能源优先发展示范区。二是要实行最严格的生态环境保护制度，在构建生态文明制度体系、优化国土空间布局、统筹陆海保护发展、提升生态环境质量和

---

① 《习近平在海南考察》，新华社，2013年4月13日。
② 习近平：《在庆祝海南建省办经济特区30周年大会上的讲话》，《人民日报》2018年4月14日。

资源利用效率、实现生态产品价值、推行生态优先的投资消费模式、推动形成绿色生产生活方式等方面进行探索，构建高效统一的规划管理体系，率先建立现代生态环境和资源保护监管体制。三是要积极开展国家公园体制试点，建设热带雨林等国家公园，按照自然生态系统整体性、系统性及其内在规律实行整体保护、系统修复、综合治理，理顺各类自然保护地管理体制，构建以国家公园为主体、归属清晰、权责明确、监管有效的自然保护地体系。四是要完善以绿色发展为导向的考核评价体系，建立健全形式多样、绩效导向的生态保护补偿机制。全面建立完善以保护优先、绿色发展为导向的经济社会发展考核评价体系。完善政绩考核办法，根据主体功能定位实行差别化考核制度。五是要严格保护海洋生态环境，建立健全陆海统筹的生态系统保护修复和污染防治区域联动机制。加强海洋环境资源保护。加强海岸带保护，加强海洋生态系统和海洋生物多样性保护，建立陆海统筹的生态环境治理机制。开展海洋生态系统碳汇试点。

四、坚持基本原则的实践探索

海南省委省政府在学深悟透习近平建设中国特色自由贸易港重要论述的基础上，充分认识到在自由贸易港建设中必须坚持党的集中统一领导、坚持中国特色社会主义道路、坚持以人民为中心的发展思想、坚持践行社会主义核心价值观、坚持贯彻新发展理念，不为各种杂音所惑，不被各种思潮所扰，保持战略定力，加快建设具有世界影响力的中国特色自由贸易港。

（一）坚持党的集中统一领导

海南省委坚决提高政治站位，把坚持党的集中统一领导，做到"两个维护"，捍卫"两个确立"贯穿自由贸易港建设始终。一是坚持把学习贯彻习近平总书记重要指示批示精神作为首要政治任务，进一步统一思想认识，以实际行动增强"四个意识"、坚定"四个自信"、做到"两个维护"，确保各项工作始终沿着正确政治方向前进。建立落实"两个维护"工作机制。召开省委全会、省委常委会、省委深改委（自贸港工委）等会议，制定实施《海南省学习贯彻落实习近平总书记重要指示批示工作规则》，每月向党中央和领导小组报告落实《总体方案》的进展情况。尤其是在今年4月，习近平总书记考察结束后，省委常委会召开扩大会议，传达学习习近平总书记考察海南时的重要讲话精神，迅速掀起新一轮推进全面深化改革开放的热潮。4月23日，省委召开七届十二次全会，审议通过《中共海南省委关于学习贯彻落实习近平总书记考察海南重要讲话精神的决定》，凝聚全省力量坚决把习近平总书记考察海南重要讲话精神不折不扣落到实处。4月25—29日，省委召开第八次党代会，将习近平总书记关于海南工作的系列重要讲话和指示批示精神作为根本遵循贯穿始终，提出"一本三基四梁八柱"战略框架和"八个自由贸易港"具体举措，确定今后五年全省发展的总体要求、奋斗目标和重点任务。二是坚持不懈推进政治监督具体化常态化，健全完善"4·13"监督检查工作机制、贯彻党中央重大决策部署和省委工作要求的督查问责机制，确保习近平总书记重要指示批示精神、党中央重大决策部署、推进海南全面深化改革开放领导小组工作部署在海南落地见效。三是坚持以一流党建引领一流开放，出台《关于坚持以党建引领海南自由贸易港建设的意见》

等"1+2+7"系列文件，把加强党的领导体现到自由贸易港建设各领域各方面各环节，对 62 项具体措施实行清单化管理、项目化推进，创新公务员管理方式、完善干部待遇保障、创新考核评价体系等，探索建立与世界最高水平开放形态相适应的党建工作新模式，确保在思想上政治上行动上同以习近平同志为核心的党中央保持高度一致。四是坚决落实推进海南全面深化改革开放领导小组工作部署。2018 年 5 月，中共中央、国务院成立推进海南全面深化改革开放领导小组，领导小组办公室设在国家发展改革委，主要负责领导小组会议的筹备工作，组织开展推进海南全面深化改革开放相关重大问题研究，统筹协调有关方面制定实施相关政策、方案、规划、计划和项目等，加强对重点任务的工作调度、协调和督促检查等，是健全党对海南自由贸易港建设工作的领导体制机制的集中体现。五是开展"作风整顿建设年"和"查堵点、破难题、促发展"活动，解决了一批长期想解决而没有解决的市场主体和群众"急难愁盼"的问题。六是坚决推进清廉自由贸易港建设，坚持不懈纠治"四风"，一体推进不敢腐、不能腐、不想腐，健全完善巡视巡察上下联动战略格局，构建系统集成、协同高效的监督体系。七是出台《海南自由贸易港公职人员容错纠错办法》，旗帜鲜明为担当者担当、为负责者负责。八是坚决以业务大学习推动认识大提升。分批次组织自由贸易港政策大测试，第一时间发布海南自由贸易港政策干货 60 条，举办相关政策专题新闻发布会 70 多场，邀请国家有关部委负责同志赴海南解读政策，组建队伍深入基层开展政策宣讲，迅速凝聚各方合力。

（二）坚持"一本三基四梁八柱"战略框架

推进中国特色自由贸易港建设，是一项复杂的系统工程，绝不是轻轻松松就能完成的，要做好长期奋斗的思想准备和工作准备。①
近年来，海南省委以习近平建设中国特色自由贸易港重要论述为根本遵循，统筹推进"五位一体"总体布局，协调推进"四个全面"战略布局，坚定不移、蹄疾步稳推进海南全面深化改革开放和中国特色自由贸易港建设，做到"闯"为基调、"稳"为基础、远近结合、小步快跑，形成坚持中国特色社会主义道路，建设海南自由贸易港的"一本三基四梁八柱"战略框架（以下简称"1348"）。即，坚持以习近平总书记关于海南工作的系列重要讲话和指示批示为根本遵循，以《中共中央、国务院关于支持海南全面深化改革开放的指导意见》《海南自由贸易港建设总体方案》《中华人民共和国海南自由贸易港法》为制度基石，以全面深化改革开放试验区、国家生态文明试验区、国际旅游消费中心、国家重大战略服务保障区为目标定位，以政策环境、法治环境、营商环境、生态环境、经济发展体系、社会治理体系、风险防控体系、组织领导体系为稳固支撑。②2022 年 4 月，习近平总书记在海南考察时发表重要讲话，语重心长地指出："'1348'，相当于浙江的八八战略。关键是形成了共识，升华了认识水平。过去吵来吵去的事情，现在统一了。知道了哪个是人间正道，就这么坚定走下去。"③"1348"战略框架既有方向上的理论指引，又有制度上的有力保障，既有清晰的目标定位，又有稳固的发展支撑，构成了系统完整的战略体系，是对新

---

① 沈晓明：《解放思想 开拓创新 团结奋斗 攻坚克难 加快建设具有世界影响力的中国特色自由贸易港——在中国共产党海南省第八次代表大会上的报告》，《海南日报》2022 年 5 月 2 日。

② 沈晓明：《解放思想 开拓创新 团结奋斗 攻坚克难 加快建设具有世界影响力的中国特色自由贸易港——在中国共产党海南省第八次代表大会上的报告》，《海南日报》2022 年 5 月 2 日。

③ 《习近平总书记考察海南》，新华社，2022 年 4 月 13 日。

时代海南发展使命、方向、目标、任务的系统阐释，具有很强的现实针对性、实践指导性。"1348"战略框架是争创新时中国特色社会主义生动范例的海南实践，是对海南过往发展正反经验的科学总结，是海南自贸港建设思路和举措的最大集成，是海南自贸港建设定分止争、凝聚共识的发展正道。海南在加快建设具有世界影响力的中国特色自由贸易港的过程中，要增强信念、涵养定力，既要有战略判断也要有战术决断，善于站在时代前沿和战略全局的高度观察、思考和处理问题，不为任何风险所惧，不为任何干扰所惑，不断增强工作的科学性、预见性、主动性和创造性，以久久为功的定力推动海南自由贸易港建设进入不可逆转的发展轨道。要锚定目标、担当实干，坚定"两个维护"的思想自觉、树立舍我其谁的雄心壮志、保持人民公仆的初心本色、增强善作善成的工作韧劲，迎难而上、知重负重，坚持底线、步步为营，切实把"一本三基四梁八柱"战略框架的"规划图"转化为"八个自由贸易港"建设的"设计图"，并进一步细化为由一张张清单、一个个项目和一条条措施组成的"施工图"，创造性地抓好任务落实，努力将习近平总书记的殷切嘱托变为自由贸易港的发展现实。

（三）坚持以人民为中心

海南省委始终坚持发展为了人民、发展依靠人民、发展成果要由人民共享，把人民立场作为自由贸易港建设的根本政治立场，把人民利益放在自由贸易港建设的最高位置，牢牢把握人民群众对美好生活的向往，让人民群众有更多获得感、幸福感。一是坚决兜住民生底线。全面打赢脱贫攻坚战，15.21万户64.97万人全部脱贫，600个贫困村全部出列，5个贫困市县全部摘帽，夺取了脱贫攻坚全面胜利，如期兑现了向党中央立下的"军令状"，在国家考核中连续三年获评优秀。紧盯高菜价问题，开展平价菜保供惠民行动，2021 年"15+N"种基本蔬菜价格显著下降，其中 15 个可比品种平均价格降幅全国居首，扭转了"菜篮子"产品价格在全国居高不下的局面。二是坚决补齐民生短板。大力实施"一市（县）两校一园"工程和"一市（县）一院"工程，截至 2022 年 4 月，累计引进中小学幼儿园 83 所，提供优质学位 16 万个，经国务院教育督导委员会办公室调查评估，群众对省级政府履行教育职责的满意度位列全国第一。累计引进全国知名医院 53 家，成为全国优质医疗资源进入最多的省份之一。三是坚决办好民生实事。超额完成城镇新增就业和农村劳动力转移就业任务，城乡居民收入差距逐步缩小。全面推开安居房建设，开工建设安居房 3.9 万套、首批成功配售，公租房保障 1.3 万套。完成职业技能培训 24.1 万人次。在全国率先实现 5G 远程诊疗体系覆盖所有村（居）卫生机构。"1 小时三级医院服务圈"覆盖全省，三次药品集中采购价格平均降幅在 60% 以上，基本实现"家门口上好学"和"小病不进城、大病不出岛"。四是提升公共服务水平。依托医保信息平台建成运行全省"三医联动一张网"。率先在全国实施医保基金全省统收统支。省科技馆、省美术馆相继开工。退休人员月人均养老金增加 138 元。五是开展新一轮户籍制度改革，创造条件为城乡结合部居民落户提供便利。去年常住人口城镇化率提高至 61.1%，全省进城务工随迁人员子女在公办学校就读比例提升至 93%。扫黑除恶专项斗争真抓实打，按照十万人口占比计算抓获涉黑人员排全国第一，全省吸毒人数占比降至 1.4‰，治安形势处于建省以来最好水平。

（四）坚持践行社会主义核心价值观

海南省委充分认识到越是深化改革、扩大开放，越要加强精神文明建设，持之以恒抓好理想信念教育，培育和弘扬社会主义核心价值观，广泛开展群众性精神文明创建活动，不断提升人民文明素养和社会文明程度。一是以法律"硬制度"促进文明习惯"软着陆"。省人大常委会通过《海南省文明行为促进条例》。作为我省首部规范和约束个人行为，提升社会文明程度的地方性法规，弥补了在文明行为立法方面的空白，也为推进社会主义核心价值观落细落小落实提供了法律支撑。二是组织开展家庭家教家风主题活动，举办海南"红色家风"主题读书活动，深读海南的红色"家风故事"，弘扬传承红色家风，助推家庭文明建设。挖掘富有时代特色的先进典型，道德模范、身边好人、新时代好少年不断涌现，在全社会做出榜样、树立标杆。三是围绕庆祝建省办经济特区 30 周年、中国改革开放 40 周年以及庆祝新中国成立 70 周年和建党 100 周年等重要时间节点，深入开展中国特色社会主义和中国梦宣传教育，加强爱国主义、集体主义、社会主义教育，培育和践行社会主义核心价值观。四是深入开展社会文明大行动，动员全国（全省）文明城市和提名城市、文明村镇、文明单位、文明家庭、文明校园带头开展爱国卫生运动和卫生健康大行动，积极开展卫生城镇创建，引导群众提高文明素质和自我保护能力。五是深化群众性精神文明创建，积极开展以文明城市创建为龙头的群众性精神文明创建活动，推动全省城乡面貌、社会公共秩序、公共服务水平、居民生活质量以及社会文明程度持续提升。六是着力建设新时代文明实践中心，构建群众精神家园。将新时代文明实践中心试点建设工作作为推动习近平新时代中国特色社会主义思想落地生根的重大举措，聚焦群众需求，全力推动全国（全省）试点县（市、区）工作，打造理论宣讲、教育服务、文化服务、科技与科普服务、健身体育服务五大平台，打通了宣传、教育、服务群众"最后一公里"，让党的创新理论"飞入寻常百姓家"，群众的思想觉悟、文明素养不断提升。

（五）坚持贯彻新发展理念

海南省委省政府坚决贯彻新发展理念，将新发展理念贯彻落实到海南全面深化改革开放和中国特色自由贸易港建设的全过程各领域，推动经济社会发展质量明显提高。一是以自由贸易港建设引领高质量发展新航程。在中央殷切关怀、部委鼎力支持下，推动出台150多个政策文件，"1+N"政策体系"四梁八柱"全面成型。两个15％所得税优惠政策减税超过65亿元，三张"零关税"清单进口货值超70亿元，"一线"放开、"二线"管住试点展开，加工增值免关税、"中国洋浦港"船籍港等多项政策释放红利。货物贸易规模突破千亿，经济外向度达到27％。实际利用外资连年翻番，经济小省迈向外资大省行列。2021年，经济增速达到11.2％，两年平均增速7％，分列全国第二和第一位。环岛旅游公路、高铁、高速公路串起滨海城市经济带，热带雨林国家公园撑起中部山区生态保育区。海洋生产总值占GDP比例超过三成，向海洋强省迈进。加快建设国家生态文明试验区。坚决破除唯GDP论，率先取消全省2/3市县的GDP和投资考核。深入推进国家生态文明试验区标志性工程，热带雨林国家公园正式设立，清洁能源装机比例提高到70％，全域"禁塑"稳步推进，装配式建筑规模连续四年翻番，"六水共治"开启水资源利用、水环境优化提升新篇章，打造东屿零碳岛、争取海洋碳汇等国际话语权以争当"双碳"工作优等生。环境空气质量优良天数比例提高到99.4%，PM2.5年均浓度降至13微克／立方米，是有监测记录以来最优水平。

第三章　坚定不移走高质量发展之路

党的十八大以来，以习近平同志为核心的党中央深刻把握中华民族伟大复兴战略全局，主动应对世界百年未有之大变局，全面总结系统运用我国经济发展的成功经验，提出一系列新理念新思想新战略，指导我国经济发展取得历史性成就、发生历史性变革，在实践中形成和发展了习近平经济思想。高质量发展是习近平经济思想的重要内容，是我国经济发展的主题主线。推动高质量发展，是保持经济持续健康发展的必然要求，是适应我国社会主要矛盾变化和全面建设社会主义现代化国家的必然要求，是遵循经济规律发展的必然要求。习近平总书记要求，海南要坚决贯彻新发展理念，建设现代化经济体系，在推动经济高质量发展方面走在全国前列。[①] 海南正在加快建设具有世界影响力的中国特色自由贸易港，必须把新发展理念转化为行动自觉，把政策优势转化为发展动力，实现高质量发展。

---

① 习近平：《在庆祝海南建省办经济特区 30 周年大会上的讲话》，人民出版社 2018 年版，第 14 页。

一、总体要求

高质量发展是党中央着眼于"两个一百年"奋斗目标尤其是社会主义现代化建设作出的重大部署，是党中央着眼于新时代我国社会主要矛盾发生深刻变化作出的战略安排，是党中央立足新发展阶段提出的事关党和国家长远发展的行动纲领。党的十九大报告提出，"我国经济已由高速增长阶段转向高质量发展阶段"。[①] 党的十九届五中全会指出，"我国已转向高质量发展阶段"。[②] 以习近平同志为核心的党中央准确把握新发展阶段、全面贯彻新发展理念、加快构建新发展格局，中国经济沿着高质量发展新轨道阔步向前，为实现中华民族伟大复兴奠定更为坚实的物质基础。

（一）进入高质量发展阶段是基本特征

走向高质量发展是一个历史过程。新中国成立初期，我国经济社会发展面临一穷二白的局面，国家集中资源短时间内建立起独立的比较完整的工业体系和国民经济体系。党的十一届三中全会强调，要把全党工作的着重点和全国人民的注意力转移到社会主义现代化建设上来，提出改革开放的任务。党的十二大提出到 20 世纪末力争使全国工农业年总产值翻两番的经济建设目标。此后一段时间，我国经济经历了加速发展的阶段，生产潜力不断得到释放，

---

① 习近平：《决胜全面建成小康社会，夺取新时代中国特色社会主义伟大胜利——在中国共产党第十九次全国代表大会上的报告》，《人民日报》2017 年 10 月 28 日。

② 《中共中央关于制定国民经济和社会发展第十四个五年规划和二〇三五年远景目标的建议》，新华社，2020 年 11 月 3 日。

生产要素有效利用，经济规模越来越大。但与此同时，经济增长方式较为粗放，经济结构不合理，能源、资源、环境等约束日益凸显，经济发展方式转变问题日益引起党中央的高度重视。党的十三大强调了经济效益和经济结构的问题，提出要从粗放经营为主逐步转向集约经营为主的轨道，党的十五大提出可持续发展战略，党的十七大进一步明确加快转变经济发展方式的战略任务。党的十八大以来，中国特色社会主义进入了新时代。2013年，习近平总书记作出我国经济正处于"三期叠加"阶段、经济发展进入新常态的重大判断。2014年，习近平总书记强调"认识新常态，适应新常态，引领新常态，是当前和今后一个时期我国经济发展的大逻辑"。①党的十九大根据发展阶段和社会主要矛盾重大变化指出，"我国经济已由高速增长阶段转向高质量发展阶段，正处在转变发展方式、优化经济结构、转换增长动力的攻关期。"②这是以习近平同志为核心的党中央深刻认识把握经济规律，对国际国内经济发展的趋势性特征进行全面分析作出的科学论断，反映了新时代我国经济发展的基本特征。2017年12月，在中央经济工作会议上，习近平总书记指出，"中国特色社会主义进入了新时代，我国经济发展也进入了新时代，基本特征就是我国经济已由高速增长阶段转向高质量发展阶段。推动高质量发展，是保持经济持续健康发展的必然要求，是适应我国社会主要矛盾变化和全面建成小康社会、全面建设社会主义现代化国家的必然要求，是遵循经济规律发展的

---

① 《十八大以来重要文献选编》（中），中央文献出版社2016年版，第241页。

② 习近平：《决胜全面建成小康社会，夺取新时代中国特色社会主义伟大胜利——在中国共产党第十九次全国代表大会上的报告》，《人民日报》2017年10月28日。

必然要求。推动高质量发展是当前和今后一个时期确定发展思路、制定经济政策、实施宏观调控的根本要求，必须加快形成推动高质量发展的指标体系、政策体系、标准体系、统计体系、绩效评价、政绩考核，创建和完善制度环境，推动我国经济在实现高质量发展上不断取得新进展。"①

（二）推动高质量发展是根本要求

我国社会主要矛盾已经转化为人民日益增长的美好生活需要和不平衡不充分的发展之间的矛盾。不平衡不充分本质上是发展质量不高。在经济体系中，我们有些领域已经接近现代化了，有些还是半现代化的，有些则是很低效和过时的。现阶段，我国生产函数正在发生变化，经济发展的要素条件、组合方式、配置效率发生改变，面临的硬约束明显增多，资源环境的约束越来越接近上限，碳达峰碳中和成为我国中长期发展的重要框架，高质量发展和科技创新成为多重约束下求最优解的过程。在全面建设小康社会阶段，我们主要解决的是量的问题；在全面建设社会主义现代化国家阶段，必须解决好质的问题，在质的大幅提升中实现量的持续增长。2017 年 12 月，习近平总书记在主持召开党外人士座谈会时指出，实现高质量发展，是保持经济社会持续健康发展的必然要求，是适应我国社会主要矛盾变化和全面建设社会主义现代化国家的必然要求。高质量发展是我们当前和今后一个时期确定发展思路、制定经济政策、实施宏观调控的根本要求，必须深刻认识、全面领会、真正落实。党的十九大在部署全面建成小康社会的基础上，提出了从 2020 年到本

---

① 《十九大以来重要文献选编》（上），中央文献出版社 2019 年版，第 138 页。

世纪中叶分两个阶段安排的战略部署。我国要用100年时间走完发达国家几百年走过的现代化路程，难度之大、要求之高前所未有。要实现这个目标，关键要实现经济发展方式的根本性转变和经济结构的战略性调整，必须大力推动高质量发展，以提高发展质量和效益为中心，努力实现更高质量、更有效率、更加公平、更可持续、更为安全的发展。2021年3月，在参加十三届全国人大四次会议青海代表团审议时，习近平总书记指出，高质量发展不只是一个经济要求，而是对经济社会发展方方面面的总要求。[①]在现实中还或多或少存在这样的认识误区，如，"高质量发展"是经济发达地区的事情，与经济欠发达地区关系不大；欠发达地区还是要先做到"高速增长"，再考虑"高质量"的问题。习近平总书记指出，高质量发展不是只对经济发达地区的要求，而是所有地区发展都必须贯彻的要求。各地必须因地制宜、扬长补短，走出适合本地区实际的高质量发展之路。在理解"高质量发展"上，还存在着这样一种误区：这是不是一种在全球经济低迷、发展动力不足环境下不得已而为之的"应时之举"？习近平总书记指出，高质量发展不是一时一事的要求，而是必须长期坚持的要求。[②]推动高质量发展绝不是权宜之计，而是立足社会主义现代化建设全局的战略选择。推动高质量发展的重要论述，连同经济发展新常态、深化供给侧结构性改革、统筹发展和安全、贯彻新发展理念、构建新发展格局等，成为习近平经济思想的重要组成部分，是马克思主义政治经济学的最新成果。这些

---

① 《习近平在参加青海代表团审议时强调　坚定不移走高质量发展之路　坚定不移增进民生福祉》，《人民日报》2021年3月8日。

② 《习近平在参加青海代表团审议时强调　坚定不移走高质量发展之路　坚定不移增进民生福祉》，《人民日报》2021年3月8日。

重要思想是党的十八大以来我国经济发展取得历史性成就、发生历史性变革的根本思想保证，是全面建设社会主义现代化国家过程中必须长期坚持的重要指导思想。

（三）高质量发展要贯彻新发展理念

习近平总书记多次强调，"新时代新阶段的发展必须贯彻新发展理念，必须是高质量发展"。[①]党的十八届五中全会提出创新、协调、绿色、开放、共享的新发展理念。新发展理念是"十四五"乃至更长时期我国发展思路、发展方向、发展着力点的集中体现，也是改革开放以来我国发展经验的集中体现，反映出我们党对我国发展规律的新认识。习近平总书记指出，发展理念搞对了，目标任务就好定了，政策举措也就跟着好定了。[②]经过改革开放 40 多年的快速发展，我国综合国力显著增强，国内生产总值突破 100 万亿元，人均国内生产总值突破 1 万美元，正处在从中等收入国家向上迈进的重要阶段。同时，我国发展面临的国际环境和要素条件发生重大变化，劳动年龄人口逐年减少，资源环境约束强化，传统粗放发展方式难以为继，迫切需要从"规模扩张"转向"质量提升"，从"要素驱动"转向"创新驱动"，以高质量发展进一步增强综合国力和产业竞争力，在应对世界百年变局中牢牢把握我国发展的主动权。习近平总书记指出，"高质量发展，就是能够很好满足人民日益增长的美好生活需要的发展，是体现新发展理念的发展，是创新成为第一动力、协调成为内生特点、绿色成为

---

① 习近平：《关于〈中共中央关于制定国民经济和社会发展第十四个五年规划和二〇三五年远景目标的建议的说明〉》，新华社，2020 年 11 月 3 日。

② 习近平：《关于〈中共中央关于制定国民经济和社会发展第十三个五年规划的建议〉的说明》，《人民日报》2015 年 11 月 4 日。

普遍形态、开放成为必由之路、共享成为根本目的的发展。"①同时，发展不平衡不充分问题突出，一些领域和方面发展不足，比如城乡和区域间发展存在差距，农业农村、生态保护、公共服务等方面短板亟待加强等。解决我国社会主要矛盾，必须积极推动经济高质量发展，提升发展质量和效益，着力破解发展不平衡不充分问题，更好满足人民群众个性化、多样化、高端化的美好生活需要，推动人的全面发展和社会全面进步。2018年12月，在庆祝改革开放40周年大会上，习近平总书记深刻指出，"前进道路上，我们必须围绕解决好人民日益增长的美好生活需要和不平衡不充分的发展之间的矛盾这个社会主要矛盾，坚决贯彻创新、协调、绿色、开放、共享的发展理念，统筹推进'五位一体'总体布局、协调推进'四个全面'战略布局，推动高质量发展，推动新型工业化、信息化、城镇化、农业现代化同步发展，加快建设现代化经济体系，努力实现更高质量、更有效率、更加公平、更可持续的发展。"②2022年4月，习近平总书记考察海南时再次指出，"要把海南更好发展起来，贯彻新发展理念、推动高质量发展是根本出路。要聚焦发展旅游业、现代服务业、高新技术产业、热带特色高效农业，加快构建现代产业体系。要加快科技体制机制改革，加大科技创新和成果转化力度。要突出陆海统筹、山海联动、资源融通，推动城乡区域协调发展。要着力破除各方面体制机制弊端，形成更大范围、更宽领域、更深层次对外开放格局。"③

---

①　《十九大以来重要文献选编》（上），中央文献出版社2019年版，第138页。

②　习近平：《在庆祝改革开放40周年大会上的讲话》，人民出版社2018年版，第31—32页。

③　《习近平总书记考察海南》，新华社，2018年12月18日。

（四）高质量发展要推进供给侧结构性改革

深化供给侧结构性改革、推动经济高质量发展，是党的十八大以来习近平新时代中国特色社会主义思想特别是习近平经济思想的重要理论创新成果，其理论内涵、核心要义、政策举措、重点任务既是一脉相承的，也是一个渐进深化、不断拓展的思想体系。深化供给侧结构性改革、推动经济高质量发展这个理论和政策是中国特色社会主义政治经济学的重要组成部分，闪耀着马克思主义中国化最新理论光辉，充分彰显和贯穿了习近平总书记的坚定理想信念、真挚人民情怀、科学思想方法和无畏担当精神。2016 年 1 月，习近平总书记在省部级主要领导干部学习贯彻党的十八届五中全会精神专题研讨班上指出，"需求侧管理，重在解决总量性问题，注重短期调控，主要是通过调节税收、财政支出、货币信贷等来刺激或抑制需求，进而推动经济增长。供给侧管理，重在解决结构性问题，注重激发经济增长动力，主要通过优化要素配置和调整生产结构来提高供给体系质量和效率，进而推动经济增长。""供给侧结构性改革，重点是解放和发展社会生产力，用改革的办法推进结构调整，减少无效和低端供给，扩大有效和中高端供给，增强供给结构对需求变化的适应性和灵活性。"[①] 习近平总书记指出："'结构性'三个字十分重要，简称'供给侧改革'也可以，但不能忘了'结构性'三个字"。[②] 海南是我国最大的经济特区，地理位置独特，拥有全国最好的生态环境，又在建设中国特色自由贸易港，最有条件实现高质量发展。2018 年 12 月，在庆祝海南建省办

---

① 习近平:《在省部级主要领导干部学习贯彻党的十八届五中全会精神专题研讨班上的讲话》，《人民日报》2016 年 5 月 10 日。

② 习近平:《在省部级主要领导干部学习贯彻党的十八届五中全会精神专题研讨班上的讲话》，《人民日报》2016 年 5 月 10 日。

经济特区 30 周年大会上，习近平总书记强调，"海南要深化供给侧结构性改革，发挥优势，集聚创新要素，积极发展新一代信息技术产业和数字经济，推动互联网、物联网、大数据、卫星导航、人工智能同实体经济深度融合，整体提升海南综合竞争力。要加强国家南繁科研育种基地（海南）建设，打造国家热带农业科学中心，支持海南建设全球动植物种质资源引进中转基地。国家支持海南布局建设一批重大科研基础设施和条件平台，建设航天领域重大科技创新基地和国家深海基地南方中心，打造空间科技创新战略高地。要创新科技管理体制，建立符合科研规律的科技创新管理制度和国际科技合作机制，设立海南国际离岸创新创业示范区。"[1]海南自由贸易港建设必须以推动高质量发展为主题，必须坚定不移贯彻新发展理念，以深化供给侧结构性改革为主线，坚持质量第一、效益优先，切实转变发展方式，推动质量变革、效率变革、动力变革，使发展成果更好惠及全体人民，不断实现人民对美好生活的向往。

二、具体部署

（一）深化供给侧结构性改革

推进供给侧结构性改革是以习近平同志为核心的党中央深刻洞察国际国内形势变化，科学把握发展规律和我国现阶段经济运行主要矛盾，作出的具有开创性、全局性、长远性的重大决策部署。供给和

---

[1]　习近平：《在庆祝海南建省办经济特区 30 周年大会上的讲话》，人民出版社 2018 年版，第 14—15 页。

需求是宏观经济管理的两个方面，二者是对立统一的关系，保持总供给和总需求的动态平衡是经济增长的重要条件。供需不平衡、不协调、不匹配，会导致资源错配和结构扭曲，影响经济增长的可持续性。我国经济增速自 2010 年以来波动下行，持续时间已有多年，经济运行呈现出不同以往的态势和特点。其中，供给和需求不平衡、不协调的矛盾和问题日益凸显，突出表现为供给侧对需求侧变化的适应性调整明显滞后。"十四五"时期制约我国经济发展的因素，供给和需求两侧都有，但矛盾的主要方面仍在供给侧，必须在适度扩大总需求的同时，着力加强供给侧结构性改革，着力改善供给结构，提高供给体系质量和效率。为此，中央 12 号文要求海南深入推进供给侧结构性改革，坚持把实体经济作为发展经济的着力点，紧紧围绕提高供给体系质量，支持海南传统产业优化升级，加快发展现代服务业，培育新动能。具体为，推动旅游业转型升级，加快构建以观光旅游为基础、休闲度假为重点、文体旅游和健康旅游为特色的旅游产业体系，推进全域旅游发展。瞄准国际先进水平，大力发展现代服务业，加快服务贸易创新发展。尤为重要的是，中央要求海南要统筹实施网络强国战略、大数据战略、"互联网+"行动，大力推进新一代信息技术产业发展，推动互联网、物联网、大数据、卫星导航、人工智能和实体经济深度融合。鼓励发展虚拟现实技术，大力发展数字创意产业。同时，中央要求海南要高起点发展海洋经济，积极推进南海天然气水合物、海底矿物商业化开采，鼓励民营企业参与南海资源开发，加快培育海洋生物、海水淡化与综合利用、海洋可再生能源、海洋工程装备研发与应用等新兴产业，支持建设现代化海洋牧场。

（二）建设现代产业体系

现代化经济体系是由相互联系、相辅相成的多个子体系构成的集成系统，其中现代产业体系是最基础、最关键的一环，对新时代下的高质量发展起到根本支撑。现代产业体系是区域经济发展的根基，也是提升区域竞争力的关键所在。加快推动海南构建现代产业体系，是推动海南高质量发展、实现建成具有较强国际影响力和竞争力的自由贸易港的重要支撑。《海南自由贸易港建设总体方案》（以下简称《总体方案》）提出，海南要大力发展旅游业、现代服务业和高新技术产业，不断夯实实体经济基础，增强产业竞争力。具体为，发展旅游业。《总体方案》要求海南要坚持生态优先、绿色发展，围绕国际旅游消费中心建设，推动旅游与文化体育、健康医疗、养老养生等深度融合，提升博鳌乐城国际医疗旅游先行区发展水平，支持建设文化旅游产业园，发展特色旅游产业集群，培育旅游新业态新模式，创建全域旅游示范省。加快三亚向国际邮轮母港发展，支持建设邮轮旅游试验区，吸引国际邮轮注册。设立游艇产业改革发展创新试验区。支持创建国家级旅游度假区和5A级景区。

发展现代服务业。《总体方案》要求海南要集聚全球创新要素，深化对内对外开放，吸引跨国公司设立区域总部。创新港口管理体制机制，推动港口资源整合，拓展航运服务产业链，推动保税仓储、国际物流配送、转口贸易、大宗商品贸易、进口商品展销、流通加工、集装箱拆拼箱等业务发展，提高全球供应链服务管理能力，打造国际航运枢纽，推动港口、产业、城市融合发展。建设海南国际设计岛、理工农医类国际教育创新岛、区域性国际会展中心，扩大专业服务业对外开放。完善海洋服务基础设施，积极发展海洋物流、海洋旅游、海洋信息服务、海洋工程咨询、涉海金融、涉海商务等，构建具有国际竞争力的海洋服务体系。建设国家对外文化贸易基地。

发展高新技术产业。《总体方案》要求海南聚焦平台载体，提升产业能级，以物联网、人工智能、区块链、数字贸易等为重点发展信息产业。依托文昌国际航天城、三亚深海科技城，布局建设重大科技基础设施和平台，培育深海深空产业。围绕生态环保、生物医药、新能源汽车、智能汽车等壮大先进制造业。发挥国家南繁科研育种基地优势，建设全球热带农业中心和全球动植物种质资源引进中转基地。建设智慧海南。

（三）实施创新驱动发展战略

以习近平同志为核心的党中央把创新摆在国家发展全局的核心位置，高度重视科技创新，围绕实施创新驱动发展战略、加快推进以科技创新为核心的全面创新，提出一系列新思想、新论断、新要求。在新发展理念中，"创新发展"摆在首位；在高质量发展中，"创新成为第一动力"是首要特征；构建新发展格局，要实现高水平的自立自强，而科技创新正是重要基础，敢于创新、矢志创新、锐意创新，成为中国战胜各种风险挑战、赢得未来主动的关键。科技事业的创新发展，需要创新平台、科研机构、企业齐心协力。尽管近年来，海南科技创新工作有很大进展，一些国家科学探测重大突破在海南完成，2020 年研发经费投入增速排名全国第一，高新技术企业增速排名全国第四，在全国综合科技创新水平指数的排名上升了两位，但由于各种原因，海南的科技创新还比较薄弱，缺创新主体，缺创新投入，缺创新转化成果，缺创新制度供给，缺创新人才。同时，海南是我国的育种圣地，每年冬春季节，数以千计的科学家从全国各地聚集到南繁科研基地开展育种制种。据统计，超过 2 万个主要农作物新品种，通过南繁加代、繁育，占到全国育成新品种的 70% 以上。习近平总书记强调，"只有用自己的手攥紧中国种子，才能端稳中国饭碗，才能实现粮食安全。"[①] 海南要依托资源禀赋优势和政策优势等，围绕国家种业振兴行动和南繁硅谷建设，打好种业翻身仗，为保障国家粮食安全作出海南贡献。此外，海南管辖我国三分之二的海洋面积，在开展深海进入、深海探测、深海开发等技术研发方面具有得天独厚的条件。构建产、学、研深度融合的国际化产业生态体系，推动深海装备、海洋能源、海洋生命科学、海洋牧场、海洋公共服务等领域科技创新及产业发展有得天独厚的条件。同时，航天发射最大的优势是纬度低，发射效率高，同等条件下能够使地球同步轨道运载能力提升 15% 以上。为此，《总体方案》要求海南面向深海探测、海洋资源开发利用、航天应用等战略性领域，支持海南布局建设一批重大科研基础设施与条件平台，建设航天领域重大科技创新基地和国家深海基地南方中心，打造空间科技创新战略高地。加强国家南繁科研育种基地（海南）建设，打造国家热带农业科学中心，支持海南建设全球动植物种质资源引进中转基地。同时，海南正在建设自由贸易港，独特的政策优势使得海南有条件在科技开放工作方面有更大作为。为此，《总体方案》要求海南设立海南国际离岸创新创业示范区。建立符合科研规律的科技创新管理制度和国际科技合作机制。鼓励探索知识产权证券化，完善知识产权信用担保机制。海南要依托独特资源禀赋"筑巢"，吸引全国乃至全世界的"凤"。

---

① 《习近平总书记考察海南》，新华社，2022 年 4 月 13 日。

（四）提高基础设施网络化智能化水平

基础设施建设具有"乘数效应"，能带来几倍于投资额的社会总需求和国民收入。一个国家或地区的基础设施是否完善，是其经济是否可以长期持续稳定发展的重要基础。党的十八大以来，我国在重大科技设施、水利工程、交通枢纽、信息基础设施、国家战略储备等方面取得了一批世界领先的成果，基础设施整体水平实现跨越式提升。要实现第二个百年奋斗目标，基础设施投资任务仍然巨大，中国经济发展潜力仍然巨大。全面加强基础设施建设，短期内是扩大总需求、稳增长的客观需要，长期来看，对于优化供给结构和补短板也非常必要。加大基础设施建设对就业的拉动作用也不容忽视。制造业和建筑业是容纳城镇就业人员的主要行业，其中，制造业超过 4000 万人、建筑业超过 2000 万人。面对跌宕起伏的疫情，在建筑业领域，推动基础设施项目建设进一步发力，为就业大局提供支撑。集成设施分为传统基础设施和新型基础设施。5G 网络、人工智能、工业互联网、物联网、数据中心等新一代信息基础设施是新型基础设施。2018 年中央经济工作会议提出，要促进形成强大国内市场，我国发展现阶段投资需求潜力仍然巨大，要发挥投资关键作用，加快 5G 商用步伐，加强人工智能、工业互联网、物联网等新型基础设施建设。2019 年 7 月，中央政治局会议强调，要加快推进信息网络等新型基础设施建设。新型基础设施已经成为高质量发展的重要支撑，是提升区域发展质量的优势选项。若忽视新型基础设施建设，则会在多项竞争中处于劣势。海南建设自由贸易港最大的不足是基础薄弱，无论是基础设施还是产业发展，尤其是在对比建设具有世界影响力的中国特色自由贸易港战略目标要求上，更是存在不小差距。在基础设施方面夯实基础、填补欠账、补齐短板，对于海南来说尤为重要。为此，中央 12 号文要求海南按照适度超前、互联互通、安全高效、智能绿色的原则，大力实施一批重大基础设施工程，加快构建现代基础设施体系。建设"数字海南"，推进城乡光纤网络和高速移动通信网络全覆盖，加快实施信息进村入户工程，着力提升南海海域通信保障能力。落实国家网络安全等级保护制度，提升网络安全保障水平。推进海口机场改扩建工程，开展三亚新机场、儋州机场、东方/五指山机场前期工作，加密海南直达全球主要客源地的国际航线。优化整合港口资源，重点支持海口、洋浦港做优做强。推进电网主网架结构建设和城乡电网智能化升级改造，开展智能电网、微电网等示范项目建设。构建覆盖城乡的供气管网。加强城市地下空间利用和综合管廊建设。完善海岛型水利设施网络。

三、实践探索

（一）奏响"经济转型三部曲"

近年来，海南省委省政府坚决对标高质量发展要求，坚持练内功、转动能、引外力协同推动、互促共进，一方面以壮士断腕的决心减轻经济对房地产业的依赖，另一方面加快培育形成多元化动能，推动海南在确保量稳定增长的同时，更加注重质的提升。坚持中央提出的"房住不炒"定位，以"壮士断腕"的决心来调整产业结构，坚决破除房地产"一业独大"困境。加强市县商品住宅建设总量管控和年度计划管控，严禁在生态核心区、海岸带一线土地、新批填海土地等区域开发商品住宅，工业开发区、工厂、机场、公路、铁路、污水和垃圾处理场等周边可能影响居住环境质量的区域，严格控制商品住宅开发，先后颁布了"两个暂停"、实行商品住宅用地计划管理、大幅减少直至停止供应外销商品住宅项目用地等政策，积极推动闲置土地、低效利用土地等存量国有建设用地的有序开发和盘活利用。同时，综合运用经济、法律和必要的行政手段，加强房地产市场调控。特别是在2018年4月，我省实施"全域限购"等最严格的调控政策，对外省居民、本地居民进行限购政策约束，坚决遏制炒房炒地等投机行为。目前，全省房地产开发投资占比由接近五成降至不足四成、房地产业税收由超过四成降至三成。

海南在破除房地产一业独大局面的同时，注重培养多元动能结构。加快创建全域旅游示范省，年接待游客突破8100万人次。培育形成数字经济新优势，互联网产业年营收超过1500亿元。投资新政顺利开启，离岛免税购物年销售额突破600亿元，中国国际消费品博览会持续举办，内需的决定性作用充分彰显。11个自贸港重点园区入驻企业倍增，以不足2%的陆域面积，贡献超过四成税收和近三成投资。高新技术企业扩大到1202家，年均增加43%。2021年全省高新技术企业总数是五年前的近十倍，每年发明专利授权数从385件增至954件。按当年价格计算，全员劳动生产率从8万元/人提高到12万元/人左右。同时，产业投资占比从20.8%提高至30.0%，其中，制造业投资占比从2.7%提高到7.1%，制造业投资年均增速达21.9%。在外资方面，深入落实《海南自由贸易港外商投资准入特别管理措施（负面清单）》，不断深入投资领域开放，着力培育利用外资新优势，打造对外开放新高地。2018—2021年，海南累计实际使用外资 87.96 亿美元，达到建省以后的头 30 年实际使用外资总量的 91.5%，四年平均增长率达到 79.4%，占全国比重由 0.54% 上升到 2%。2021 年，全年实际使用外资 35.2 亿美元，同比增长 16.2%，全国排名跃升至 2021 年的全国第 9 位。海南现代服务业实际使用外资占全省外资比重，由 2018 年的 61% 增长至 2021 年的 91%，服务业扩大开放综合试点转化为有效投资，现代服务业十大领域全部实现外资到位。在央企方面，截至 2021 年底，央企在海南设立各类公司（机构）已达 500 多户，资产总额突破 6500 亿元。在民企方面，2021 年全省新增民营企业 15 万户，占新增企业总数的 88%，贡献全省六成左右税收。尤其是 2018 年实施最严格房地产调控政策后，全省投资逐步摆脱房地产依赖，2020—2021 年全省投资连续实现快速增长，两年平均增速 9.1%，快于全国平均 5.3 个百分点。社会消费品零售总额从 1547 亿元增加至 2498 亿元，五年年均增长 10.1%，快于全国平均 3.2 个百分点。2020 年一季度，经济受疫情冲击深度下行 6.8%，全省经济实现 V 字型反转，全年增长 3.5%，进而在 2021 年实现了超过两位数的增长。海南经济的韧性和抗风险能力明显增强，这既是高质量发展的最集中体现，更为海南坚定不移深化改革开放、推动高质量发展增添了无穷信心。

（二）打造一流营商环境

海南省委省政府坚持打造一流营商环境总体目标，聚焦法治化、国际化、便利化和公平、透明、可预期具体目标，坚决把营商环境打造成为造福子孙后代的"金饭碗"。坚持聚焦问题处置，重塑市场主体口碑。海南始终把推动解决市场主体遇到的问题作为首要任务，当好发现问题的"眼睛"、倾听意见的"耳朵"、宣传推广的"嘴巴"、排忧解难的"出气筒"，让企业安心、暖心、有信心。一是搭建全省统一的"海南自贸港请您来投诉"营商环境问题受理平台，完善问题核查处理闭环机制，推动企业反映的问题得到有效解决。二是尊重历史、实事求是、依法依规解决历史遗留问题。比如，对规划调整导致土地无法开发等难点问题，研究提出处置意见，推动解决了50多个多年来没有解决的历史遗留问题。还比如，针对不动产登记的历史遗留问题，提出了处理意见，目前已解决8.2万户。三是尽力兑现政策承诺和政府欠款。比如，推动解决奖补政策兑现和欠款金额6.18亿元，5000多家企业受益。四是以点带面推动政策完善。在解决市场主体反映具体问题的同时，注重推进解决同类型问题、共性问题。比如，针对自贸港人才引进政策实施、法院生效判决执行难、政府投资项目工程款结算难、土地有偿回收等，推动解决了一批市场主体反映的堵点问题。

突出改革创新，提升营商环境便利度。聚焦关键领域，以制度集成创新优化营商环境。全省先后发布制度创新案例13批123项，省优化营商环境工作专班也分批总结推广了优化营商环境示范案例，通过持续深化改革，形成了一批亮点或标志性成果，比如，一是全面落实外商投资准入负面清单、跨境服务贸易负面清单、放宽市场准入若干特别措施，最大限度降低市场准入门槛。二是全面推行"一枚印章管审批"改革，在全省15个市县和海口、三亚的8个市辖区以及儋州（洋浦经济开发区）实现"一个大厅办事、一个部门审批、一枚印章出件"。三是大力实施政务服务"零跑动"改革，政务服务事项可网办率达90%以上，"零跑动"率达到55.6%。海口市龙华区建设"全流程智能化制证中心"，并上线"信易批＋信用红黑榜"审批服务。

四是深入推进"准入即准营"改革。深化"证照分离"改革，实行告知承诺的涉企经营许可事项，总的数量达到 111 项，比其他自贸试验区多了 44 项，均可承诺即办、当天办结。在全国首创将 5 项非涉企经营许可事项参照"证照分离"改革模式实施，审批流程和时限压缩70%。积极探索承诺即入制、"一业一证""一企一照"改革。五是实行极简审批改革。在 14 个重点园区以极简审批模式审批建设项目800 多个，涉及投资额超 5700 亿元，平均审批提速 90% 以上。六是推行"机器管规划"，探索建立"土地超市"制度，解决"项目等土地"问题，实现工程建设项目审批电子证书 100% 全覆盖。七是强化知识产权保护和运用。建设三亚崖州湾科技城知识产权特区，健全知识产权纠纷多元化解决机制，打造知识产权保护高地。中国（三亚）知识产权保护中心快速预审外观设计专利申请仅用 2 个工作日即获得授权，授权时间缩减 99% 以上。

持续优化服务，提升服务对象满意度。各市县、各部门努力当好企业的"保姆""红娘"和"店小二"，着力构建亲清政商关系。一是主动减税降费为企业纾困解难。做好增值税留抵退税资金保障，对我省小微企业按照国家授权的 50% 最高税额幅度减征"六税两费"，调整水土保持补偿费、人防易地建设费等 4 项行政事业性收费标准和城市基础设施配套费 1 项政府性基金收费标准，切实减轻企业负担。二是兑现惠企政策助力企业发展。上线惠企政策兑现服务平台"海易兑"，实现涉企政策的集中发布和线上申报，已完成线上兑付 1.2 亿元奖补资金。建设智慧金融综合服务平台和小微企业贷款服务中心，助力解决企业融资难问题。三是打造助企惠企服务品牌。出台《海南省政商交往行为指引清单（试行）》，着力打造既亲又清的政商关系，建立"首席服务专员"工作机制，为重点企业和重点项目提供精准服务。常态化开展政企面对面活动，精准宣传政策、收集企业问题、听取企业意见、共商解决办法。海口高新区全面推行"企业秘书"制度，为企业提供全生命周期优质服务，三亚崖州湾科技城管理局设立专职"城小二"做深产业服务，洋浦当好服务企业"店小二"，努力破解企业堵点难点问题，琼中推出"一企一策"服务套餐等。出台《海南自由贸易港企业破产程序条例》，设立海口破产法庭。出台建立"土地超市"制度的实施意见，搭建"土地超市"平台并上线运行，破解"项目等土地"问题。

（三）推动四大主导产业快速发展

海南省委省政府以建设开放型生态型服务型产业体系为目标，以发展旅游业、现代服务业、高新技术产业、热带特色高效农业四大主导产业为抓手，不断提升产业能级，推动经济高质量发展。近年来，海南立足发展优势，坚决抓有效投资，推动现代产业体系加速形成。积极开展投资新政三年行动，以有效投资为引领，投资结构不断优化，产业投资占比持续提升，产业投资占总投资比重较2016年提升9.2个百分点，特别是制造业投资大幅增长，2021年制造业投资是2016年的2.7倍，年均增长21.9%，为现代产业体系蓄积蕴集强劲动能。推动服务业结构优化升级。吸引知名现代服务业企业在海南布局，产业供给提质调优。现代服务业增加值年均实现两位数增长，2021年现代服务业增加值占服务业比重过半，较2016年提高8.5个百分点，从传统服务业向现代服务业优化调整态势明显。推动数字经济快速发展。海南着力把园区打造成自由贸易港做大流量的"量点"和突出实效的"亮点"，国内互联网头部企业在复兴城信息产业园和海南生态软件园集聚。2021 年,两个园区合计入驻企业超 15000 家,实现营业收入超 3000 亿元,全省数字经济增加值达 450 亿元,占全省 GDP 比重 7%,已超过交通运输、住宿餐饮等传统服务行业。打造"陆海空"未来产业。海南瞄准培育南繁产业、深海科技产业、航天航空产业,加快三亚崖州湾科技城、文昌国际航天城等园区建设。中国农业科学院南繁育种研究中心、海南省崖州湾种子实验室投入使用,南繁硅谷建设取得实质进展。与知名高校共建深海科技创新公共平台,吸引国内知名涉海领域的科研机构落户,深海装备产业园启动招商,崖州湾科技城累计注册企业 6156 家,累计注册资本金为 1064.52 亿元。开工建设航天装配异地协同中心、海南北斗自由流、长光卫星应用等项目,2021 年文昌航天城完成固定资产投资 18.98 亿元,是 2020 年的 3 倍。目前,全省四大主导产业对经济增长的贡献率已接近 8 成。三次产业结构演变为 19.4∶19.1∶61.5,非农经济占比逐步提高,产业结构加快优化升级。在四大主导产业中,旅游产业增加值年均增长 8.8%,现代服务业增加值年均增长 11.0%,高新技术产业增加值年均增长 7.1%,均快于全省 GDP 增速。热带特色高效农业增加值年均增长 4.5%。四大主导产业形成了"火车头"拉动作用,已成为全省经济持续健康发展的重要力量。更为重要的是,海南重点园区产业生态圈逐步形成。产业园区作为自由贸易港政策的主要承接地和先行先试的孵化器,推动海南自由贸易港建设高质量发展。

(四)推进儋州洋浦一体化发展

近年来,海南儋州、洋浦发展速度加快,在统筹区域协调发展格局中的地位日益凸显。与此同时,两地发展也暴露出了明显的短板:

洋浦面积仅 114.78 平方公里，发展空间受限，城市功能不完善，社会包袱沉重，市场主体发展不充分；与之毗邻的儋州，产业结构不合理，缺乏项目、人才支撑，科技创新能力偏弱。在此背景下，海南省委省政府着眼于海南自由贸易港建设全局、统筹区域协调发展，以极大的政治魄力推动儋州洋浦一体化发展，力破"儋州有城无产，洋浦有产无城"问题，奋力打造海南高质量发展第三极。2022 年 4 月 12 日，习近平总书记莅临洋浦考察时，充分肯定了儋州洋浦一体化发展的思路，希望儋州因洋浦更加开放、洋浦因儋州更有深度。并指出，"这样就把儋州拖到一个更大的开放圈里来了。我们古老的郡县，大多离海远远的。现在城市向海边发展，也要陆海兼修。"[①]

在此背景下，海南省委省政府成立推进儋洋一体化发展改革工作领导小组，印发《关于支持儋州洋浦一体化发展的若干意见》，以港产城融合为原则，力促洋浦的政策、区位、产业优势，与儋州城市功能和腹地优势结合，推动在儋州洋浦全域先行先试一系列自贸港早期安排政策，在更大范围做好压力测试和积累经验，打响区域协调发展的第一枪。儋洋经济圈发展定位为海南自由贸易港政策压力测试区、西部陆海新通道国际航运枢纽、临港经济引领区、海南自由贸易港区域中心城市。在空间布局方面，将儋州所辖的部分区域与洋浦经济开发区统一规划、统一开发、统一建设、统一管理，推动港产城深度融合发展，打造一座现代化国际滨海产业新城，构建西部区域发展的核心区和主引擎。在产业发展方面，支持儋州洋浦建设国内一流的先进制造业基地和国际领先的石化新材料基地，加快建设文化旅游产业新高地，支持热带特色高效农业示范区建设，打造形成油气新材料、港

---

① 《习近平总书记考察海南》，新华社，2022 年 4 月 13 日。

航物流、商贸服务（国际贸易）三个千亿级业态，健康食品加工、高端旅游消费品制造等超百亿产业集群。在政策扶持方面，支持先行先试"一线"放开、"二线"管住等一系列海南自由贸易港早期安排政策，打造海南自由贸易港"样板间"。省政府安排资金，加大项目建设支持力度，并在排放、能耗等指标安排方面向儋州洋浦倾斜，加强用地、用林、用海等要素保障。在设施建设方面，支持洋浦对接国内国际航线和港口集疏运网络，建设港口型国家物流枢纽承载城市。推动洋浦与儋州城区的快速互联互通，提升环新英湾区域基础设施水平。同时，允许以灵活的体制机制引进岛外优质教育、医疗、文化等资源，支持建设一批优质院校、医院、文体场馆设施。在社会管理方面，将洋浦控股公司由洋浦管委会全权管理，人事、财务等重大问题由管委会自主决策。允许自主出台高层次人才认定标准，以市场化薪酬吸引高端人才。简化海外人才工作办理手续，将外国人工作许可审批权限下放至儋州洋浦。

（五）构建"三极一带一区"发展新格局

推进区域协调发展，是贯彻新发展理念的重要内容，也是推进共同富裕的内在要求和重要途径。海南省委省政府坚持将"全省一盘棋、全岛同城化"理念融入到自由贸易港建设各方面，坚决把推动现代产业体系建设和区域协调发展作为自由贸易港高质量发展的"两个引擎""两件大事"。海南省委省政府提出打造"三极一带一区"区域协调发展新格局，以推动质量变革、效率变革、动力变革。这是海南省委省政府学习贯彻习近平总书记关于海南工作的系列重要讲话和指示批示精神，落实"一本三基四梁八柱"战略框架的重大战略部署，是推动海南高质量发展的关键举措，也是建设具有世界影响力的中国特色自由贸易港的具体步骤。培育经济增长极，辐射周边、带动全省是一条成功的经验。由于历史原因，海南经济总体上处于低水平均衡发展的状态，缺少强劲的经济增长引擎。海南自由贸易港要加快发展，急需打造海口经济圈、三亚经济圈、儋洋经济圈三个经济增长极，形成以点带圈、以圈带面、圈动全省的发展新格局。为此，海南省委省政府部署"三极一带一区"区域协调发展新格局，明确提出要做大做强海口经济圈，全面提升发展能级，建设自由贸易港核心引领区；做优做精三亚经济圈，打造国际旅游胜地、自由贸易港科创高地；加快推动儋洋经济圈发展，创建自由贸易港港产城融合发展先行区、示范区。突出滨海城市的功能和形象，协调推进以新型城镇化为基础的滨海城市带规划建设。以热带雨林国家公园建设为重点，加快建设中部生态保育区。建立健全省级统筹、协调和考核机制，促进各类要素合理流动和高效聚集。

海口、三亚、儋洋经济圈作为区域协调发展的三个增长极，是要素合理流动和高效集聚的重要载体，按照治理尺度上移、管理下移的"重构思路"，通过合理分工、枢纽带动、产业链供应链协同、公共设施互联共享等协调、一体发展，既可以形成合力，有效集聚资源优势，加快发展速度，也可以带动周边市县一体化发展，缩小区域发展差距。同时，推进三个增长极的差异化协同发展，建设海口经济圈为自贸港核心引领区，打造三亚经济圈为国际旅游胜地、自贸港科创高地，创建儋洋经济圈为自贸港产城融合发展先行区、示范区。海口经济圈主要是充分发挥海口带动作用，联动澄迈、文昌、定安、屯昌等周边市县，全面提升海口经济圈发展能级，着力塑造"大海口"综合竞争新优势，打造中国特色自由贸易港核心引领区。三亚经济圈主要是用好三亚国际旅游、科技创新资源，带动陵水、乐东、保亭等周边市县发展，大力培育发展南繁、深海等未来产业和新一代信息技术产业，打造成海南自由贸易港科创高地、国际旅游胜地。儋洋经济圈主要是通过挖掘历史文化名城的发展潜能，将洋浦的政策、区位、产业优势，与儋州城市功能和腹地优势相结合，加快一体化融合发展，打造海南自由贸易港港产城融合发展示范区、先行区。滨海城市带将以环岛旅游公路为主轴，以环岛高速铁路、高速公路等交通廊道为纽带，加快形成"2+3"滨海中心城市格局，推动滨海城镇统筹协调发展，构建以中心城市为引领、大中小城镇协调发展的世界级滨海城市带。中部山区生态保育区将以海南热带雨林国家公园建设为抓手，坚持在保护中发展、在发展中保护，加强中部地区多层次公路网与环岛旅游公路衔接，大力发展热带雨林旅游产业，推动形成山海互动、蓝绿互补的发展新局面。

（六）加快基础设施建设

海南省委省政府紧紧围绕自由贸易港建设目标打基础、补短板，谋划推进一批契合自由贸易港建设需要的重大基础设施项目，推动海南自由贸易港基础设施建设行稳致远。着力推动高速路网由"田"字型向"丰"字型拓展升级。公路交通网络进一步完善，琼乐、文临、万洋、儋白、山海等高速公路和海文大桥相继建成通车，顺利实现"县县通高速"目标。截至 2021 年底，公路网总规模达到 41045.537 公里、高速公路里程 1265.390 公里，普通国省干线里程 3563.161 公里、农村公路里程 36216.986 公里，较 2015 年分别增长 52.8%、57.5%、30.6%、55.2%，公路网密度由 2015 年的 79.2 公里/百平方公里提高到 2021 年底的 121.1 公里/百平方公里，高于全国平均水平，全省普通国省干线公路网络布局、等级结构得到进一步优化，海南公路由有向好转变，从疏到密织成网，全岛交通更加安全舒适便捷。

初步形成"四方五港多港点"发展格局，水运取得实质性历史性突破。海口港马村港区三期散货码头建成投产，洋浦港小铲滩工程能力提升项目稳步推进，国际陆海贸易新通道建设不断取得新突破，截至2021年底，开通国际集装箱班轮航线17条，内贸集装箱班轮航线21条，作为"一带一路"支点作用发挥明显。全省拥有港口生产性泊位149个，其中万吨级及以上深水泊位79个，全省港口综合通过能力和集装箱通过能力大幅提高。港口资源整合取得突破性进展。启动洋浦集装箱码头扩建工程和航道扩能工程。琼州海峡港航一体化取得重要进展，海口港新海港区客滚装码头一期、二期工程建成投入使用，琼州海峡实现南北南岸轮渡码头一体化整合，运输通道瓶颈得到突破，装船配载时间压缩至半小时内，客滚运输通道便捷有序。邮轮游艇产业蓄意待发，出台国内第一部游艇产业地方性法规《海南自由贸易港游艇产业促进条例》，为助力国际旅游消费中心建设发挥积极作用。

国际航线不断扩大，民用航空业实现跨越式发展。《海南自由贸易港试点开放第七航权实施方案》出台，海南成为全国唯一同时开放第三、四、五、七航权的省份，是我国航权对外开放的最高水平。美兰机场二期新塔台项目如期完工投入运营，美兰机场进入"双跑道"时代。海口美兰、三亚凤凰国际机场旅客吞吐量先后突破2000万人次，海南成为继上海、广东之后全国第三个拥有"双两千万级"机场的省份。2021年全省航空旅客吞吐量、货邮吞吐量分别完成3488.89万人、

25.4 万吨。国际航线越织越密，疫情前全省开通民航国际及地区客运航线 103 条，通达东盟十国和英国、意大利、俄罗斯、澳大利亚等国家和地区，基本实现"四小时八小时飞行经济圈"，成为我国面向太平洋和印度洋的重要对外开放门户。深入贯彻落实习近平总书记"四好农村路"重要指示精神，加强农村公路养护管理，创建全国"四好农村路"示范县 4 个。大力推进农村客运候车亭建设，实现 100% 具备条件的行政村通客车，基本实现农村地区"出门有路、上路有车"目标。推进农村公路"路长制"和"五化"建设，助力乡村振兴和人居环境改善。实施村村通邮战略，实现所有行政村都建立邮政服务网点，快递乡镇网点全省覆盖。

高度重视信息基础设施的建设，把光网与路网、电网、水网、气网一同列为战略性"五网"基础设施。目前海南已建成 6 条连接国内的海底光缆，互联网出省带宽扩容至 11Tbps，增长了 11.5 倍。建成网状结构的省内干线传输网。建成城市千兆光纤宽带网络端口，覆盖城区各类居民小区、商业区、党政机关、企事业单位、各类院校等；开展 4G 网络覆盖和质量优化工作。2017 年实现所有行政村全覆盖，提前三年实现国家数字乡村发展战略要求。超常规推进 5G 网络建设和应用。2019 年在国内率先实现"县县通 5G"。截至 2021 年底，全省累计开通 5G 基站 12137 个，总体覆盖达全国先进水平。在医疗、教育、文旅、能源、政务等重点行业积极谋划开发了一批 5G 应用试点示范项目。海南自贸港国际互联网数据专用通道建成开通，已开通国际互联网专线 20 多条，建成首条海南—香港国际海缆，同步设立海口区域性国际通信业务出入口局，开通国际数据专线业务。

（七）打好科技创新翻身仗

海南省委省政府充分认识到科技创新之于自由贸易港的重大决定意义，以创新型省份建设为抓手，聚焦改革和开放，发挥区位优势，深入实施科技强省战略，以超常规手段打好科技创新翻身仗，为推动海南自由贸易港"三区一中心"建设和高质量发展提供强有力的科技支撑。全面完成科技创新顶层部署。省委省政府提出建设创新型省份，明确了以超常规手段打赢科技创新翻身仗的实施路径，先后印发了"十四五"科技创新规划、打赢科技创新翻身仗三年行动方案、创新型省份建设方案等政策文件，省人大颁布《海南自由贸易港科技开放创新若干规定》，标志着全省科技创新顶层设计"四梁八柱"的政策框架体系全面建立。深入实施《打赢科技创新翻身仗三年行动》，推动主要科技创新指标实现高速增长。全社会研发投入 R ＆ D 持续快速增长，2020 年 R ＆ D 投入 36.6 亿元，强度 0.66％，增速 22.4％，增速全国第一；2021 年 R ＆ D 上报数首次突破 100 亿元，增幅达 40％。2021 年全省有效高新技术企业达 1203 家，较上一年度增长 43％。2021 年高新技术企业营收超过 1110 亿元，较上一年度增长 28％。此外，国家科技项目数、国家科研平台数和规上工业企业内设研发机构数分别增长 26.5％、28.5％和 34.6％。同时，推动"陆海空"三大科技创新高地建设。在南繁种业方面，海南以南繁科技城为核心，加快打造"南繁硅谷"，南繁基地成为全国种业力量最大集聚地、最知名种业科研打卡地。成立海南省崖州湾种子实验室，在体制机制创新和科研成果上取得一系列成就。国家耐盐碱水稻技术创新中心揭牌运作，成为我国 19 个国家技术创新中心之一，也是唯一的一个农业国家技术创新中心。推动全球动植物种质资源引进中转基地实现首单大豆、玉米种质资源引进。投入运行并开展试验生物育种专区一期。在深海科技方面，"奋斗者"号全海载人潜水器深潜 10909 米，我国万米潜次和人数跃居世界首位。海南省深海技术创新中心揭牌并实体化运作。深海科技创新中心、国家化合物库海南深海化合物资源中心即将投入使用，引进了一批海洋类的企业，初步形成了海洋的产业研发、产业一体的生态圈。在航天科技方面，海南一号卫星发射，加快建设航天城科技创新公共平台，推进建设航天技术创新研究院，打造我国首个新一代中型商业运载火箭总装测试厂房，引进中科院系统、中国航天科技集团、航天科工集团、中国星网等科技创新资源，加快围绕发展火箭链、卫星链、数据链布局重大的科技创新平台。

不断深化科技体制机制改革。加强科技开放创新立法，构建科技创新新体制。根据《中华人民共和国海南自由贸易港法》，出台了《海南自由贸易港科技开放创新若干规定》，畅通科技创新堵点，构建科技创新新体制。改革完善科技计划体系，优化配置创新资源。实施科技项目"包干制"和"揭榜挂帅"，构建"管评验"分离的科技项目管理机制，加强科研诚信，改革完善省级财政科研经费管理，赋予项目负责人更大的经费自主权。设立一批新型研发机构，创新科研机制管理模式。按照新型研发机构的定位，成立了崖州湾种子实验室、深海技术创新中心等新型研发机构，推动科研机构管理模式改革创新。加强制度创新，改革外国人工作许可审批制度。在全国率先建立"外国人工作、居留许可联审联检机制"，实现工作许可与居留信息共享，实施"外籍高精尖缺人才认定办法"，制定全球首创的"外国人工作许可负责清单"及管理办法。在科技部的支持下，与上海、浙江、广东等 7 省市建立多层次合作模式。建设海口高新区、复兴城互联网产业园、江东新区等 3 个国际离岸创新创业试验区。开展国际科技合作项目经费及设备跨境使用试点工作。加快科技成果转移转化。国家技术转移海南中心获批建设，成为全国第 12 个技术转移中心；试点开展科研人员职务科技成果赋权试点；2021 年技术交易合同额达 28.5 亿元，近 4 年平均增速达 60％以上。

第四章 把制度集成创新
摆在突出位置

制度是关系党和国家事业发展的根本性、全局性、稳定性、长期性问题。习近平总书记提出，自由贸易试验区要把制度创新作为核心任务，自由贸易港要把制度集成创新摆在突出位置。2022 年 4 月 13 日，习近平总书记在考察海南时再次强调："要继续抓好海南自由贸易港建设总体方案和海南自由贸易港法贯彻落实，把制度集成创新摆在突出位置"。[①] 制度集成创新具有融合性、系统性、集成性特征，需要多领域、多部门协同发力。从"制度创新"到"制度集成创新"，体现新时代制度型开放的总要求，体现多领域多部门协同改革的系统思维，体现积极推动上层建筑反作用于经济基础的辩证法，体现新时代推进全面深化改革开放的新方法论和改革观。海南自由贸易港建设要坚持系统思维，把制度集成创新摆在突出位置，加快建立与自由贸易港建设相适应的政策制度体系，把稳定改革开放预期和激发改革创新动能作为海南自由贸易港建设的重要保障，加快建设具有世界影响力的中国特色自由贸易港。

---

① 《习近平总书记考察海南》，新华社，2022 年 4 月 13 日。

一、总体要求

（一）把制度集成创新摆在突出位置

制度是改革发展的保障，中国特色社会主义制度是当代中国发展进步的根本制度保障。习近平总书记指出："相比过去，新时代改革开放具有许多新的内涵和特点，其中很重要的一点就是制度建设分量更重，改革更多面对的是深层次体制机制问题，对改革顶层设计的要求更高，对改革的系统性、整体性、协同性要求更强，相应地建章立制、构建体系的任务更重。"①构建系统完备、科学规范、运行有效的制度体系，使各方面制度更加成熟更加定型是以习近平同志为核心的党中央适应新时代变化，推进国家治理体系和治理能力现代化的重中之重。其中，增强制度的系统性、整体性、协同性是习近平总书记反复强调的改革观和方法论。在党的十九大报告中，习近平总书记指出："着力增强改革系统性、整体性、协同性，压茬拓展改革广度和深度，在重要领域和关键环节改革取得突破性进展"。②在庆祝改革开放40周年大会上，习近平总书记强调："推进国家治理体系和治理能力现代化，着力增强改革系统性、整体性、协同性，着力抓好重大制度创新，着力提升人民群众获得感、幸福

---

① 习近平：《关于〈中共中央关于坚持和完善中国特色社会主义制度　推进国家治理体系和治理能力现代化若干重大问题的决定〉的说明》，新华社，2019年11月5日。

② 习近平：《决胜全面建成小康社会　夺取新时代中国特色社会主义伟大胜利——在中国共产党第十九次全国代表大会上的报告》，人民出版社2017年版，第3页。

感、安全感。"①2019 年 7 月，在深化党和国家机构改革总结会议上，习近平总书记再次强调："在谋划改革发展思路、解决突出矛盾问题、防范风险挑战、激发创新活力上下功夫，注重改革的系统性、整体性、协同性，统筹各领域改革进展，形成整体效应。要推进改革成果系统集成，做好成果梳理对接，从整体上推动各项制度更加成熟更加定型。"②2018 年 4 月 13 日，习近平总书记在庆祝海南建省办经济特区 30 周年大会上指出："海南全岛建设自由贸易试验区，要以制度创新为核心，赋予更大改革自主权，支持海南大胆试、大胆闯、自主改，加快形成法治化、国际化、便利化的营商环境和公平开放统一高效的市场环境。"③2020 年 5 月 28 日，习近平总书记对海南自由贸易港建设作出重要指示："要把制度集成创新摆在突出位置，解放思想、大胆创新，成熟一项推出一项，行稳致远，久久为功。"④这是制度集成创新概念首次出现在习近平总书记的批示和重要论述中。2022 年 4 月 13 日，习近平总书记考察海南时再次强调："推进自由贸易港建设是一个复杂的系统工程，要做好长期奋斗的思想准备和工作准备。要继续抓好海南自由贸易港建设总体方案和海南自由贸易港法贯彻落实，把制度集成创新摆在突出位置。"⑤制度集成创新是习近平总书记立足新发展阶段、深刻把握改革创新规律基础上提出的新改革观和方法论，是对实践检验行之有效的"增强改革系统性、整体性、协同性"原则要求的集中概括和理论提炼，

---

① 习近平：《在庆祝改革开放 40 周年大会上的讲话》，新华社，2018 年 12 月 18 日。

② 《习近平谈治国理政》第三卷，外文出版社 2020 年版，第 108 页。

③ 习近平：《在庆祝海南建省办经济特区 30 周年大会上的讲话》，人民出版社 2018 年版，第 11 页。

④ 《习近平对海南自由贸易港建设作出重要指示》，新华社，2020 年 6 月 1 日。

⑤ 《习近平总书记在海南考察》，新华社，2022 年 4 月 13 日。

是习近平总书记系统性思维在改革创新领域的具应用及体现。为此，推进海南全面深化改革开放和中国特色自由贸易港建设必须贯彻制度集成创新这一改革创新新理念、新要求和新方法，把制度集成创新作为推动海南高质量发展的金钥匙。

（二）以思想大解放推动制度集成创新

解放思想是行动先导，只有思想大解放、真解放、早解放，才能以思想解放引领改革突围。习近平总书记深刻指出："解放思想是前提，是解放和发展社会生产力、解放和增强社会活力的总开关。没有解放思想，我们党就不可能在十年动乱结束不久作出把党和国家工作中心转移到经济建设上来、实行改革开放的历史性决策，开启我国发展的历史新时期；没有解放思想，我们党就不可能在实践中不断推进理论创新和实践创新，有效化解前进道路上的各种风险挑战，把改革开放不断推向前进，始终走在时代前列。解放和发展社会生产力、解放和增强社会活力，是解放思想的必然结果，也是解放思想的重要基础。"[①] 40 多年来，解放思想让我们党永不停滞、永不僵化、永葆青春，让我国跟上世界发展的潮流，闯出了一条新路、好路，实现了从"赶上时代"到"引领时代"的伟大跨越。继续解放思想是新时代坚持党的思想路线的内在要求，继续解放思想是推动全面深化改革开放的必然要求。习近平总书记强调："冲破思想观念的障碍、突破利益固化的藩篱，解放思想是首要的。在深化改革问题上，一些思想观念障碍往往不是来自体制外而是来自体制内。思想不解放，我们就很难看清各种利益固化的症结所在，很难找准突破的方向和着力点，很难拿出创造性的

---

① 习近平：《切实把思想统一到党的十八届三中全会精神上来》，《求是》2014 年第 1 期。

改革举措。"① 改革开放需要解放思想，制度创新需要解放思想。制度集成创新本质上是体制机制改革，只有解放思想才能更好地推动改革，才能更好地推动制度集成创新。新时代的解放思想要在总结过去成功经验基础上实现新的突破，这个新的突破就是充分体现了国家治理体系和治理能力现代化的制度集成创新。

2018 年 4 月，在庆祝海南建省办经济特区 30 周年大会上，习近平总书记充分阐述了解放思想与改革开放的辩证关系，深刻指出解放思想的重大意义，"当前，改革又到了一个新的历史关头，推进改革的复杂程度、敏感程度、艰巨程度不亚于 40 年前。因循守旧没有出路，畏缩不前坐失良机。改革开放的过程就是思想解放的过程。没有思想大解放，就不会有改革大突破。"并对解放思想的方法论作出精辟阐释，"解放思想不是脱离国情的异想天开，也不是闭门造车的主观想象，更不是毫无章法的莽撞蛮干。解放思想的目的在于更好实事求是。要坚持解放思想和实事求是的有机统一，一切从国情出发、从实际出发，既总结国内成功做法又借鉴国外有益经验，既大胆探索又脚踏实地，敢闯敢干，大胆实践，多出可复制可推广的经验，带动全国改革步伐。"② 中国特色自由贸易港建设是前无古人的伟大事业，需要在科学理论指导下进行大胆试、大胆闯、自主改。2020 年 5 月 28 日，习近平总书记对海南自由贸易港建设做出指示，要求海南自由贸易港把制度集成创新摆在突出位置，要解放思想、大胆创新。2022 年 4 月 13 日，习近平总书记在海南考察

---

① 习近平：《关于〈中共中央关于全面深化改革若干重大问题的决定〉的说明》，新华社，2013 年 11 月 15 日。

② 习近平：《在庆祝海南建省办经济特区 30 周年大会上的讲话》，人民出版社 2018 年版，第 13 页。

时再次要求海南解放思想开拓创新。因此，海南自由贸易港建设要遵照习近平总书记指示要求，要有自我革新的勇气和胸怀，跳出条条框框限制，以思想破冰引领改革突围，以思想大解放推动制度集成创新实现能级大跃迁，奋力推动海南自由贸易港成为中国改革开放的示范。

（三）以人民为中心推动制度集成创新

人民是历史的创造者，是决定党和国家前途命运的根本力量。以人民为中心的发展思想是习近平新时代中国特色社会主义思想的重要内容，是推进各项工作的出发点和落脚点。党的十八大以来，习近平总书记提出"人民对美好生活的向往就是我们的奋斗目标"的根本命题，充分诠释了习近平总书记的为民情怀和以人民为中心的根本立场。习近平总书记指出："以人民为中心的发展思想，不是一个抽象的、玄奥的概念，不能只停留在口头上、止步于思想环节，而要体现在经济社会发展各个环节。"[①] 以人民为中心的发展思想是改革开放的价值导向，也是改革开放成效的根本衡量标准。习近平总书记强调："改革开放在认识和实践上的每一次突破和深化，改革开放中每一个新生事物的产生和发展，改革开放每一个领域和环节经验的创造和积累，无不来自亿万人民的智慧和实践。没有人民支持和参与，任何改革都不可能取得成功。只有充分尊重人民意愿，形成广泛共识，人民才会积极支持改革、踊跃投身改革。"[②]

---

① 习近平：《在省部级主要领导干部学习贯彻党的十八届五中全会精神专题研讨班上的讲话》，《人民日报》2016年5月10日。

② 习近平：《在庆祝海南建省办经济特区30周年大会上的讲话》，人民出版社2018年版，第18页。

实践充分证明，发展为了人民、发展依靠人民、发展成果由人民共享是党领导经济特区建设和改革开放的重要依托。习近平总书记强调："要坚持问题导向，从群众关心的事情做起，从群众不满意的地方改起，敢于较真碰硬，勇于破难题、闯难关，在破除体制机制弊端、调整深层次利益格局上再啃下一些硬骨头。""要坚持人民主体地位，发挥群众首创精神，紧紧依靠人民推动改革开放。要坚持从人民群众普遍关注、反映强烈、反复出现的问题背后查找体制机制弊端，找准深化改革的重点和突破口。""要坚持一切为了人民、一切依靠人民，发挥好广大人民群众的积极性、主动性、创造性，使广大人民群众成为推动改革开放的强大力量。"①2022年4月13日，习近平总书记在海南考察时强调："各级领导干部要贯彻党的群众路线，牢记党的根本宗旨，想群众之所想，急群众之所急，把所有精力都用在让老百姓过好日子上。"② 因此，海南自贸港建设推进制度集成创新，必须牢固树立以人民为中心的发展思想，坚持人民主体地位，做到创新为了人民、创新依靠人民、创新成果由人民共享，把人民群众对美好生活的向往作为制度集成创新的出发点和落脚点，把市场需不需要、群众满不满意作为制度集成创新成效的根本衡量标准。

（四）以更大改革自主权推动制度集成创新

习近平总书记高度重视改革自主权，在多个场合就改革自主权作出重要论述。早在2017年，在上海自贸试验区运行3周年之际，习近平总书记就指示："对照最高标准、查找短板弱项，研究

①　习近平：《在庆祝海南建省办经济特区30周年大会上的讲话》，人民出版社2018年版，第5、13、18页。

②　《习近平总书记在海南考察》，新华社，2022年4月13日。

明确下一阶段的重点目标任务，大胆试、大胆闯、自主改，力争取得更多可复制推广的制度创新成果，进一步彰显全面深化改革和扩大开放的试验田作用。"① 在党的十九大报告中，习近平总书记明确提出："赋予自由贸易试验区更大改革自主权，探索建设自由贸易港。"②2020 年 10 月，在深圳经济特区建立 40 周年庆祝大会上，习近平总书记再次要求："党中央经过深入研究，决定以经济特区建立 40 周年为契机，支持深圳实施综合改革试点，以清单批量授权方式赋予深圳在重要领域和关键环节改革上更多自主权，一揽子推出 27 条改革举措和 40 条首批授权事项。"③2021 年 7 月，习近平总书记在中央全面深化改革委员会第二十次会议上进一步强调："要深入推进高水平制度型开放，赋予自由贸易试验区更大改革自主权，加强改革创新系统集成，统筹开放和安全，及时总结经验并复制推广，努力建成具有国际影响力和竞争力的自由贸易园区，发挥好改革开放排头兵的示范引领作用。"④

习近平总书记十分重视赋予海南自由贸易港改革自主权。2018 年 4 月，习近平总书记在庆祝海南建省办经济特区 30 周年大会上强调："赋予更大改革自主权，支持海南大胆试、大胆闯、自主改"。⑤2020 年 5 月 28 日，习近平总书记对海南自由贸易港建设作

---

① 《习近平对上海自贸试验区建设作出重要指示》，新华社，2017 年 1 月 1 日。

② 习近平：《决胜全面建成小康社会 夺取新时代中国特色社会主义伟大胜利——在中国共产党第十九次全国代表大会上的报告》，人民出版社 2017 年版，第 35 页。

③ 习近平：《在深圳经济特区建立 40 周年庆祝大会上的讲话》，人民出版社 2020 年版，第 8—9 页。

④ 《习近平主持召开中央全面深化改革委员会第二十次会议强调 统筹指导构建新发展格局 推进种业振兴 推动青藏高原生态环境保护和可持续发展》，《人民日报》2021 年 7 月 10 日。

⑤ 习近平：《在庆祝海南建省办经济特区 30 周年大会上的讲话》，人民出版社 2018 年版，第 11 页。

出重要指示中强调："中央和国家有关部门要从大局出发，支持海南大胆改革创新，推动海南自由贸易港建设不断取得新成效。"①回顾我国40多年改革开放历程，我国之所以能够取得巨大历史性成就，实现从站起来到富起来再到强起来的伟大飞跃，有很多宝贵的经验值得总结，关键一条就是做到加强党的领导与坚持改革开放的自主性的辩证统一。改革开放初期，邓小平明确指出："中国的事情要按照中国的情况来办，要依靠中国人自己的力量来办。独立自主、自力更生，无论过去、现在和将来，都是我们的立足点。"②这一观点成为党领导改革和建设的一个基本原则。习近平总书记在庆祝改革开放40周年大会上的重要讲话深入总结了改革开放40年积累的宝贵经验，第一条就是"必须坚持党对一切工作的领导，不断加强和改善党的领导"。③实践充分证明，党的领导是改革开放的根本保障，自主性是改革开放的鲜明特征。

2022年4月13日，习近平总书记在海南考察时强调："强化'中央统筹、部门支持、省抓落实'的工作推进机制，确保海南自由贸易港如期顺利封关运作。"④海南自由贸易港建设是一项复杂的系统工程，制度集成创新是主体、权力、规则、资源等充分融合及再创造的过程。中央12号文明确要求海南自由贸易港"在内外贸、投融资、财政税务、金融创新、出入境等方面探索更加灵活的政策体系、监管模式和管理体制。"⑤这些领域改革或探索事项大都是中央事权，

---

① 《习近平对海南自由贸易港建设作出重要指示》，新华社，2020年6月1日。
② 《邓小平年谱（一九七五——一九九七）》下卷，中央文献出版社2004年版，第844页。
③ 习近平：《在庆祝改革开放40周年大会上的讲话》，人民出版社2018年版，第22页。
④ 《习近平总书记在海南考察》，新华社，2022年4月13日。
⑤ 《中共中央国务院关于支持海南全面深化改革开放的指导意见》，人民出版社2018年版，第4页。

需要中央与地方、地方部门间的协同发力，需要突破现有制度系统和规则约束，没有充分的改革自主权难以完成自由贸易港建设的决策部署和繁重改革任务。因此，推进海南自由贸易港建设需要党中央及国家各部门赋予海南更大的改革自主权，支持海南大胆试、大胆闯、自主改，把海南自由贸易港打造成为新时代中国改革开放的示范。

（五）制度集成创新要久久为功行稳致远

改革既不可能一蹴而就，也不可能一劳永逸。一切伟大成就都是接续奋斗的结果，一切伟大事业都需要在继往开来中推进。习近平总书记反复强调："实践发展永无止境，解放思想永无止境，改革开放也永无止境，停顿和倒退没有出路，改革开放只有进行时、没有完成时。"[1] 久久为功、善作善成，这是习近平总书记对待工作一以贯之的态度，也是推进全面深化改革开放的重要方法论。中国特色自由贸易港建设是一项前无古人的伟大事业，没有任何先例可循、任何模式可供照搬，不可能一蹴而就，不应有毕其功于一役的急功近利想法。2020 年 5 月 28 日，习近平总书记对海南自由贸易港建设作出重要指示强调："把制度集成创新摆在突出位置，成熟一项推出一项，行稳致远，久久为功。"[2] 海南要增强主体责任，主动作为、真抓实干，敢为人先、大胆探索，以"功成不必在我"的精神境界和"功成必定有我"的历史担当，一任接着一任干，一茬接着一茬干，将蓝图一绘到底。2022 年 4 月 13 日，习近平总书

---

① 习近平：《关于〈中共中央关于全面深化改革若干重大问题的决定〉的说明》，新华社，2013 年 11 月 15 日。

② 《习近平对海南自由贸易港建设作出重要指示》，新华社，2020 年 6 月 1 日。

记在海南考察时再次强调："希望海南以'功成不必在我'的精神境界和'功成必定有我'的历史担当，把海南自由贸易港打造成展示中国风范的靓丽名片"。①

习近平总书记强调"久久为功"，是基于其深刻的哲学世界观。经济社会发展是个自然历史过程，矛盾的发生发展也是一个复杂的变化过程。2022年4月13日，习近平总书记在海南考察时强调："推进自由贸易港建设是一个复杂的系统工程，要做好长期奋斗的思想准备和工作准备。"②无论从建设目标看，还是从制度设计看，海南自由贸易港建设要按照2025年、2035年和本世纪中叶的时间表路线图分步骤、分阶段推进，需要久久为功，这是一场"马拉松赛"和"接力赛"。从国际自贸港建设实践看，香港用了100多年，新加坡用了60多年，迪拜也用了30多年。从海南建设条件来看，岛屿型省份基础弱、底子薄的省情没有变，海南全面深化改革开放的繁重艰巨任务与基础薄弱、市场主体少、经济流量小、外向度低、人才短缺之间的矛盾突出。从时间跨度上看，海南自由贸易港建设仍处在"平整土地""栽桃树"的阶段，处在从"调理肌体"迈向"强身健体"的关键阶段，海南自贸港建设处于风险高发期和压力测试期、干部能力提升期和经验积累期的特殊历史方位。因此，海南自贸港推进制度集成创新，要有长期奋斗的思想准备和工作准备，摒弃毕其功于一役、一劳永逸的想法和观念，保持战略耐心，涵养韧劲定力，以"功成不必在我"的精神境界和"功成必定有我"的历史担当，坚持"闯"为基调、"稳"为基础、远近结合、小步快跑，蹄疾步稳，锚定改革目标

---

① 《习近平总书记在海南考察》，新华社，2022年4月13日。
② 《习近平总书记在海南考察》，新华社，2022年4月13日。

保持方向不动摇、保持定力不松劲，善始善终、善作善成，推动中国特色自由贸易港进入不可逆的发展轨道。

二、具体部署

《总体方案》提出分步骤、分阶段建立自由贸易港政策和制度体系，要加强改革系统集成，注重协调推进，使各方面创新举措相互配合、相得益彰，提高改革创新的整体效益。《总体方案》中"制度"二字出现 70 次、"规则"二字出现 10 次，这是把制度集成创新摆在海南自由贸易港建设更加突出位置的直接部署、系统要求。

（一）集成创新贸易自由便利制度

《总体方案》系统集成进出口制度、关税制度、进出口政务服务制度、封关管理制度等，推动贸易自由化便利化。进出口许可证制度是对外贸易管理领域国际通行的行政管理手段及做法，利用发放许可证等手段，限制和禁止进口国内能够生产的商品，以维护国内商品竞争力和产业安全。我国目前也实行进口许可证管理，许可商品包括实行进口配额和许可证管理的机电产品、列入国家计划一般配额进口管理的商品、重要工业品和重要农产品中实行进口许可证管理的商品，以及监控化学品、易制毒化学品。国家通过有关部门用发放许可证的方式管制商品进出口。同时，对进口货物和物品征收关税。系统集成进出口管理制度和关税制度成为海南自由贸易港建设的重中之重，也是海南推动贸易往来自由便利的重点部署。为此，《总体方案》明确总体要求，在实现有效监管的前提下，建设全岛封关运作的海关监管特殊区域。对货物贸易，实行以"零关税"为基本特征的自由化便利化制度安排。对服务贸易，实行以"既准入又准营"为基本特征的自由化便利化政策举措。具体来说，制定海南自由贸易港禁止、限制进出口的货物、物品清单，清单外货物、物品自由进出。制定海南自由贸易港进口征税商品目录，目录外货物进入自由贸易港免征进口关税。以联运提单付运的转运货物不征税、不检验。一改在全国范围内部分商品进口许可制度，基本实现贸易往来的自由化。同时，《总体方案》部署建设高标准国际贸易"单一窗口"，更好地做好进出口政务服务，实现贸易往来的便利自由。为确保海南自由贸易港与内地货物流通顺畅，《总体方案》又部署了"二线"管住和岛内自由相关措施。如，对鼓励类产业企业生产的不含进口料件或者含进口料件在海南自由贸易港加工增值超过30%（含）的货物，经"二线"进入内地免征进口关税，照章征收进口环节增值税、消费税等，实行部分进口商品零关税政策。对海南自由贸易港内企业及机构实施低干预、高效能的精准监管，实现自由贸易港内企业自由生产经营等。在洋浦保税港区等具备条件的海关特殊监管区域率先实行"一线"放开、"二线"管住的进出口管理制度。2025年前适时启动全岛封关运作，形成对人员、货物、物品、运输工具等实施"一线放开、二线管住、岛内自由"的海关监管新模式。到2035年前实现贸易自由便利。这是我国目前最便利最自由的进出口管理制度，充分彰显我国贸易对外开放的决心和信心。此外，在服务贸易领域形成以"既准入又准营"为基本特征的自由化便利化制度安排，破除服务贸易壁垒，推动跨境货物贸易、服务贸易和新型国际贸易结算便利化，促进跨境贸易各要素的自由便捷流动，逐步推进区域性新型国际贸易中心建设。目前已制定出台海南自由贸易港跨境服务贸易负面清单，给予境外服务提供者国民待遇，并实施与跨境服务贸易配套的资金支付与转移制度。到 2035 年前，建立健全跨境支付业务相关制度，营造良好的支付服务市场环境，提升跨境支付服务效率，依法合规推动跨境服务贸易自由化便利化。

（二）集成创新投资自由便利制度

《总体方案》系统集成了准入管制制度、投资自由制度、公平竞争制度、产权保护制度等，着力推动投资自由化便利化。东道国对来自于境外的投资活动加以管理、监督、保护和促进是国际通行做法。当前我国对外商投资主体资格、投资领域、投资项目、投资目标等事项进行审核和批准，形成以《指导外商投资方向规定》《外商投资产业指导目录》《外商投资法》《反垄断法》等为制度框架的外资市场准入制度体系。按照《指导外商投资方向规定》规定，外商投资项目分为鼓励类、允许类、限制类和禁止类四类，鼓励类、限制类和禁止类的外商投资项目列入《外商投资产业指导目录》，允许类外商投资项目则不纳入《外商投资产业指导目录》。2019 年颁布的《外商投资法》是对中外合资企业法、中外合作企业法和外商独资企业法的重构性立法，系统地对外资市场准入制度作了规定。投资自由便利是自由贸易港制度集成创新的重点领域。为此，《总体方案》要求海南自由贸易港实施市场准入承诺即入制和创新完善投资自由制度，探索建立适应自由贸易港建设的监管模式，逐步建立政府管标准、主体作承诺、过程强监管、信用有褒惩的监管格局，推动外商投资从以审批为主的传统模式向过程监管模式转变。在准入创新、监管创新之外，又集成企业设立制度、企业注销制度、企业破产制度等，真正以制度集成创新推动投资自由化便利化。并划定了投资自由便利制度建设的时间表，到2025年前制定出台海南自由贸易港放宽市场准入特别清单、外商投资准入负面清单，全面实行"极简审批"投资制度。2035年前，除涉及国家安全、社会稳定、生态保护红线、重大公共利益等国家实行准入管理的领域外，全面放开投资准入。在具有强制性标准的领域，建立"标准制＋承诺制"的投资制度。此外，《总体方案》要求海南自由贸易港对内外资企业一视同仁，在要素获取、标准制定、准入许可、经营运营、优惠政策等强化竞争政策的基础性地位，维护公平竞争市场秩序。尤其是建立健全知识产权保护制度，系统集成公司法等法律法规中对投资者的保护制度，建立健全知识产权领域市场主体信用分类监管、失信惩戒等机制，并鼓励把区块链技术应用在知识产权保护领域，探索自由贸易港知识产权保护机制。

（三）集成创新生产要素流动制度

《总体方案》对系统集成跨境资金、人员、运输往来、数据等生产要素自由有序安全便捷流动进行了部署。生产要素自由便利流动是自由贸易港制度建设内在要求，也是自由贸易港政策制度体系的根本支撑，更是统筹国内国外要素资源、深入推进要素流动性开放、打造高水平开放形态的重要保障。目前国际成熟发达的自贸港，均有与之匹配的生产要素自由流动市场及制度保障体系，以满足其境内关外的生产生活需要。但由于各方面原因，我国在生产要素自由流动方面尚需要进一步开放，还需进一步进行压力测试。如，在金融方面，我国目前还没有放开跨境资本自由流入流出和资本项目可兑换。在人员流动方面，对国境外服务贸易提供人员的资格认证、执业规定等方面尚在探索。在运输来往和数据自由流动方面同样存在开放程度不高的问题。为此，《总体方案》对海南自由贸易港生产要素自由便利安全有序流动做出制度集成创新方面的系统部署。总体来看，生产要素自由化便利化制度集成创新的特点为，在进入准入方面赋予海南自由贸易港更大自主权进而实现自由化，在行政服务方面要求海南创新服务机制，简化行政流程进而实现便利化。在金融方面，构建多功能自由贸易账户体系以实现金融"电子围网"，集成创新跨境直接投资、跨境融资、跨境证券投融资制度，最大限度实现跨境投资资金流动便利化，以各类交易所和结算中心等物理载体建设，推动金融业对外开放。在人员进出自由便利方面，系统集成人才评价、工作许可、停居留等制度，推动外籍高层次人才在海南自由贸易港投资创业、讲学交流、从事经贸活动自由便利等，以更大范围更长时间为目标创新免签入境政策。在运输来往自由便利方面，要求海南系统集成"中国洋浦港"船籍港建设、国际船舶登记、航运经营体制、海员管理、空域开放与航路航权限制等制度，推动运输来往自由便利。在数据跨境流动方面，在确保数据流动安全可控的前提下，同样要求海南系统集成通信资源准入制度和通信业务开放制度，扩大数据领域开放，实现数据充分汇聚，培育发展数字经济。

（四）集成创新社会治理制度

社会治理是海南自由贸易港的重要支撑，有效的社会治理体系是自由贸易港建设的重要保障和依托。处理好政府、市场、社会三者关系，更好地发挥"看不见的手"和"看得见的手"的作用，是海南自由贸易港社会治理体系和治理能力现代化的本质要求。市场和社会的作用充分发挥更多取决于政府职能转变。为此，《总体方案》以构建系统完备、科学规范、运行有效的自由贸易港治理体系为目标，对转变政府职能制度集成创新做出部署，即系统集成市场监管制度、社会信用建设制度、新技术运用等，规范政府服务标准、实现政务流程再造，提升政府服务和治理水平。同时，明确政府作出的承诺须认真履行，对于不能履行承诺或执行不到位而造成损失的，应及时予以赔偿或补偿。对市场监管制度集成创新做出部署，明确要深入推进简政放权、放管结合、优化服务，全面推行准入便利、依法过程监管的制度体系，建立与国际接轨的监管标准和规范制度，建立健全以信用监管为基础、与负面清单管理方式相适应的过程监管体系。对深化机构改革制度集成创新做出部署，系统集成大部门制、人员编制制度、人员聘任制度等，要求进一步推动大部门制改革，控制行政综合类公务员比例，行政人员编制向监管部门倾斜，推行市场化的专业人员聘任制等。对社会治理制度集成创新作出部署，要求赋予行业组织更大自主权，发挥其在市场秩序维护、标准制定实施、行业纠纷调处中的重要作用。赋予社区更大的基层治理权限，加快社区服务与治理创新。同时，在自由贸易港贸易投资领域，采取分类分层更有针对性的监管措施。在贸易领域，海关对海南自由贸易港内企业及机构实施低干预、高效能的精准监管，对"零关税"货物免于实施常规监管。在投资领域，明确加强过程监管的规则和标准，压实监管责任，依法对投资经营活动的全生命周期实施有效监管，对新技术、新产业、新业态、新模式实行包容审慎监管。在运输往来方面，对外籍船舶构建高效、便捷、优质的船旗国特殊监管政策。

三、实践探索

海南省委省政府深入贯彻落实习近平关于建设中国特色自由贸易港的重要论述，聚焦贸易投资自由便利和各类要素便捷高效流动，突出系统集成和协同创新，把制度集成创新摆在突出位置，按照"首创性、已实施、集成性、可复制"原则，深挖改革潜力、助推改革深化、倒逼改革落地、提升改革效能，正式对外推出了 13 批共 123 项制度创新案例。其中，5 项获中央领导批示肯定；4 项入选国务院自由贸易试验区第六批改革试点经验，面向全国复制推广；6 项得到国务院大督查通报表扬；1 项入选国务院自由贸易试验区港部际联席会议办公室第四批"最佳实践案例"；1 项入选国务院服务贸易发展部际联席会议办公室第二批"最佳实践案例"。海南省第八次党代会提出，要把制度集成创新摆在突出位置，大幅提升制度集成创新能级，既总结过去自己的做法，又借鉴兄弟省份和国际有益经验，统筹改革发展稳定，坚持先立后破、不立不破，不断解放和发展生产力。[①] 随着制度集成创新的不断推进和能级提升，政府服务效能不断提高、海南营商环境不断改善、社会治理水平不断优化、市场主体活力不断增强、全面改革开放效能凸显，自由贸易港建设蓬勃展开、进展明显，整体推进蹄疾步稳、有力有序。

（一）高标准推动制度集成创新

海南省委省政府始终高度重视制度集成创新工作，省第八次党

---

① 海南省第八次党代会报告辅导手册编写组：《海南省第八次党代会报告辅导手册》，海南出版社 2022 年版，第 10、12 页。

代会明确提出："全面深化改革开放纵深推进，自由贸易港政策和制度体系初步建立，集聚和配置全球资源要素能力明显增强，制度集成创新能级大幅提升，营商环境达到国内一流水平。"[①] 省委主要领导多次以"将制度集成创新作为海南自由贸易港建设的重中之重"开展调查研究，召开"解放思想、敢闯敢试、大胆创新"专题调研现场会，实地观摩制度创新案例，发出思想破冰"动员令"、打响全面改革"发令枪"、按下制度创新"加速键"、拨动创新能级跃迁"激发器"，吹响了以制度集成创新牵引带动自由贸易港建设的集结号、冲锋号。

一是高标准谋划制度集成创新。科学规划是行动先导，也是资源配置的有效指引。为引领和推动更多高质量、高标准、系统化、集成式制度创新成果涌现，省政府陆续出台《海南自由贸易港制度集成创新三年行动方案（2020—2022年）》《海南自由贸易港制度集成创新任务清单（2020—2022年）》，把《总体方案》制度集成创新的总体要求和具体部署转化为可执行的行动措施，围绕海南自由贸易港建设的18个领域提出60项重点任务，明确了制度集成创新重点方向和任务安排。同时，每项制度集成创新任务均明确分管领导、牵头和责任部门，做到任务落实到人、限定完成时间、改革进度定期调度，确保各项创新工作能落地、不放空、见成效。

二是建立制度集成创新案例遴选和发布机制。为表彰榜样先进，激发全省上下全面深化改革、推进制度创新积极性，推动形成你追我赶、敢闯敢试的主动创新的生动局面。海南积极争取中央支持，批准

---

① 海南省第八次党代会报告辅导手册编写组：《海南省第八次党代会报告辅导手册》，海南出版社2022年版，第10页。

设立全国改革和制度创新领域唯一一个省级表彰奖项——"海南省改革和制度创新奖"。截至目前，连续举办两届"海南省改革和制度创新奖"，评选出一二三等奖共 32 个。同时，建立一套严格规范的制度集成创新案例申报、评估、遴选、审核、发布机制，引导和推动制度集成创新成果生成更规范高效。制定实施制度集成创新绩效考核办法，把制度集成创新纳入年终绩效考核，将制度集成创新成果进行量化考核，通过立标杆、奖先进、罚懒散，让能者上、庸者让、弱者汰，用好绩效考核指挥棒，激发各部门、各市县制度创新的内生动力。对制度创新工作中涌现出来的优秀成果、创新团队、先进个人，除通过"海南省改革和制度创新奖"予以重点表彰外，还积极推荐给组织宣传部门予以奖励激励和宣传报告。

三是建立容错纠错机制，旗帜鲜明支持和保护创新。为贯彻落实习近平总书记关于"三个区分开来"的重要论述，海南省委相继印发《在海南全面深化改革开放中激励干部新担当新作为的实施意见》《海南自由贸易港公职人员容错纠错办法（试行）》《关于建立海南自由贸易港公职人员容错纠错、澄清正名和重新使用典型案例通报发布制度的实施办法（试行）》，建立健全容错纠错机制和典型案例通报发布制度，将制度集成创新作为容错情形和容错分析研判中的重要内容予以明确，对获得省改革和制度创新奖表彰、作为省制度创新案例发布、纳入省委深改办制度创新项目库的制度，在实施过程中的失误错误，应当作为容错重要情形予以考虑，旗帜鲜明地为在海南自由贸易港建设中敢于担当、踏实做事、不谋私利的干部撑腰鼓劲。

（二）推动流程整合式制度集成创新

海南省委省政府坚决把深化"放管服"改革作为制度集成创新的

重要内容，推动重点行业重点领域审批流程整合、审批职能归并，推动政府管理服务从"碎片化提供"向"整体性供给"转变。省第八次党代会提出："要持续深化'放管服'改革，全面推行政务服务一网通办、社会治理一网统管，对新业态实行包容审慎监管。完善和拓展'多规合一'功能，加快推进'机器管规划'和国土空间智慧化治理。"①通过流程整合式制度集成创新，尽可能实现市场主体和群众办事"进一门、取一号、到一窗"办成事，切实提升市场主体和人民群众获得感、体验感、满意度。

在国际贸易领域，建立国际贸易"单一窗口"，提升通关便利度。在国家标准版"单一窗口"货物申报、舱单申报、运输工具、许可证件、原产地证、企业资质、税费办理、出口退税、查询统计、加工贸易、跨境电商等16项功能应用的基础上，结合海南自由贸易港建设特点，拓展新增"离岛免税"购物系统、海南智能舱单、通关物流状态信息库、码头通关电子化流转、境外游艇动态管理系统、自由贸易协定关税优惠查询功能、"零关税"自用生产设备企业资格申报等18项海南特色功能应用，数量位居全国前列。实现"两步申报""提前申报"口岸、商品、业务流程全覆盖，在洋浦港、海口港推行"船边直提""抵港直提"业务改革，提高码头进出口货物通关时效。海运进口整体通关时间平均为36.36小时，在沿海11个省份排第4位。洋浦创新推行船舶落户"多证联办"制度，将从上一港注销到入籍港重新营运的时间缩减80%以上。

在国际投资领域，创新设立国际投资"单一窗口"，提升投资

---

① 海南省第八次党代会报告辅导手册编写组：《海南省第八次党代会报告辅导手册》，海南出版社2022年版，第13页。

便利度。聚焦投资便利化系统集成创新，将涉及投资相关的业务审批系统整合到一个窗口设立国际投资"单一窗口"，该系统包含咨询服务、企业开办、项目建设、配套服务等四大模块，整合了招商、市场监管、项目审批等13个部门20个政务系统，提供企业设立登记、变更、注销、社保登记、签证证件办理等179项投资服务的在线办理、咨询，覆盖投资事前、事中、事后全流程，打造投资领域"套餐式"政务服务，实现外商投资企业开办最多跑一次，全流程缩减企业提交表单材料55%，缩减审批时限和环节近70%。企业全流程办理设立、税务登记、公章刻制、外商投资信息报告、外汇登记、银行预约开户等业务，最快2天内即可办结，有效推动海南外资引进。

在行政审批领域，推行国土空间用途审批及施工图审"多审合一"。通过整合用地、用林、用海等审批事项，对国土空间用途管制审批制度优化再造，创新用途管制统一审批体系，构建"多审合一"审查机制，简化国土空间用途管制审批事项，实施"多验（测）合一"工作机制，在全国率先实现国土空间用途管制审批"规划一张图、报批一套表、审批一支笔"。通过改革，将之前分散在规划、国土、海洋、林业等多个部门涉及规划、用地、用林、用海等33项审批流程整合优化为6项，审批时间由之前的100个工作日整合为20个工作日，大幅缩减审批程序、提升审批效率，减轻企业负担，投资项目落地效率大大提高。此外，省住建厅联合气象局、人防办、公安消防多个部门实行施工图"多审合一"改革，由一家房屋建筑类图审机构负责气象、人防、消防等部门涉及的所有施工图技术审查工作。通过改革，企业由原来需跑多个部门变为到一家图审机构解决施工图技术审查问题；将人防部门原来进行人防技术审核的 5 个工作日审查时间，以及消防主管部门进行建设工程消防设计审核的 20 个工作日审查时间，统一压缩到目前最多 3— 5 个工作日（人防 5 个工作日和消防 3 个工作日）的备案时间。实现"进一家机构、审一次图纸、出一个结论"的全流程联审联办，方便了企业，大大提高了效率，开创了全国放开施工图审查市场化的先河，全国率先迈出图审"多审合一"改革的步子。

在船舶管理领域，实行船舶登记"一事通办"和境外船舶移籍"一事联办"。海南将船舶从建造到投入运行所需要办理与船舶登记相关的海事政务事项作为"一件事"，通过优化流程、简化环节、精简材料、压缩时限，实行"一窗受理、协同审批、无缝衔接、全程服务"的办理模式，打造了高效船舶登记的"海南模式"。通过改革，大幅度减环节、减材料、减时限，将 4 个审批环节统筹协调为 1 个环节，共减少材料 30 余项，办理时间由累计 52 个工作日减少到 7 个工作日。在海南自由贸易港登记的第一艘国际航行船舶"中远海运兴旺"轮中，海南将 30 个正常工作日大幅压缩为 3 个工作日，经办 18 个事项、16 本船舶证书文书，减少材料 30 余项，减幅达 40% 以上。在海南自由贸易港登记的第三艘国际航行船舶"远东海"轮，在 8 月 30 日建造当天办结所有海事、船检、交通港航政务服务事项，刷新了全国船舶整体登记记录。实施境外船舶移籍"一事联办"。境外船舶移籍业务涉及到交通（港航）部门、海事部门、海关和船级社等多家单位，需要办理进口船舶技术勘验、船舶进口通关、船舶检验、船舶登记及相关证书的签发、国际航线船舶运力备案、余油退保或免税等系列手续，"一事联办"将境外船舶移籍所需要办理的系列事项当作"一件事"，通过跨部门联合审批，解决审批流程环节多、材料杂、时限长的问题。

（三）推出信用承诺式制度集成创新

海南省委省政府高度重视以制度集成创新推进政府职能转变。政府职能转变是制度集成创新的重中之重，通过制度集成创新把政府职能从事前审批转变为事中事后监管是海南自由贸易港建设制度集成创新的亮点之一，其中关键抓手及着力点就是实行信用承诺。省第八次党代会提出："推进诚信海南建设，构建以信用为核心的过程监管机制。打造诚信政府，保持政策连续性和稳定性，解决好历史遗留问题。"[①]信用承诺式制度集成创新是"合格者假定"理念下政府监管方式的创新，是推动诚信社会、诚信政府建设的有效举措，极大提升了行政审批效率，也解决了办事企业和群众办事来回跑、多头跑、跑断腿的尴尬局面。

在交通运输领域，海南将信用承诺分为审批替代型信用承诺、容缺受理型信用承诺、证明替代型信用承诺、信用修复型信用承诺、行业自律型信用承诺和主动公示型信用承诺等6种类型。明确《信用承诺书》包含市场主体名称、证件类型（统一社会信用代码或居民身份证）、证件号码、承诺内容、承诺日期以及承诺内容等8项。并将信用承诺履行情况记入信用档案、纳入省级交通运输信用信息平台和海南信用信息共享平台，作为事中事后监管、信用评价的重

---

① 海南省第八次党代会报告辅导手册编写组：《海南省第八次党代会报告辅导手册》，海南出版社 2022 年版，第 13 页。

要参考依据。通过推行交通运输行业市场主体信用承诺制，有利于简化交通运输行业市场主体在申请市场准入时的手续，有效降低制度性交易成本，强化交通运输行业市场主体的责任意识，促进市场主体依法诚信经营，依托信息公示创新监管方式，提升市场准入的风险防控能力，加强事中事后监管，维护公平竞争的市场秩序，提升市场活力。

在市场准入领域，推行备案即入、承诺即入改革。海南省万宁市推出"市场准入即准营"改革，将重点领域多项许可由事前审批改为备案即入、承诺即入，按照"你承诺、我准营"的原则，全面启动"证照分离"改革，"审管罚"三位一体分批次逐步推进，全力克服"准入不准营"难题，通过改革，市场主体准入时限整体提高了90%以上，办件效率大幅提升，极大地便利了企业行业准入准营。比如，将食品经营许可审批、卫生室校验和社会团体年检等27个事项由审批改为备案，办件效率大幅提升。2020年10月9日一天内办理了133家医疗机构校验，而过去至少需要6个月以上时间。此外，药品零售、歌舞、游艺、网吧等场所涉及的88个审批事项由行政审批改为承诺即入制，申请人提交相应材料，签署告知承诺书后，不再需要经过监管部门现场核查，即可开展经营活动。

在建设工程领域，推进施工许可审批制度改革。率先在全省范围实行建筑工程施工许可告知承诺制审批，施工许可部门一次性告知施工许可申请资料，申请材料实行目录清单管理，施工许可部门不得擅自增设清单之外的条件资料。申请人对具备施工条件以及承担的法律责任进行书面承诺，提交施工许可申请。施工许可部门依据申请人承诺，不再对申请资料进行实质性审查，1个工作日内发放施工许可证。同时，加强事中事后监管，对实行承诺制审批取得施工许可证的所有项目，在做出施工许可决定3个月内由施工许可部门进行核查。经核查不符合施工许可条件、存在虚假承诺的，施工许可部门采取责令停工整改、处罚、诚信扣分、限制承诺、列入黑名单等监管措施。强化信用监管作用的发挥，通过不良行为记录、列入诚信黑名单等加大企业失信成本。实行施工许可告知承诺制后，大幅压缩审批时间，提高了审批效率，实施效果走在全国前列，施工许可审批时限由国家规定的7个工作日压缩到1个工作日办结，申请人在短时间内取得施工许可证，有效提升政策红利获得感。如，全省首张"建筑工程许可告知承诺制"施工许可证，申请人从提交材料到签订承诺书、领取施工许可证，前后仅耗时4小时。

在光网设施建设领域，通信基站实行告知承诺免于审批、在线备案及监管。为适应光网建设步伐加快和5G时代的到来对大规模基站建设需要，破解现行的通信基站行业管理存在审批数量大、人工填报错误率高、审批周期长、"违建"数量多、基站难以有效监管等突出问题，海南无线电管理部门与电信运营商通力配合推行通信基站建设管理全流程改革。一是实行"告知承诺"，免除申报手续。电信运营商设置、使用基站，只需事前承诺基站的参数符合国家标准、使用频率符合规定、配合主管部门实施在线监管等，即可设置和使用，无需办理申报手续。二是"在线备案"实现即时核发执照。在全国率先建成基站在线监管系统，基站建好后，相关技术参数等数据信息能够自动、及时、准确地进入全省无线电台（站）管理数据库，自动备案并核发执照。实现了"基站数据推送→自动生成设台资料表→在线审核通过→颁发电子执照"的全流程不见面即时审批，建基站获批的时间成本几乎为零。三是"在线监管"确保无盲区和即时高效管理。省无线电管理局在三大电信运营商的省中心机房安装了专用服务器，基站技术参数等数据即时接入在线监管系统，确保能够实时掌握基站工作状况，督促电信运营商加强基站运行维护与日常管理，保证基站按照核定的技术参数、规定的频率正常工作。四是搭建行业信用体系。依托在线监管系统，辅以"双随机、一公开"监督检查，全方位采集电信运营商落实事前承诺的情况，建立健全行业信用档案。通过改革，电信运营商申报负担大幅下降，行政审批效率大幅提高，减少了申报错误率，加速了光网建设，实现了无盲区监管服务。这一做法属全国首创，极大提高报建效率，做到了全覆盖、无死角监管，为全省光网稳定运行提供了技术保障，实现了政企双赢。

（四）探索共享式制度集成创新

海南省委省政府顺应共享经济快速发展趋势，发扬大胆试、大胆闯、自主改特区精神，积极打造共享平台，推动共享式制度集成创新，推动要素资源高度共享和利用最大化。

在医疗领域，博鳌乐城医疗旅游先行试验区创新形成共享平台模式的医院运营管理体制。整合医疗资源，构建"1+X"，即，"一个共享医院（平台）＋若干个专科临床医学中心"的全新共享医院——博鳌超级医院模式。博鳌超级医院作为平台，搭建共享影像诊断中心、手术中心、试验诊断中心、药剂中心等功能部门，吸引各专业医疗团队入驻，组建感染科、肝胆胰外科、内分泌科、心内科、耳鼻喉科、口腔颌面外科等专科团队。入驻的专科以多种形式合作。有以公立医院品牌入驻，医院内部人力统筹调配；有以医生集团入驻，牵头专家保障集团品质，整合全国同一学科优秀专家资源；有以院士工作站形式入驻，充分挖掘优质医护资源利用潜力，解决产业发展的供给方来源问题。超级医院委托专业医疗管理集团运营管理，负责管理制度制定、日常监管、药械采购等行为，各科室的运营工作由各专家团队负责，财务独立结算、风险独立承担，由此实现管办分开，提高了医院专业管理水平。该模式创新取得了积极效果，吸引了国内排名前三的临床专科和一批优秀的医疗机构进驻，以患者为中心，追求患者安全和诊疗流程的简化，为患者提供便捷高效优质的医疗服务，造福患者和本地基本医疗事业。

在教育领域，海南陵水黎安国际教育创新试验区坚持实施"大共享＋小学院"模式。即，园区内的公共教学楼等设施由入驻高校共享使用，专业教学科研楼则相对独立使用，逐步形成多所办学机构聚集、学科交叉融合、办学资源共享的格局。共享区项目包含体育场、图书馆、国际学术交流中心、公共教学楼、公共实验楼、学生食堂、学生生活区、教师公寓等。物理空间的"大共享"不仅可以尽量集约使用土地资源，还可以有力促进"中西互鉴、学科互融、文理互通、学分互认、课程互选、管理共商"，允许学生"一校入学、多校选课、多地实践、多个学位"，有助于打造多元文化融合、多学科融合、中西互鉴的全球留学目的地。截至 2022 年 3 月底，试验区签约进驻或计划进驻 10 所中方高校，包括北京大学、东南大学、南开大学、电子科技大学等。进驻外方高校 13 所，包括加拿大阿尔伯塔大学、英国格拉斯哥大学、美国罗格斯大学、美国莱斯大学、美国密歇根州立大学、瑞典斯德哥尔摩经济学院等。2022 年秋季学期，进驻试验区学生预计达到 1000 人。

在科技创新领域，三亚崖州湾科技城打造共享科研平台——海南省崖州湾种子实验室。布局建设大型仪器公共服务中心、种质资源分子鉴定平台、南繁种业科技众创中心、核心种质资源库、人工气候室等 10 个公共性、开放性科研平台，总面积超过 24 万平方米，总投资 30 亿元，配置 3500 余台套仪器设备。实验室按照理事会、领导班子和学术委员会组织架构运作，面向所有理事单位的科研人员和实验室科研攻关团队开放，实现南繁育种从"各自为政"转向"协同攻关"。省第八次党代会提出："积极推进崖州湾种子国家实验室、全球动植物种质资源引进中转基地创新平台建设。"① 目前，三亚崖州湾科技城已聚集落地中科院海南种子创新研究院、中国农业科学院、中国热带农业科学院、华大生命科学研究院等 20 余家国字号和细分领域顶级科研机构，聚集中国种子集团、隆平高科、大北农、九圣禾种业、敦煌种业和德国科沃施（KWS）、荷兰科因（KeyGene)等国内外种业企业 600 余家，上海交通大学、浙江大学、中国农业大学等 11 所高校已在三亚崖州湾科技城培养硕、博研究生 1226 名，有效地实现了产、学、研相关联的种业创新资源的集聚。通过共享式制度集成创新，有效解决了公共空间过剩和浪费，提高了公共资源使用效率，提升了公共资源服务水平。

在政务服务领域，破解"信息孤岛"和"数据烟囱"，推动政务数据高度共享融通。建立全天候进出岛人流、物流、资金流监管系统，全面即时采集和共享进出岛的人员、货物、资金等信息。整合全岛 14 个关口的旅客信息，精准采集进出岛人员的订票、值机、安

① 海南省第八次党代会报告辅导手册编写组：《海南省第八次党代会报告辅导手册》，海南出版社 2022 年版，第 16 页。

检、交通、住宿、生活缴费及人口基础信息等数据，部署 71 套人脸抓拍和比对系统，实现进出岛人脸识别全覆盖，精准掌控"是谁，从哪来，怎么来，到哪去"。物流进出岛信息管理系统以道路、水路、铁路、航空运输等信息资源共享为基础，整合接入了交通部、国家海关、铁路公司等 42 个单位的 62 个系统数据，采集了海口、三亚、洋浦等 16 个码头的物流数据和监控视频，接入出岛通道监控和安检货物成像照片，开发车辆运货出岛申报子系统，对申报运输工具所运载货物的运行轨迹全程追踪。资金流进出岛信息管理系统接入中国银行等 22 家在琼商业银行的"T+0"实时数据，精准掌握每笔进出岛资金情况。通过对国际收支总额、跨境人民币结算量等数据分析，预警和处置非法集资、洗钱和恐怖融资等犯罪活动，及时保障全岛企业及个人资金安全。在此基础上，建立跨层级、跨地域、跨系统、跨部门、跨业务的协同管理和服务机制，运用大数据分析感知社会态势，辅助科学决策，实现协调监管。该创新有效地保障了全岛企业及个人的人身及财产安全，助力构建海南岛安全屏障，为海南封关运作提供了坚实的基础。

（五）推进全省通办式制度集成创新

海南省第八次党代会提出："坚持'全省一盘棋、全岛同城化'，突出城乡一体、陆海统筹、山海联动、资源融通，把全岛作为一个整体来统一规划、建设和管理。"[①] 近年来，海南省委省政府秉承"全省一盘棋、全岛同城化"总体思路，着力推动以"全省通办"为目标的政务服务改革，打破地域管辖限制，统一标准、流程和尺度，最大

---

① 海南省第八次党代会报告辅导手册编写组：《海南省第八次党代会报告辅导手册》，海南出版社 2022 年版，第 15 页。

限度地减少自由裁量权，有效地提升政务服务能力，畅通国民经济循环，促进要素自由流动，努力实现全省资源融通。

在工程建设项目审批领域，全国率先实现全省工程建设项目全流程审批统一化、标准化、信息化，打通省直各部门和各市县纵横向审批壁垒，形成全省统一的工程建设项目审批管理体系。实行"清单之外无事项"、实行"流程之外无审批"，全面精简清理从工程建设项目立项到竣工验收审批服务事项，将分散于发改、资规、住建、交通、水务等20余个行政主管部门的近100项工程建设审批业务进行全覆盖集成改革，形成包含项目策划生成、区域评估、并联审批、联合验收、审批系统管理、告知承诺审批等制度的全省一体化工程建设项目审批管理体系。出台全省统一的审批事项和水电气等市政公用服务事项办事指南，完成事项名称、申请材料等13个基本要素、54个细化要素的统一，并通过海南政务服务网全面公开，率先在全国实现工程建设项目审批服务事项无差别受理、同标准办理。打造全省统一信息平台，首创"三级工程码"信息化管理，实现工程建设项目审批"一张网"，避免"重复报"和"反复跑"，项目全流程审批事项100%可查询，事项数量、审批耗时等信息可实时跟踪掌握。

在商事登记领域，实施"全省通办"制度。为破解企业登记难题，率先推行商事登记"全省通办"制度，商事主体通过全省统一的登记平台（海南e登记）自主申报登记，由登记平台自动审核通过。特别情况需要人工核验的，由登记平台在全省范围内随机选派注册官进行核验。省市场监督管理部门作为唯一登记机关，统一核发营业执照。各市县（区）市场监督管理部门不再现场受理商事主体登记业务，但保留登记窗口，为申请人提供登记咨询、引导、协助办理等，便利群众办事。"全省通办"统一了商事登记的标准、流程和尺度，并打破了管辖地的限制，减少了注册官的自由裁量权，压缩企业开办时间，即到即办，实现工商注册登记、印章刻制、申领普通发票、企业社会保险登记等流程 3 个工作日内办结，大幅提高了商事登记便利化程度。

在涉外公证服务方面，实现全省通办。海南加速推进公证法律服务领域改革开放，调整执业区域，优化资源配置。一是建构全岛同城化涉外公证服务模式。省司法厅积极协调、并争取司法部批复同意，突破《公证机构执业管理办法》（司法部令第 101 号）第十条有关规定，明确自 2019 年 9 月 1 日起，全省具有办理涉外公证资格的机构不再受区域限制，业务范围可以推广至全省。二是加强对公证机构及涉外公证业务监督管理。按照"放管并重、宽进严管"的要求，对全省公证机构及办证点进行集中整顿，制定严格的申报审核程序，同时各级司法行政机关强化对涉外公证业务的监督检查，严防不正当竞争，进一步规范公证行业秩序。此项创新，率先在全国实现了涉外公证业务全域放开，改变了全省公证机构量少质弱、资源配置不均、办证范围狭窄、大部分地区涉外公证专业力量匮乏等现状，解决了群众办理涉外公证难、手续繁琐等痛点问题，提高了业务办理的工作效率和服务效能，提升了公证机构的竞争力和工作质量。

在社保、医保服务方面，实现"一体经办、一网通办、全省通办"。破解国内社保、医保业务经办中普遍存在的业务不融合、标准不统一、经办地域有壁垒等难题，着力打造具有海南特色的综合柜员经办体制机制，推进社保、医保服务一体化经办、同城化服务，2020 年在全国率先实现线上线下"全省通办"。按照全省统一机构名称职能、统一业务流程、统一基金管理、统一信息系统、统一风险防控、统一各险种管理、统一服务标准的原则，在全国率先将养老、医疗、工伤、生育、失业保险和新农合经办机构整合，设立省、市县社会保险服务中心，加挂医疗保险服务中心牌子。同时，全方位系统改造社保、医保服务流程，梳理形成119个公共服务事项的清单和办事指南，以列表式展示办理所需材料，打造智能化线上线下经办服务平台，推动社保、医保服务标准化、清单化、普惠化办理，社保、医保档案资源跨部门、跨地区共建共享共用，全面推行业务档案电子化、数字化、异地化存储，并引入"好差评"监督机制着力提升服务质效。通过改革创新，实行社保医保经办机构融合，大幅提升服务供给能力，提高了服务便捷度和服务体验感，真正实现企业和群众办社保只进"一个门"、"一站式"办结。

在不动产登记服务方面，打造全省不动产统一登记工作新体系，实现全省统一办理时限，一套材料标准办理登记。在全国率先以省级名义出台《海南省不动产统一登记办事指南》，对各不动产登记类型的事项类型予以明确，并按照压缩时限实际工作的要求，将办事内容划分为简易事项、一般事项、复杂事项。登记事项共57项，其中简易事项7项，办结时限为1个工作日；一般事项48项，办结时限为3个工作日（不含公告时间）；复杂事项仅2项，为在建工程抵押8个工作日和非公证继承、受遗赠审核30个工作日。结合海南办理不动产登记实际，全部去除"法律、行政法规规定的其他材料"的兜底条款，将受理材料清单具体化明确化，解决市县在办理不动产登记中形成的"视觉盲区"。同时，搭建起全登记类型框架，将《不动产登记操作规范（试行）》原有的52种登记类型，扩展到57种登记类型，形成完整的不动产登记类型体系。此项改革，实现全省全域统一登记模式，打破行政区划影响，促进信息平台优化，转变审查模式，增强了群众企业获得感。

（六）探索内外畅通式制度集成创新

海南省第八次党代会提出："开放是海南自由贸易港的生命线。要加快探索自由贸易港积极服务和融入新发展格局的有效路径，更好集聚和配置全球资源，形成更大范围、更宽领域、更深层次的对外开放格局"。[①] 近年来，海南省委省政府坚持开放为先，积极对接国际通行规则，实行更加积极主动的开放战略，大力推动内外畅通式制度集成创新，致力于推动国（境）外各类要素进出自由便利，着力实现自由贸易港在更大范围、更宽领域、更深层次对外开放。

在国（境）外人才管理方面，制定出台外籍"高精尖缺"人才认定标准，开展国际人才服务管理改革试点，发布自贸港境外人员执业管理办法和境外人员参加职业资格考试管理办法、目录清单。取消境外个人参加注册计量师、勘察设计注册工程师、注册消防工程师等10多项职业资格考试方面的限制，为优秀境外人才参与海南自由贸易港建设提供了便利。创建市场化人才评价引进新机制。出台《海南自由贸易港高层次人才分类标准（2020）》，突出以薪酬水平为主要指标，比如以300万元、100万元、50万元、25万元、3万元的个人所得税纳税额标准作为人才评价依据，真正体现以市场为导向、以贡献论英雄。印发《海南省服务贸易境外人才工作岗位目录》，充分发挥企业和行业协会在外籍人才引进中的主体作用，凸显引进外籍人才

---

① 海南省第八次党代会报告辅导手册编写组：《海南省第八次党代会报告辅导手册》，海南出版社2022年版，第11页。

使用的市场化导向，企业提出用工需要、行业协会梳理汇总、主管部门把关调整、外专部门对外发布，形成了外籍人才工作许可的"四方目录"科学管理机制。用人单位可根据公布目录自主引进服务贸易领域的外籍实用型人才，既满足相关企业对这类外籍人才的需求，同时又避免对国内就业形势造成压力。

在推动运输自由便利化方面，海南实施了更加开放的船舶运输政策和航空运输政策，取消境外船舶检验机构没有在中国设立验船公司不得派员或者雇员在中国境内开展船舶检验活动的限制，取消外国服务提供者从事航空气象服务的限制等。实施琼港澳游艇自由行。建立新型口岸管理模式，实行"定点停靠，就近联检"口岸管理模式，港澳游艇办理入境手续后，允许其就近停靠游艇开放码头或沿规定航行路线到指定的未开放游艇码头停泊，让港澳游艇"进得来"。简化出入境手续，取消开行前向海事管理机构报告的规定，港澳游艇入境时无需提交单航次适航检验证明材料。同步建立跨部门一次性联合查验机制，游艇进出海南水域只办理一次进、出口岸手续，在海南航行期间不再办理进、出口岸手续，让港澳游艇进出"手续简化"。实行琼港澳游艇证照互认。游艇旅游监管制度更加开放，港澳游艇进出海南更加便利，有效带动游艇旅游全产业链发展。

在跨境资金流动便利自由方面，实施自由贸易账户下外资股权投资便利化监管制度。依托新设外资股权投资公司，利用多功能自由贸易账户投融资汇兑便利、扩大金融市场开放和防范金融风险等重要制度安排，打通了外资股权投资便利化通道。遵循自由贸易账户资金汇划原则，利用自由贸易账户打通外商股权投资企业境内外资金投资通路，理顺境外投资资金从境外—海南—境内的注资、结汇和划二线（跨岛投资）路径，建立了基于 FT 账户分账核算单元项下外资股权投资企业便利化服务。同时，具有适用 CNH 离岸牌价、可自行选择结汇时间、即时锁定汇率成本的优势，在 FT 账户实现结汇和资金划转，无需事先提供背景材料、可直接用于股权投资用途的划转。在凭证归类环节，客户 90 天内提供工商变更完成手续材料提交银行，确保专款专用。有效解决了投资性公司境内投资款支付的实际困难，确保直投业务的顺利完成。通过创新，开启了外资股权投资业务的新模式，促进了外资股权投资机构在海南集聚，优化了外资股权投资业务风险管控，有力地推动了跨境资金流动便利化。

在进口药品审批与监管方面，创新临床急需国内未上市进口药品监管模式。2019 年 4 月海南省印发实施的《海南博鳌乐城国际医疗旅游先行区临床急需进口药品管理暂行规定》，首次明确先行区内医疗机构因临床急需，经海南省药监局批准可以进口使用已在美国、欧盟、日本等国家或地区批准上市，未获我国批准注册的药品，但不包括疫苗等实施特殊管理的药品。该创新政策的实施，使国内大量患者不用再走出国门，直接在先行区就可以使用到国内未上市的国外先进药品。为此，海南省药监局制定发布《海南博鳌乐城国际医疗旅游先行区临床急需进口药品申报指南》，明确临床急需进口药品的申报条件、申报材料和批准时限。先行区医疗机构自临床急需进口药品申请获得海南省药监局受理之日起开始计算，7 个工作日内可明确获知该申请是否获得批准。对临床急需进口药品申请，省药监局严格审核国外注册文件、全链条供货协议等证明材料，确保审批药品已在美国、欧盟、日本等国家和地区合法上市。对批准进口的临床急需药品，明确票据留存要求、运输和储存条件、使用监管要求，并要求开展临床使用效果评价，确保临床急需进口药品依规在医疗机构内用于特定医疗用途。同时，在国家药品监督管理局的指导下，利用临床急需进口药品政策开展临床真实世界数据应用试点，探索将真实世界数据作为药品进口注册数据的一部分，加快了国外新药进口注册进度。该项创新，推动药品进口政策更加开放，患者不出国门就能使用国际上最先进的药品，有利于海南药品研发创新和医药产业协同转型发展，带动博鳌乐城国际医疗旅游先行区发展。

（七）推进机制重塑式制度集成创新

海南省第八次党代会明确提出："深化行政管理体制改革，科学合理配置机构职能""优化管理体制机制，推动园区开发、招商、运营有机融合"。[①] 近年来，海南省委省政府围绕自贸港建设需要，瞄准体制机制障碍，以刀刃向内的勇气推动政府自我革命，按照功能全、机构简、效率高的原则，推动体制机制系统性重塑，搞活体制机制，积累改革经验，激发社会活力。

设立行政审批服务局，在全国率先实现市县"一枚印章管审批"。海南全省各市（县）均设立行政审批服务局，主要负责行政许可事项审批，提供相关政务服务和便民服务，负责管理政府政务服务中心、政务服务大厅和网上政务服务平台。明确要求市县政府除公安部门以外的所有行政许可事项及前后置手续或环节的有关事项，全部划转到行政审批服务局，行政许可事项目录由省政府批准，行政审批服务局为行政审批主体，一般的行政许可事项由行政审批服务局直接审批，最大限度集中行政审批事项。在审批的过程中，审批文件上只会出现

---

① 海南省第八次党代会报告辅导手册编写组：《海南省第八次党代会报告辅导手册》，海南出版社 2022 年版，第 13、15 页。

行政审批服务局的"行政审批专用章"一枚印章，对企业和群众提出因涉及省外事务等需要加盖业务主管部门印章的，由行政审批服务局商业务主管部门处理，行政审批基本实现"一枚印章"对外。截至2022年4月，在全省15个市县和海口、三亚的8个市辖区以及儋州（含洋浦经济开发区）实现"一个大厅办事、一个部门审批、一枚印章出件"。同时，为有效衔接市县"一枚印章管审批"改革，在全省乡镇街道推行"一枚印章审批"改革，各乡镇街道均设立行政审批服务办公室，省政府通过清单方式，将点多面广、基层管理迫切需要且能有效承接的行政许可和公共服务职责赋予乡镇和街道。

设立综合行政执法局，在全国率先实现全省"一支队伍管执法"。按照省委省政府改革部署要求，整合各市县执法职责，规范和精简行政执法事项，实行行政执法事项清单管理制度，除涉及国家安全、限制人身自由的行政处罚权外，将各部门所有的行政执法事项划由市县综合行政执法局承担，实现一个市县一支执法队伍。通过改革，各市县共撤销分散在各部门的行政执法队伍298支，实现了市县"一支队伍管执法"。在"多规合一"综合行政执法改革的基础上，加强对行政处罚、行政强制事项的源头治理，通过清理、整合、优化，最大限度减少不必要的行政执法事项，在此基础上编制行政执法事项清单，按有关规定程序报省政府批准后公布，并依法及时动态调整。同时，整合乡镇和街道现有的站、所等执法力量和资源，组建综合行政执法队伍，以执法清单方式赋权，以乡镇和街道名义开展执法，实现乡镇和街道一支队伍管执法。据统计，全省共设立乡镇和街道综合行政执法中队204个，做到乡镇和街道全覆盖，实现了乡镇和街道"一支队伍管执法"。按照"编随事走、人随编走"的原则有序整合执法队伍，确保执法力量和执法职责相匹配，加快建立综合行政执法机构与相关部门信息共享、联合调查、案情通报、案件移送等制度，做好综合行政执法与刑事司法的有效衔接。积极推进"互联网＋执法"，促进办案流程和执法工作网上运行管理。

以法定机构推广使用为重点，搞活园区管理体制机制。为建立更具活力、更加开放、更富效率的体制环境，2019年开始海南在省级层面政府序列之外探索设立海南国际经济发展局、海南省大数据管理局、海南省博鳌乐城国际医疗旅游先行区管理局三个法定机构，将专业性、技术性或社会参与性较强的公共服务和管理职能交由法定机构承担，在探索"政府主导、各方参与"的经济运行管理新模式、"寓管理于促进之中"的经济公共服务新方式、"以服务养服务、以效率求质量"的经济资源配置新机制等方面取得了积极成效，其后法定机构因其市场化运作、企业管理的优势被广泛推广运用于产业园区管理体制。目前，海南省通过地方立法、政府规章等立法方式，明确博鳌乐城国际医疗旅游先行区、海口江东新区、三亚崖州湾科技城、三亚中央商务区、文昌国际航天城、陵水黎安国际教育创新试验区、海南生态软件园等均设立法定机构，在园区履行相应行政管理和公共服务职责，具体负责园区综合协调、开发建设、运营管理、产业发展、投资促进、制度创新、企业服务等工作。在薪酬总额范围内，除依照有关规定任命的人员除外，自主决定机构设置、岗位设置、人员聘用、薪酬标准等。同时持续向园区赋权，规定省人民政府及其有关部门应当将有关省级管理权限下放或者委托重点园区管理机构行使，真正推动重点园区"有权能定事，有钱能办事"，有效地激活园区发展的内生动力和生机活力。比如，三亚崖州湾科技城2019年开始设立，累计完成固定资产投资 346.62 亿元，2021 年完成投资 173.69 亿元，超额完成投资任务。截至 2022 年 6 月，累计注册企业 7043 家，中国种子集团、德国科沃施、隆平高科、中国船舶集团、中国电信等一批龙头企业，科大讯飞、山东未来机器人、一飞智控等优质企业相继入驻，发展成为全国种业和海洋科技高地。

第五章 建设世界最高
开放水平形态

习近平总书记指出，自由贸易港是当今世界最高水平的开放形态，我们欢迎全世界投资者到海南投资兴业，积极参与海南自由贸易港建设，共享中国发展机遇、共享中国改革成果。[①] 在海南建设自由贸易港就是要用实际行动向世界表明，中国开放的大门不会关闭，只会越开越大，就是要建设世界最高水平开放形态，支持和推动经济全球化，为维护全球自由贸易注入新动力。

一、总体要求

2018 年 4 月，习近平总书记出席庆祝海南建省办经济特区 30 周年大会并发表重要讲话，对海南建设世界最高水平开放形态——自由贸易港作出战略部署，体现了新时代党中央对海南开放发展的高度重视，更体现了新时代推动对外开放向纵深拓展的坚定决心。2022 年 4 月，

---

① 习近平：《在庆祝海南建省办经济特区 30 周年大会上的讲话》，人民出版社 2018 年版，第 12 页。

习近平总书记考察海南时再次强调，加快建设具有世界影响力的中国特色自由贸易港，让海南成为新时代中国改革开放的示范。

（一）推动形成全面开放新格局

党的十八大以来，以习近平同志为核心的党中央总揽战略全局，推进对外开放理论和实践创新，确立开放发展新理念，加快构建开放型经济新体制，倡导发展开放型世界经济，积极参与全球经济治理，我国对外开放取得新的重大成就。2017 年，习近平总书记在十九大报告中指出，要推动形成全面开放新格局，中国开放的大门不会关闭，只会越开越大。2018 年，在庆祝海南建省办经济特区 30 周年大会上，习近平总书记要求，海南要坚持开放为先，实行更加积极主动的开放战略，推动形成全面开放新格局。① 这是新时代海南贯彻落实新发展理念，推动开放发展的根本遵循，是海南自由贸易港建设构建新发展格局的行动指南。2019 年，在第二届中国国际进口博览会开幕式上，习近平主席再次指出，中国对外开放是全方位、全领域的，正在加快推动形成全面开放新格局。中国将继续鼓励自由贸易试验区大胆试、大胆闯，加快推进海南自由贸易港建设，打造开放新高地。② 2022 年 4 月，习近平总书记在海南考察时指出，要着力破除各方面体制机制弊端，形成更大范围、更宽领域、更深层次对外开放格局。习近平总书记关于推动形成全面开放新格局的重要论述系统回答了新时代要不要开放、要什么样的开放、如何更好推动开放等重大命题，更是海南自由贸易港深化改革开放的根本遵循。

---

① 习近平：《在庆祝海南建省办经济特区 30 周年大会上的讲话》，人民出版社 2018 年版，第 10 页。

② 习近平：《开放合作　命运与共——在第二届中国国际进口博览会开幕式上的主旨演讲》，人民出版社 2019 年版，第 6 页。

海南自由贸易港要把推动形成全面开放新格局作为新时代的新使命新任务。习近平总书记深刻指出，经济全球化是社会生产力发展的客观要求和科技进步的必然结果。经济全球化为世界经济增长提供了强劲动力，促进了商品和资本流动、科技和文明进步、各国人民交往，符合各国共同利益。习近平总书记要求，新时代海南要高举改革开放旗帜，创新思路、凝聚力量、突出特色、增创优势，努力成为新时代全面深化改革开放的新标杆，形成更高层次改革开放新格局，并指出，这是我们庆祝海南建省办经济特区 30 周年的最好方式，也是庆祝我国改革开放 40 周年的重大举措。坚持开放为先，是基于我国 40 多年历史性成就的经验之论，是赓续经济特区使命的发展要求。习近平总书记要求，海南要实行高水平的贸易和投资自由化便利化政策，对外资全面实行准入前国民待遇加负面清单管理制度，围绕种业、医疗、教育、体育、电信、互联网、文化、维修、金融、航运等重点领域，深化现代农业、高新技术产业、现代服务业对外开放，推动服务贸易加快发展，保护外商投资合法权益，推进航运逐步开放。[①] 推进"一带一路"建设是我国在新的历史条件下实行全方位对外开放的重大举措和重要平台。习近平总书记要求，海南要利用建设自由贸易港的契机，加强同"一带一路"沿线国家和地区开展多层次、多领域的务实合作，建设 21 世纪海上丝绸之路的文化、教育、农业、旅游等交流平台，在建设 21 世纪海上丝绸之路重要战略支点上迈出更加坚实的步伐。[②]

---

① 习近平：《在庆祝海南建省办经济特区 30 周年大会上的讲话》，人民出版社 2018 年版，第 11 页。

② 习近平：《在庆祝海南建省办经济特区 30 周年大会上的讲话》，人民出版社 2018 年版，第 12 页。

（二）加快建立开放型经济新体制

对外开放是我国的基本国策，是国家繁荣发展的必由之路。加快建立开放型经济新体制是新时代以习近平同志为核心的党中央在经济全球化逆潮日渐显现的背景下做出的战略部署。2014 年 12 月，习近平总书记在中央政治局就加快自由贸易区建设进行第十九次集体学习时指出，要以更加积极有为的行动，推进更高水平的对外开放，加快实施自由贸易区战略，加快构建开放型经济新体制，以对外开放的主动赢得经济发展的主动、赢得国际竞争的主动。[①]2015年在中央全面深化改革领导小组第十六次会议上，习近平总书记再次指出，要坚定不移实施对外开放的基本国策、实行更加积极主动的开放战略，坚定不移提高开放型经济水平，坚定不移引进外资和外来技术，坚定不移完善对外开放体制机制，以扩大开放促进深化改革，以深化改革促进扩大开放。[②]2017 年在中央财经领导小组第十六次会议上，习近平总书记强调，要改善投资和市场环境，加快对外开放步伐，降低市场运行成本，营造稳定公平透明、可预期的营商环境，加快建设开放型经济新体制，推动我国经济持续健康发展。[③]党的十九届四中全会进一步提出，加快完善社会主义市场经济体制，完善科技创新体制机制，建设更高水平开放型经济新体制。2018 年，在海南建省办经济特区 30 周年大会上，习近平总书记明确要求，海南自由贸易港要实行更加积极主动的开放战略，加快建

---

① 《习近平谈治国理政》第二卷，外文出版社 2017 年版，第 99 页。

② 《习近平关于社会主义经济建设论述摘编》，中央文献出版社 2017 年版，第 296 页。

③ 《习近平主持召开中央财经领导小组第十六次会议强调 营造稳定公平透明的营商环境 加快建设开放型经济新体制》，新华社，2017 年 7 月 17 日。

立开放型经济新体制。[①]2020年习近平总书记在第三届中国国际进口博览会开幕式上再次指出，中国将有效发挥自由贸易试验区、自由贸易港引领作用，出台跨境服务贸易负面清单，在数字经济、互联网等领域持续扩大开放，深入开展贸易和投资自由化便利化改革创新，推动建设更高水平开放型经济新体制。[②]2022年4月，习近平总书记考察海南时再次要求通过体制机制改革，建设开放型经济新体制。

建设开放型经济新体制就是通过开放促进制度建设、法规建设，改善营商环境和创新环境，降低市场运行成本，提高运行效率，提升国际竞争力。习近平总书记明确要求，海南要加快形成法治化、国际化、便利化的营商环境和公平开放统一高效的市场环境。建设开放型经济新体制要推进供给侧结构性改革，实现经济向更高形态发展。习近平总书记要求，海南要深化供给侧结构性改革，发挥优势，集聚创新要素，积极发展新一代信息技术产业和数字经济，推动互联网、物联网、大数据、卫星导航、人工智能同实体经济深度融合，整体提升综合竞争力。建设开放型经济新体制要加快放开竞争性领域对外资准入限制和股比限制，推行外商投资负面清单。习近平总书记要求，海南要围绕现代服务业重点领域加快开放步伐，对外资企业准入后实行国民待遇，做到法律上平等、政策上一致。建设开放型经济新体制要扩大金融业对外开放，有序推进资本项目开放。习近平总书记要求，海南要围绕金融等重点领域深化对外开放，重点发展金融等现代服务

---

① 习近平：《在庆祝海南建省办经济特区30周年大会上的讲话》，人民出版社2018年版，第10页。

② 习近平：《在第三届中国国际进口博览会开幕式上的主旨演讲》，人民出版社2020年版，第7页。

业，并探索更加灵活的政策体系、监管模式、管理体制，更加注重改善贸易自由化便利化条件，解决进口环节制度性成本高、检验检疫和通关流程繁琐等突出问题。

（三）遵守和维护国际经贸规则

遵守和维护国际经贸规则是提升我国参与全球治理能力的基础，参与制定和主动对接国际经贸规则是我国努力在经济全球化中抢占先机、赢得主动的路径。习近平总书记高度重视国际经济贸易规则在对外开放中的重要作用，多次指出，我们过去只是被动适应国际经贸规则，现在则要主动参与和影响全球经济治理，要积极参与国际经贸规则制定、争取全球经济治理制度性权利。2013 年 12 月，习近平总书记在中央经济工作会议上的讲话中指出，在全面对外开放的条件下，发挥优势也好，弥补劣势也好，都不是我们关起门来说了算的。要推动形成更加公平合理的全球治理体系，深度参与新的国际经贸谈判和规则制定，推动投资和贸易自由化制度安排。[1]2014 年 12 月，习近平总书记在中央政治局就加快自由贸易区建设进行第十九次集体学习时强调，加快实施自由贸易区战略，是我国积极参与国际经贸规则制定、争取全球经济治理制度性权力的重要平台，在国际规则制定中发出更多中国声音、注入更多中国元素，维护和拓展我国发展利益。[2]2015 年 3 月，习近平总书记在参加十二届全国人大三次会议上海代表团审议时要求，上海要抓住制度创新这个核心，着眼国际高标准贸易和投资规则，在投资管理、贸易便利化、事中事后监管等方面，对国家层面深化改革、扩大开放仍需试验探索的事项，率先探索，充

---

① 《习近平关于全面深化改革论述摘编》，中央文献出版社 2014 年版，第 135 页。
② 《习近平关于社会主义经济建设论述摘编》，中央文献出版社 2017 年版，第 292—293 页。

分试验，为我国加快实施自由贸易区战略、参与国际经贸规则制定、争取全球经济治理话语权提供经验。①2016 年 5 月，习近平总书记在全国科技创新大会、两院院士大会、中国科协第九次全国代表大会上的讲话中指出，要推动形成对外开放新格局，增强参与全球经济、金融、贸易规则制订的实力和能力，在更高水平上开展国际经济和科技创新合作，在更广泛的利益共同体范围内参与全球治理，实现共同发展。②2018 年 4 月，在庆祝海南建省办经济特区 30 周年大会上，习近平总书记指出，要坚持对外开放的基本国策，奉行互利共赢的开放战略，遵守和维护世界贸易规则体系，推动经济全球化朝着更加开放、包容、普惠、平衡、共赢的方向发展。③2019 年 4 月，习近平主席在第二届"一带一路"国际合作高峰论坛开幕式上的主旨演讲中宣布，中国将采取一系列重大改革开放举措，加强制度性、结构性安排，促进更高水平对外开放。中国积极支持和参与世贸组织改革，共同构建更高水平的国际经贸规则。④2021 年 9 月，习近平主席在中国国际服务贸易交易会全球服务贸易峰会上再次强调，中国将提高开放水平，在全国推进实施跨境服务贸易负面清单，加强服务领域规则建设，支持北京等地开展国际高水平自由贸易协定规则对接先行先试。⑤

---

① 《习近平关于社会主义经济建设论述摘编》，中央文献出版社 2017 年版，第 295 页。

② 习近平：《为建设世界科技强国而奋斗：在全国科技创新大会、两院院士大会、中国科协第九次全国代表大会上的讲话》，人民出版社 2016 年版，第 12—13 页。

③ 习近平：《在庆祝海南建省办经济特区 30 周年大会上的讲话》，人民出版社 2018 年版，第 10 页。

④ 习近平：《齐心开创共建"一带一路"美好未来：在第二届"一带一路"国际合作高峰论坛开幕式上的主旨演讲》，人民出版社 2019 年版，第 8 页。

⑤ 习近平：《在 2021 年中国国际服务贸易交易会全球服务贸易峰会上的致辞》，新华社，2021 年 9 月 3 日。

根据近年来签署的各类区域合作协定，国际高水平经贸规则基本特征是，大幅削减关税壁垒、非关税壁垒和产业补贴，营造公平竞争的营商环境，推动规则措施逐步由边境向边境内转移。同时，高水平经贸规则还涉及市场准入、技术标准、环境保护、知识产权保护、安全卫生标准、争端解决机制、监管一致性以及服务贸易、跨境电商、跨境数据自由流动等。为此，海南自由贸易港主动适应国际经贸规则重构新趋势，充分学习借鉴国际自由贸易港的先进经营方式、管理方法和制度安排，形成具有国际竞争力的开放政策和制度，增强区域辐射带动作用，打造我国深度融入全球经济体系的前沿地带。深入推进商品和要素流动型开放，加快推动规则等制度型开放，以高水平开放带动改革全面深化。构建以自由、公平、法治、高水平过程监管为特征的贸易投资规则，并支持海南自由贸易港在交易场所具体事项方面建立与国际惯例接轨的规则和制度体系，在跨境数据流动、参与补贴领域等国际规则方面主动探索主动开放。

（四）努力成为新时代全面深化改革开放的新标杆

习近平总书记在庆祝海南建省办经济特区 30 周年大会上指出，党中央对海南改革开放发展寄予厚望，海南要高举改革开放旗帜，创新思路、凝聚力量、突出特色、增创优势，努力成为新时代全面深化改革开放的新标杆。[①] 党的十八大以来，中国特色社会主义进入新时代，以习近平同志为核心的党中央不断推动全面深化改革开放全面发力、多点突破、蹄疾步稳、纵深推进，从夯基垒台、立柱架梁到全面推进、积厚成势，再到系统集成、协同高效，各领域基础性制度框架

---

① 习近平：《在庆祝海南建省办经济特区 30 周年大会上的讲话》，人民出版社 2018 年版，第 8—9 页。

基本确立，很多领域实现历史性变革、系统性重塑、整体性重构。习近平总书记指出，改革开放是一项长期的、艰巨的、繁重的事业，必须一代又一代人接力干下去，改革开放只有进行时没有完成时。新时代全面深化改革开放需要新标杆新作为新突破。为此，海南自由贸易港要坚持扩大开放，实施更加积极主动的开放战略。要放宽外商投资市场准入、创新利用外资管理体制、改革对外投资管理体制、加快对外开放载体建设。要加快拓展开放领域，丰富开放方式，对接国际规则，形成面向全球的贸易、投融资、生产、服务网络，加快培育国际经济合作和竞争新优势。要深化现代农业、高新技术产业、现代服务业对外开放，推动服务贸易加快发展，但不能以转口贸易和加工制造为重点，而要以发展旅游业、现代服务业、高新技术产业为主导。高水平建设 21 世纪海上丝绸之路交流平台，打造我国面向太平洋和印度洋的重要对外开放门户。要坚持全面深化改革，不断增强发展动力。站在更高起点谋划和推进改革，下大气力破除体制机制弊端，不断解放和发展社会生产力。要以国内大循环为主体、国内国际双循环相互促进为方向，围绕有条件有基础的领域，以自由贸易港政策为催化剂，促进消费回流、加工增值、离岸新型国际贸易、离岸创新创业等，谋划有操作价值的商业模式，带动更多产业链条。要用制度集成创新来保障制度型开放，在内外贸、投融资、财政税务、金融创新、入出境等方面，探索更加灵活的政策体系、监管模式、管理体制，加强风险防控体系建设。要体现中国特色，符合中国国情，符合海南发展定位，学习借鉴国际自由贸易港的先进经营方式、管理方法。要把党的领导贯穿全面深化改革开放各领域各方面各环节，充分发挥全面从严治党引领保障作用，积极营造风清气正的政治生态。

二、具体部署

在《总体方案》中"开放"一词共出现44次，其中，在"背景"和"总体要求"处出现16次，在"制度设计"处出现13次，在"2025年前重点任务"处出现14次。这表明自由贸易港建设的初衷是扩大开放，中央对自由贸易港建设的要求也是扩大开放，2025年以前系列政策制度设计也是以开放为理念和目标。具体来看，海南自由贸易港建设世界最高水平开放形态的具体部署为以下几点。

（一）以贸易投资自由化便利化为重点

自由化便利化是自由贸易港的基本特征。贸易投资自由化便利化是自由贸易港建设的重中之重。《总体方案》提出，海南自由贸易港建设要以贸易投资自由化便利化为重点，在实现有效监管的前提下，建设全岛封关运作的海关监管特殊区域。贸易分为货物贸易和服务贸易。货物贸易也称为有形贸易。国际贸易中的货物种类繁多，共分为10大类、63章、233组、786个分组和1924个基本项目。10类商品分别为：食品及主要供食用的活动物；饮料及烟类；燃料以外的非食用粗原料；矿物燃料、润滑油及有关原料；动植物油脂及油脂；未列名化学品及有关产品；主要按原料分类的制成品；机械及运输设备；杂项制品；没有分类的其他商品。一般把0—4类商品称为初级产品，把5—8类商品称为制成品。货物贸易能够在海关统计中反映出来，是国际收支经常项目的重要内容。《总体方案》要求，海南自由贸易港对货物贸易实行以"零关税"为基本特征的自由化便利化制度安排。服务贸易指从一成员境内向任何其他成员境内提供服务；在一成员境内向任何其他成员的服务消费者提供服务；一成员的服务提供者在任何其他成员境内以商业存在提供服务；一成员的服务提供者在任何其他成员境内以自然人的存在提供服务。服务贸易包括商业服务、通信服务、建筑及有关工程服务、销售服务、教育服务、环境服务、金融服务、健康与社会服务、与旅游有关的服务娱乐、文化与体育服务、运输服务。《总体方案》要求，海南自由贸易港对服务贸易实行以"既准入又准营"为基本特征的自由化便利化政策举措。

自由贸易港实施特殊的海关监管制度，即"一线放开、二线管住、区内自由"。《总体方案》提出，海南自由贸易港要坚持"一线"放开。在海南自由贸易港与中华人民共和国关境外其他国家和地区之间设立"一线"。在做好口岸公共卫生安全、国门生物安全、食品安全、产品质量安全管控和确保履行我国缔结或参加的国际条约所规定义务前提下，制定海南自由贸易港禁止、限制进出口的货物、物品清单，清单外货物、物品自由进出，海关依法进行监管。制定海南自由贸易港进口征税商品目录，目录外货物进入自由贸易港免征进口关税。以联运提单付运的转运货物不征税、不检验。从海南自由贸易港离境的货物、物品按出口管理。实行便捷高效的海关监管，建设高标准国际贸易"单一窗口"。要坚持"二线"管住。在海南自由贸易港与中华人民共和国关境内的其他地区（以下简称内地）之间设立"二线"。货物从海南自由贸易港进入内地，原则上按进口规定办理相关手续，照章征收关税和进口环节税。对鼓励类产业企业生产的不含进口料件或者含进口料件在海南自由贸易港加工增值超过30%（含）的货物，经"二线"进入内地免征进口关税，照章征收进口环节增值税、消费税。行邮物品由海南自由贸易港进入内地，按规定进行监管，照章征税。对海南自由贸易港前往内地的运输工具，简化进口管理。货物、物品及运输工具由内地进入海南自由贸易港，按国内流通规定管理。要坚持岛内自由。海关对海南自由贸易港内企业及机构实施低干预、高效能的精准监管。由境外启运，经海南自由贸易港换装、分拣集拼，再运往其他国家或地区的中转货物，简化办理海关手续。货物在海南自由贸易港内不设存储期限，可自由选择存放地点。实施"零关税"的货物，海关免于实施常规监管。同时，推进服务贸易自由便利。实施跨境服务贸易负面清单制度，给予境外服务提供者国民待遇。实施与跨境服务贸易配套的资金支付与转移制度。在告知、资格要求、技术标准、透明度、监管一致性等方面，规范影响服务贸易自由便利的国内规制。2025 年前加强海关特殊监管区域建设。在洋浦保税港区等具备条件的海关特殊监管区域率先实行"一线"放开、"二线"管住的进出口管理制度。根据海南自由贸易港建设需要，增设海关特殊监管区域，实行部分进口商品零关税政策，减少跨境服务贸易限制，2035 年前实现贸易自由便利。

推动投资自由便利。《总体方案》要求，海南自由贸易港要大幅放宽海南自由贸易港市场准入，强化产权保护，保障公平竞争，打造公开、透明、可预期的投资环境。实施市场准入承诺即入制。严格落实"非禁即入"，在"管得住"的前提下，对具有强制性标准的领域，原则上取消许可和审批，建立健全备案制度，市场主体承诺符合相关要求并提交相关材料进行备案，即可开展投资经营活动。创新完善投资自由制度。实行以过程监管为重点的投资便利制度。建立以电子证照为主的设立便利，以"有事必应""无事不扰"为主的经营便利，以公告承诺和优化程序为主的注销便利，以尽职履责为主的破产便利等政策制度。建立健全公平竞争制度。强化竞争政策的基础性地位，确保各类所有制市场主体在要素获取、标准制定、准入许可、经营运营、优惠政策等方面享受平等待遇。政府采购对内外资企业一视同仁。加强和优化反垄断执法，打破行政性垄断，防止市场垄断，维护公平竞争市场秩序。完善产权保护制度。依法保护私人和法人财产的取得、使用、处置和继承的权利，以及依法征收私人和法人财产时被征收财产所有人得到补偿的权利。加强对中小投资者的保护。加大知识产权侵权惩罚力度，建立健全知识产权领域市场主体信用分类监管、失信惩戒等机制。加强区块链技术在知识产权交易、存证等方面应用，探索适合自由贸易港发展的新模式。2025年前实行"极简审批"投资制度。制定出台海南自由贸易港放宽市场准入特别清单、外商投资准入负面清单。全面推行"极简审批"制度。深化"证照分离"改革。试点改革跨境证券投融资政策。支持在海南自由贸易港内注册的境内企业根据境内外融资计划在境外发行股票，优先支持企业通过境外发行债券融资，将企业发行外债备案登记制管理下放至海南省发展改革部门。探索开展跨境资产管理业务试点，提高跨境证券投融资汇兑便利。试点海南自由贸易港内企业境外上市外汇登记直接到银行办理。2035年前实现投资自由便利。除涉及国家安全、社会稳定、生态保护红线、重大公共利益等国家实行准入管理领域外，全面放开投资准入。在具有强制性标准的领域，建立"标准制＋承诺制"的投资制度。

（二）以生产要素跨境自由便利流动为支撑

生产要素是社会生产活动所需社会资源，是国民经济运行及市场主体生产必须的基本要素，包括劳动、土地、资本、技术、知识、管理、数据等。《总体方案》从跨境资金流动、人员进出、运输来往、数据安全四个方面做出部署。在推动跨境资金流动自由便利方面，要求海南自由贸易港坚持金融服务实体经济，重点围绕贸易投资自由化便利化，分阶段开放资本项目，有序推进海南自由贸易港与境外资金自由便利流动。构建多功能自由贸易账户体系，便利跨境贸易投资资金流动，扩大金融业对内对外开放和加快金融改革创新等。其中，构建多功能自由贸易账户体系是以国内现有本外币账户和自由贸易账户为基础，构建海南金融对外开放基础平台，并通过金融账户隔离，建立资金"电子围网"。便利跨境贸易投资资金流动主要是推动跨境货物贸易、服务贸易和新型国际贸易结算便利化，实现银行真实性审核从事前审查转为事后核查。扩大金融业对内对外开放主要着眼于支持建设国际能源、航运、产权、股权等交易场所，同时，加快发展结算中心。在推动人员进出自由便利方面，根据发展需要，针对高端产业人才，实行更加开放的人才和停居留政策，打造人才集聚高地。在有效防控涉外安全风险隐患的前提下，实行更加便利的出入境管理政策。具体举措包括，对外籍高层次人才提供出入境便利，建立健全人才服务管理制度和实施更加便利的出入境管理政策。在推动运输来往自由便利方面，海南自由贸易港要实施高度自由便利开放的运输政策，建设西部陆海新通道国际航运枢纽和航空枢纽，加快构建现代综合交通运输体系。建立更加自由开放的航运制度，进一步放宽空域管制与航路航权限制。提升运输便利化和服务保障水平。在推动数据安全有序流动方面，海南自由贸易港要注重在确保数据流动安全可控的前提下，扩大数据领域开放，创新安全制度设计，实现数据充分汇聚，培育发展数字经济。有序扩大通信资源和业务开放。允许开放增值电信业务，逐步取消外资股比等限制，允许安全有序开放基础电信业务。开展国际互联网数据交互试点，建设国际海底光缆及登陆点，设立国际通信出入口局等。为促进生产要素跨境自由便利流动，2025年前要试点改革跨境证券投融资政策，实施更加便利的免签入境措施，实施以简化登记和检验、退税和保税油为重点的船舶运输政策，便利数据流动。在2035年前，实现跨境资金流动自由便利，实现人员进出自由便利，实现运输来往自由便利，实现数据安全有序流动。

（三）以有海南特色的现代产业体系为基础

产业结构现代化和产业体系特色化是国际自由贸易港的普遍特征。我国香港是全球服务业主导程度最高的经济体，其主要行业包括金融服务、旅游、贸易及物流和专业及工商业支援服务。新加坡作为世界著名金融中心、航运物流港口、国际教育之都，其特色产业包括物流和仓储业、金融、保险业、信息通讯、商业服务业和创新研发，是国际知名的高价值制造中心。海南自由贸易港要聚焦发展旅游业、现代服务业和高新技术产业，不断夯实实体经济基础，增强产业竞争力。旅游业要以生态优先、绿色发展为原则，建设国际旅游消费中心。现代服务业要集聚全球创新要素，深化对内对外开放。要重点发展信息产业。培育深海深空产业。壮大先进制造业。建设全球热带农业中心和全球动植物种质资源引进中转基地。支持海南大力引进国外优质医疗资源。允许境外理工农医类高水平大学、职业院校在海南自由贸易港独立办学，设立国际学校。推动国内重点高校引进国外知名院校在海南自由贸易港举办具有独立法人资格的中外合作办学机构。建设海南国家区块链技术和产业创新发展基地。为构建具有特色的现代产业体系，2025 年前要发展总部经济，引进国外优质医疗资源，建设区域医疗中心，推动境外理工农医类高水平大学、职业院校在海南独立办学，推动国内重点高校引进国外知名院校在海南自由贸易港举办具有独立法人资格的中外合作办学机构，建设海南国家区块链技术和产业创新发展基地等。

（四）以治理体系和治理能力现代化为保障

推进国家治理体系和治理能力现代化是贯彻落实全面深化改革的重要目标，是推进社会主义现代化建设作出的战略部署。党的十九届三中全会对党和国家机构改革做出安排。党的十九届四中全会在党的历史上首次把推进国家治理体系和治理能力现代化作为主题。多年来在党中央集中统一领导下，在各地党委政府系统部署和推动下，国家治理体系和治理能力现代化成效显著。海南自由贸易港是全新的国家重大战略部署。推动治理体系和治理能力现代化是海南自由贸易港建设的重点任务，更是海南自由贸易港建设的重要保障。海南自由贸易港治理体系主要包括把坚持党的集中统一领导，转变政府职能，加强社会治理，借鉴国际经验等。《总体方案》要求，加强党对海南自由贸易港建设各领域各方面各环节的领导。以党的政治建设为统领，以提升组织力为重点，全面提高党的建设质量，为海南自由贸易港建设提供坚强政治保障。加强基层党组织建设，引导广大党员发挥先锋模范作用，把基层党组织建设成为海南推动自由贸易港建设的坚强战斗堡垒。着力推进政府机构改革和政府职能转变，鼓励区块链等技术集成应用于治理体系和治理能力现代化，构建系统完备、科学规范、运行有效的自由贸易港治理体系。并从深化政府机构改革、推动政府职能转变、打造共建共治共享的社会治理格局和创新生态文明体制机制四个层面进行制度设计。一是深化政府机构改革。推动职能相近部门合并，控制行政综合类公务员比例，推行市场化的专业人员聘任制。二是推动政府职能转变。强化监管立法和执法，加强社会信用体系应用。并对新兴业态实行包容审慎监管，规范政府服务标准、实现政务流程再造和政务服务"一网通办"，加强数据有序共享，提升政府服务和治理水平。三是打造共建共治共享的社会治理格局。深化户籍制度改革，赋予行业组织更大自主权，赋予社区更大的基层治理权限。四是创新生态文明体制机制。全面建立资源高效利用制度，健全自然资源产权制度和有偿使用制度，建立热带雨林等国家公园，探索建立政府主导、企业和社会参与、市场化运作、可持续的生态保护补偿机制。加快构建自然资源统一调查评价监测和确权登记制度。健全生态环境监测和评价制度。同时，《总体方案》提出，要建立以海南自由贸易港法为基础，以地方性法规和商事纠纷解决机制为重要组成的自由贸易港法治体系，营造国际一流的自由贸易港法治环境。以法律形式明确自由贸易港制度安排，为自由贸易港提供基础性法治保障。

另外，《总体方案》要求借鉴国际自由贸易港建设经验，按照海南自由贸易港建设的不同阶段，分步骤实施零关税、低税率、简税制的安排，最终形成具有国际竞争力的税收制度。具体为，在全岛封关运作前，对部分进口商品免征进口关税、进口环节增值税和消费税。全岛封关运作、简并税制后，对进口征税商品目录以外、允许海南自由贸易港进口的商品免征进口关税。对在海南自由贸易港实质经营的企业，实行企业所得税优惠税率。对符合条件的个人，实行个人所得税优惠税率。改革税种制度，降低间接税比例，实现税种结构简单科学、税制要素充分优化、税负水平明显降低、收入归属清晰、财政收支大体均衡。强化对偷漏税风险的识别。积极参与国际税收征管合作。加强税务领域信用分类服务和管理，依法依规对违法失信企业和个人采取相应措施。

三、实践探索

在推进海南全面深化改革开放领导小组的正确领导下，海南省委省政府认真贯彻党中央决策部署，坚持把准方向、敢于担当、主动作为，紧抓开放政策早期安排，中央和国家有关部门坚决从大局出发，支持海南大胆改革创新，推动自由贸易港对外开放工作蓬勃展开。

（一）全面开放新格局加快形成

海南省委省政府坚决实施更加积极主动开放战略，把推动形成全面开放新格局作为自由贸易港建设的重点任务，紧紧围绕贸易自由便利、投资自由便利、跨境资金流动自由便利、人员进出自由便利、运输来往自由便利、数据安全有序流动等目标，推动对外开放范围更大领域更宽。在贸易自由便利方面，2021年4月，商务部等部委印发《关于推进海南自由贸易港贸易自由化便利化若干措施的通知》，聚焦货物贸易自由便利和服务贸易自由便利两大方面，推出28项具体政策措施，其中，13项政策措施围绕推进货物贸易自由便利，15项政策措施聚焦服务贸易自由便利。商务部等部委出台全国首张跨境服务贸易负面清单及试点放宽部分进出口货物管理措施。海南积极推动贸易自由化便利化政策落地，对放宽准入取消许可类的事项，充分评估风险，做好事中事后监管和风险防范预案，对于下放权限事项，做好承接事权的准备工作，制订审批制度和管理办法，对支持开展创新试点类的事项，明确试点主体和试点范围，制定试点工作方案。在投资自由便利方面，国家发改委、商务部、国务院国资委等部委出台外商投资准入负面清单、鼓励类产业目录，制定实施支持中央企业在推进海南自由贸易港建设中发挥更大作用若干措施。同时，2021年4月，国家发改委等部委出台《关于支持海南自由贸易港建设放宽市场准入若干特别措施的意见》，共包含五大领域22条具体措施，其中，医疗领域7条、金融领域2条、文化领域4条、教育领域3条、其他领域6条。海南省政府成立海南自由贸易港放宽市场准入工作专班，按照"可直接落地、边实施边争取、需经国家部委批准"三种类型，以"省直部门＋平台＋行业协会＋市场主体"的方式推进，高位推动措施快速落地，并纳入督办系统，加强跟踪问效，推动措施落地，极大激活市场活力。

在跨境资金自由便利流动方面，2021年3月，人民银行等部委发布《关于金融支持海南全面深化改革开放的意见》，包括支持跨境贸易投资自由化便利化、完善海南金融市场体系、扩大海南金融业对外开放、加强金融产品和服务创新、提升金融服务水平、加强金融监管和防范化解金融风险以及政策配套措施等七个方面。人行海口中心支行、海南省地方金融监管局、银保监会海南监管局、证监会海南监管局、外汇局海南省分局联合发布《关于贯彻落实金融支持海南全面深化改革开放意见的实施方案》，部署具体落实方案。在人员进出自由便利方面，海南在全国率先出台外籍"高精尖缺"人才认定标准，开放境外人员参加职业资格考试38项，单向认可境外职业资格219项，数量和开放度位居全国前列。首创外国人工作、居留许可联审联检一体化政务服务平台，实现对在琼外国人申请工作许可、居留证件"一次提交、一网联审、一窗办理"。在运输来往自由便利方面，大力推进以"中国洋浦港"为船籍港的国际船舶登记制度改革，持续推动航运开放。财政部等部委出台启运港退税、内外贸同船运输境内船舶加注保税油和本地生产燃料油、进出岛航班加注保税航油等政策。近年来，洋浦加快自由贸易港政策落地步伐，实施高度自由便利开放的运输政策，推动航运要素迅速集聚。目前洋浦共有412家航运产业相关市场主体登记注册，新增登记船舶204艘，总载重吨达897.34万，其中，注册"中国洋浦港"国际船舶达32艘，载重吨达516万。实施境内建造船舶在"中国洋浦港"登记从事国际运输出口退税政策。在"中国洋浦港"登记的32艘国际船舶中符合退税条件的7艘国际船舶，已有6艘总价值约27亿元国际船舶完成退税，退税金额约2.84亿元，降低航运企业购船成本11%以上。实施内外贸同船运输船舶加注不含税油政策，2021年洋浦累计完成保税燃油加注420艘次，共计21.75万吨，两项数据相比2020年均实现翻番，为企业减少30%的燃油成本，目前洋浦已开通航线38条，其中外贸18条、内贸20条；2021年新开通7条内外贸同船航线。同时，洋浦推进海上保税燃料油供应海关监管模式集成创新业务落地，截至2022年2月，洋浦海关共批准燃料油出库42批次，涉及货量10.66万吨。开展启运港退税，目前涉及退税款近14万元。这四项政策的快速落地，有效缓解了境内新造船舶外流压力，为国家提升航运掌控力发挥了重要作用。支持在海南试点开放第七航权。2020年6月，民航局印发《海南自由贸易港试点开放第七航权实施方案》，主动对外开放海南客货运第七航权，海南是全国唯一同时主动开放第三、四、五、七航权和中途分程权的省份，是我国航权对外开放的最高水平。海南至全国省会城市的航线实现全覆盖，国内通航城市达129个，执飞境内航线431条、境外货运航线13条。2021年5月16日，成功开通海口—新加坡—雅加达航线，实现首条第五航权货运航线"零突破"，柬埔寨国家航空有限公司获批运营海南第七航权客运航线。在数据安全有序流动方面，中央网信办、工信部等部门支持开展国际互联网数据交互和数据跨境流动安全管理试点，设立区域性国际通信业务出入口局。海南在洋浦经济开发区、海南博鳌乐城国际医疗旅游先行区、海口国家高新技术产业开发区等9个重点园区开通国际互联网数据专用通道。专用通道的全球网络平均时延和平均丢包率较非专用通道分别降低12.84%和89.54%，可为网页访问等常用国际互联网业务提供更优质的用户体验。特别是专用通道至东南亚方向的平均时延降低44%，至东南亚、大洋洲等方向的平均丢包率低于0.5%，主要性能指标与新加坡等国家相当。建成首条文昌至香港国际海底光缆，建设国际海缆登陆站、国际业务局、海底数据中心等，有序推进增值电信业务对外开放。2022年4月，海南省第八次党代会提出，要加快探索自由贸易港积极服务和融入新发展格局的有效路径，更好集聚和配置全球资源，形成更大范围、更宽领域、更深层次对外开放格局。

（二）政策制度体系初步建立

开放是海南自由贸易港的使命和特征。开放型政策体系是开放型经济体系的重要基础，是开放型经济体制的有机组成。在推进海南全面深化改革开放领导小组的正确领导下，中央和国家有关部门加快出台自由贸易港政策，海南省委省政府坚决把开放型政策体系作为自由贸易港建设先手棋，紧抓政策落实早期安排。自《总体方案》发布以来，中央和海南省共出台各类政策 207 项，其中，贸易投资类 37 项，生产要素类 40 项，产业培育类 28 项，税收制度类 19 项，社会治理类 63 项，法治体系类 20 项，初步构建了自由贸易港政策体系。在已出台的 207 项政策中，部署开放工作的政策占比 60% 左右。从政策形式看，已出台的开放型政策可分为两类，一类是宏观指导类"长意见"，政策名称以"意见""方案""规划"等为主，如，《关于金融支持海南全面深化改革开放的意见》《关于支持海南自由贸易港建设放宽市场准入若干特别措施的意见》等。一类是专门领域或专项工作"短条例"，政策名称以"办法""通知""公告""规定"等为主，如，《关于进出岛航班加注保税航油政策的通知》《关于自用生产设备"零关税"政策的通知》《关于增加离岛旅客免税购物提货方式的公告》《游艇租赁管理办法（试行）》《境外人员参加税务师职业资格考试实施办法》等。从政策目标看，已出台政策也可分为两类，一类是先"迈出一步"进行压力测试。自由贸易港建设既无成熟经验借鉴，也无现有模式参考，部分已出台政策是明显的先"迈出一步"，再根据落地情况进行调整。一类是先"烧开一壶"争取早期收获。如，免税购物政策，个人所得税、企业所得税政策，洋浦"一线"放开、"二线"管住等。从政策落实看，已出台政策可分为三类，一类需要中央部委出台实施细则。如，《关于支持海南自由贸易港建设放宽市场准入若干特别措施的意见》任务牵头单位和参与单位均无海南省，需要中央部委出台实施细则。商务部等 20 部门《关于推进海南自由贸易港贸易自由化便利化若干措施的通知》28 条措施中，需海南省参加的有 5 处。《外商投资准入特别管理措施（负面清单）（2020 年版）》由国家发改委和商务部解释。一类需要央地协商出台实施办法。如，《海南省服务业扩大开放综合试点总体方案》要求，海南省根据目标任务，构建精简高效、权责明晰的综合试点管理体制，该《方案》中的部分事权属于中央事权，需要央地协商出台更加明确的政策。一类要求海南出台实施办法。如，《关于海南自由贸易港自用生产设备"零关税"政策的通知》要求，海南省相关部门应通过信息化等手段加强监管、防控风险、及时查处违规行为。

在一系列开放型政策激励下，尤其是在外商投资负面清单最短和企业税负最低两项全国独一无二的政策吸引下，海南成为全球投资的新热土，外资出现爆发式增长。实际利用外资规模连续多年翻番，总额超过海南设立经济特区 30 年总额的一半之多。全省新设立的外商投资企业超过了 1000 家，接近 2019 年的三倍。实现外资来源地翻番，全球 80 多个国家和地区在海南投资。2021 年海南货物贸易进出口总值 1476.8 亿元，比 2020 年增长 57.7%，增速较全国快 36.3 个百分点，居全国第三位。其中，出口 332.6 亿元，增长 20.1%；进口 1144.2 亿元，增长 73.6%。与 2019 年相比，全省外贸进出口增长 63%。在扩大进口方面不断发力，连续 12 个月保持 50% 以上的进口增速，全年累计进口规模突破千亿元，超过历年进出口总值，增幅达 73.6%，高居全国第二。外贸主体数量也快速增长，口岸营商环境优化，全省新增备案外贸企业 1.92 万家，增长 412%。截至 2022 年 2 月，洋浦保税港区内累计注册企业 2820 家，其中 2021 年新注册 1986 家，新设企业数量是此前港区设立以来企业总数的 17 倍。特别是目前已实质运营的企业有 300 家，其中，世界 500 强 7 家，中国 500 强 5 家，实现了企业数量和质量的双提升。2020 年 6 月以来到 2021 年底，新增签约项目 32 个，协议总投资 96.62 亿元，固定资产总投资约 42.92 亿元，达产后年产值约 181.68 亿元，年税收约 8.88 亿元。加快实施货物贸易零关税、服务贸易"既准入又准营"、市场准入承诺即入制、加工增值税收政策。2022 年 4 月，海南省第八次党代会提出，要完善"一线放开、二线管住"管理制度，健全"五自由便利、一安全有序流动"的政策制度体系，探索实施全球资源要素引进计划和重点国别合作计划，吸引跨国公司和国际机构落户。

（三）重点开放政策陆续落地

随着海南自贸港"四梁八柱"政策框架体系初步建立，政策法规体系进一步健全，多项开放政策出台落地，关键核心政策成效初显，提振了社会各界对建设海南自由贸易港的信心，吸引了更多的人流、物流、资金流向海南汇聚。以"低税率"为特征的开放政策成效明显。《总体方案》要求，对在海南自由贸易港工作的高端人才和紧缺人才，其个人所得税实际税负超过 15% 的部分，予以免征。截至 2022 年 5 月，2021 年所属期已有 8460 人享受个人所得税 15% 减免优惠。《总体方案》要求，对注册在海南自由贸易港并实质性运营的鼓励类产业企业，减按 15% 征收企业所得税。截至 2022 年 5 月，2022 年享受自贸港 15% 企业所得税优惠税率的企业 674 户。《海南自由贸易港所得税优惠政策事项管理工作规程（试行）》出台，进一步强化事中事后管理，确保税收优惠应享尽享，税收风险可防可控。以"零关税"为特征的政策清单落地，政策效应逐步放大。《总体方案》要求，2025 年前，对岛内企业进口自用的生产设备实行零关税负面清单管理。企业进口清单外的生产设备，免征进口关税、进口环节增值税和消费税。2021年2月14日，财政部等部委发布自用生产设备"零关税"清单调整通知。调整后的政策已将事业单位纳入享惠主体，玩具、游戏品、运动用品及其零件、附件已被纳入"零关税"清单。截至2022年5月，海口海关监管"零关税"生产设备进口货值16.6亿元。《总体方案》要求，2025年前，对岛内进口用于交通运输、旅游业的船舶、航空器等营运用交通工具及游艇实行零关税正面清单管理，免征进口关税、进口环节增值税和消费税。截至2022年5月，海口海关监管"零关税"交通工具及游艇进口128艘（辆），货值34.8亿元。《总体方案》要求，2025年前，对岛内企业进口用于生产自用或以"两头在外"模式进行生产、加工活动(或服务贸易过程中)所消耗的原辅料，实行正面清单管理，免征进口关税、进口环节增值税和消费税。截至2022年5月，海口海关监管"零关税"原辅料进口货值47.6亿元。对鼓励类产业企业生产的不含进口料件或者含进口料件在海南自由贸易港加工增值超过30%（含）的货物，经"二线"进入内地免征进口关税，照章征收进口环节增值税、消费税。洋浦积极推动"零关税"政策落地实施。目前洋浦海关共办理备案"零关税"原辅料E账册4本，账册下报关进口货物456批次，货量343万吨，涉及货值5.1亿美元，企业在进口环节缓缴税款4.6亿元人民币。完成进口"零关税"交通工具及游艇32票，货值共22.4亿元，共减免税款5.2亿元。进口"零关税"自用生产设备90票，货值6.1亿元，减免税款1.2亿元。加工增值内销物品累计货值9.5亿元,共169票业务,免征税款近7949万元。

　　以自由化便利化为特征的投资贸易政策日渐完善。《总体方案》

要求，2025 年前，制定出台海南自由贸易港外商投资准入负面清单。目前《海南自由贸易港外商投资准入特别管理措施（负面清单）(2020 年版)》已出台，负面清单共 27 条，与 2020 年版全国和自贸试验区外资准入负面清单的 33 条、30 条相比进一步缩减。在负面清单指引下，海南外商投资积极性明显增强，2021 年，全省新设立外商投资企业 1936 家，同比增长 92.64%; 实际使用外资 35.2 亿美元，同比增长 16.2%。《总体方案》要求，2025 年前，制定出台海南自由贸易港跨境服务贸易负面清单，给予境外服务提供者国民待遇。在相关政策的支持下，目前已取得境外游艇进出、教育服务、证券账户、法律顾问、船舶检验、航空气象服务及涉海南商事非诉讼法律事务等 7 个开放领域的"首单"落地。《总体方案》要求，2025 年前，制定出台海南自由贸易港放宽市场准入特别清单。2021 年，国家发展改革委和商务部出台《关于支持海南自由贸易港建设放宽市场准入若干特别措施的意见》。在相关政策的支持下，海南自由贸易港市场准入限制进一步放宽，市场主体活力得到充分激发，目前已形成建设项目 32 个，总投资 296.69 亿元，已开工项目 13 个，占项目总数 40.63%。以稳步开放为特征的金融政策逐步展开。截至 2022 年 5 月，贸易外汇收支便利化试点银行为全省优质企业办理相关业务累计金额达 2.8 亿美元。国家外汇管理局海南分局为港内企业办理一次性外债登记金额累计 94.19 亿美元。在洋浦经济开发区开展贸易投资高水平开放试点。67 只 QFLP 股权投资基金和 19 家 QFLP 基金管理企业落地海南，注册资本共计 74.79 亿美元，累计跨境流入 11.03 亿美元；QDLP 试点已有 3 家企业完成外汇登记，登记金额 4.9 亿美元，累计跨境流出 1.57 亿美元。2021 年全省离岸转手买卖业务收支合计 74.80 亿美元。2022

年 1—5 月，全省离岸转手买卖业务收支合计 71.07 亿美元，同比增长 1.4 倍。海南自由贸易账户体系运行平稳。2021 年，海南自由贸易（FT）账户余额 0.24 亿元，发生资金收支 1557.6 亿元，为客户办理外汇兑换金额 20.33 亿元，办理各项本外币融资 104.76 亿元，发生资金收支、为客户办理外汇兑换金额同比分别增长 310%、580%。海南国际能源交易中心、海南国际文化艺术品交易中心、海南国际商品交易中心等 9 家交易场所开业运营。海南国际知识产权交易中心升级为海南国际知识产权交易所，海南国际碳排放权交易中心获设立批复，海南国际清算所正式揭牌成立。2022 年 1 月，经国务院批准，国家外汇管理局在海南自由贸易港洋浦经济开发区开展跨境贸易投资高水平开放外汇管理改革试点。国家外汇管理局海南省分局发布试点实施细则，推动试点落地生效。2022 年 4 月，海南省第八次党代会提出，推动鼓励类产业目录、跨境服务贸易负面清单、外商投资准入负面清单等动态调整。探索先行先试全面与进步跨太平洋伙伴关系协定（CPTPP）、数字经济伙伴关系协定（DEPA）等国际高标准经贸规则，加快推动规则、规制、管理、标准等制度型开放。

（四）重点开放载体日益成型

海南省委省政府坚持小切口、大纵深，坚持落实早期安排、争取早期收获。2020 年 6 月 3 日，海南自由贸易港 11 个重点园区同步举行挂牌仪式。作为自由贸易港政策的主要承接地和先行先试的"孵化器"，园区将充分利用制度创新优势，率先实施相关政策和进行压力测试，推动海南自由贸易港建设加快发展、创新发展。园区产业类型涵盖旅游业、现代服务业和高新技术产业三大领域。

其中，现代服务业重点园区有海口江东新区、海口综合保税区、三亚中央商务区、博鳌乐城国际医疗旅游先行区等；高新技术产业园区有洋浦经济开发区、海口国家高新技术产业开发区、三亚崖州湾科技城、文昌国际航天城、海南生态软件园和复兴城互联网信息产业园等；旅游业园区有陵水黎安国际教育创新试验区。海南生态软件园是海南互联网信息产业主要载体和平台，获评首批国家数字服务出口基地，先后被认定为国家级科技企业孵化器、国家新型工业化产业示范基地等。博鳌乐城国际医疗旅游先行区试点发展特许医疗、健康管理、照护康复、医美抗衰等国际医疗旅游相关产业，聚集国际国内高端医疗旅游服务和国际前沿医药科技成果，创建国际化医疗技术服务产业聚集区。三亚崖州湾科技城主要由南繁科技城、深海科技城、大学城、南山港和全球动植物种质资源中转基地五部分构成，致力于建设成为陆海统筹、开放创新、产业繁荣、文化自信、绿色节能的先导科技新城。为发挥重点园区对自贸港建设的引擎带动作用，2020 年 4 月，海南省人大常委会通过《关于海南自由贸易港洋浦经济开发区等重点园区管理体制的决定》，提出推动法定机构改革、简政放权等举措，赋予园区管理部门相对独立的事权、财权、人事权，鼓励通过设立法定机构改革体制机制，实行企业化、市场化的用人制度。自挂牌以来，海南自贸港 11 个重点园区作为推动海南自由贸易港建设的样板区和试验区，不断利用制度创新优势，优化营商环境，加速集聚项目和市场主体，经济活力进一步增强，经济效益逐步显现，有力推动了海南自由贸易港创新发展。2021 年，全省 11 个重点园区共实现营收 13555.5 亿元，同比增长 134.0%；11 个海南自贸港重点园区税收收入 585.63 亿元，同比增长 47.73%，以不到全省 2% 的土地面积贡献 40.1% 的税收；11 个园区 500 万元（含）以上项目 914 个，完成固定资产投资 1173.38 亿元，同比增长 73.6%；实际利用外资 32.04 亿美元。

洋浦保税港区率先实行"一线"放开、"二线"管住的进出口管理制度。2020 年 6 月，海关总署、财政部、税务总局联合印发《中华人民共和国海关对洋浦保税港区监管办法》；7 月 8 日，海关总署发布《海关对洋浦保税港区加工增值货物内销税收征管暂行办法》，在洋浦保税港区试行"一线"放开、"二线"管住货物进出口管理制度。目前"一线"简化申报政策已完成"径予放行""单侧申报""先入区后检测"等政策测试。政策在功能上已具备实施条件，目前区内新落地企业正在陆续投产，将逐步适用这些政策。截至 2022 年 2 月，通过公共服务平台进行通关服务备案的企业 102 家，有 2 家企业开展径予放行业务 10 票；有 4 家企业通过单侧申报方式出区 150 票货物。食糖进口免配额政策已落地。区内企业香树食品公司适用该政策从泰国、越南等地进口蔗糖，再加工销往区外，截至 2022 年 1 月累计已内销糖浆 60 吨。不要求区内企业单独设立海关账册政策即将试点，让企业无感通关，简化操作流程，提升通关效率，已完成数据测试。区内不禁止营利性商业消费设施政策已落地。目前区内营利性设施已开展完税交易业态和跨境电商新零售便捷提货业态企业 11（7+4）家，消费商品涉及服装、鞋子、酒类、日用品、琥珀制品等。截至 2022 年 2 月，跨境电商新零售已累计完成 993 单业务，即买即提平均提货时间 2—3 分钟，达到国内先进地区提货速度，区内其他商业体正陆续在区内开业运营。2021 年 12 月 1 日，海关总署等部门支持将"一线"放开、"二线"管住 8 项进出口管理制度试点扩大至海口综合保税区、海口空港综合保税区。三亚崖州湾科技城围绕海南自由贸易港总体方案要求，围绕南繁育种、深海科技等"卡脖子"关键难题设置攻关项目，规划产业布局。2020 年以来共新增注册企业 4000 余家，有近 300 个项目签约落户。其中既有国内深海研究领域顶尖院校机构，还吸引来中科院种子创新研究院、中国农业科学院等种业研究领域"国字号"，以及全国前十强种业重点龙头企业中的 8 家。园区人员在创办之初只有数百人，两年间发展到了过万人，中种集团、中科院、农科院、德国科沃施等一批国际优质企业、科研院所纷纷进驻，通过实施政策引才、产业引才、平台引才，近 200 名人员办理高层次人才认定。2021 年，三亚崖州湾科技城完成固定资产投资 173.69 亿元，超额完成投资任务；实现税收 17.84 亿元，同比增长 91%。目前，园区拥有国家高新技术企业 133 家，世界 500 强企业 17 家，外资企业 78 家。作为中国唯一的医疗特区，海南博鳌乐城国际医疗旅游先行区于 2013 年由中国国务院批准设立，享有"特许医疗、特许研究、特许经营、特许国际医疗交流"以及真实世界数据试点等一系列特殊政策，率先在我国境内基本实现医疗技术、装备、药品与国际先进水平"三同步"。比预期的 2025 年提前近三年实现目标，巩固了在海南自贸港建设和中国医疗卫生事业改革开放中先行先试的"政策高地"地位，成为海南自贸港吸引境外医疗消费回流，打造国内国际双循环重要交汇点的一张靓丽名片。同时，还有以海南生态软件园、复兴城互联网信息产业园为核心的"琼北高新技术产业基地"和以三亚互联网信息产业园、陵水清水湾信息产业园为核心的"琼南创新创意产业园"，2021 年产业规模突破 1000 亿元。2022 年 4 月，海南省第八次党代会提出，要发挥产业园区的经济发展"主阵地"作用，坚持产城融合，聚人气、增流量。聚焦园区产业定位，促进合理分工、错位发展、协同发力，形成若干千亿级产业集群和园区。优化管理体制机制，推动园区开发、招商、运营有机融合。发挥财政资金"四两拨千斤"作用，撬动更多社会资本参与园区建设。完善省级重点园区动态调整机制，实现能进能出。

（五）新的开放业态日渐成效

海南省委省政府坚决依托独特的地理区位优势，对标世界最高水平开放形态，落实习近平总书记"推动海南建设具有世界影响力的国际旅游消费中心，是高质量发展要求在海南的具体体现"指示，打造免税购物、国际医疗和"留学海南"三大品牌，承接海外消费回流，加快培育具有海南特色的合作竞争新优势，努力建设具有世界影响力的国际旅游消费中心，服务和融入新发展格局。2020年6月29日，财政部、海关总署、税务总局发布《关于海南离岛旅客免税购物政策的公告》，明确购物额度由每年每人3万元提高至10万元，取消了件数限制，取消单件商品8000元免税限额规定，增加了商品种类，实施离岛旅客免税购物邮寄送达和本岛居民返岛提货。从2011年开始在海南试点的离岛免税购物政策，是海南目前为止实施最成功、效果最好的政策之一。通过离岛免税政策，吸引境外高端商品消费回流。调整离岛免税政策，离岛免税经营主体增至5家，离岛免税店增至10家。截至去年底，海南离岛免税门店国际品牌从最初的不到100个发展到超过720个，新品牌进驻、新产品上架等不断推动海南免税品品牌、品种、价格与国际"三同步"。

继 2020 年海南离岛免税销售额同比实现翻番后，2021 年，海南 10 家离岛免税店总销售额 601.73 亿元，同比增长 84%。同时，《总体方案》要求，举办中国国际消费品博览会，国家级展会境外展品在展期内进口和销售享受免税政策。2021 年 4 月 26 日，财政部、海关总署、税务总局印发《关于中国国际消费品博览会展期内销售的进口展品税收优惠政策的通知》，明确全岛封关前，对消博会展期内销售的规定上限以内的进口展品免征进口关税、进口环节增值税和消费税。2021 年 5 月，首届中国国际消费品博览会在海口举办，来自 70 个国家和地区（含中国）的 1505 家企业、2628 个消费精品品牌参展，国际化程度、单位面积展品价值、首发首展数量远超预期，成为亚太地区规模最大的消费精品展。2022 年 7 月，第二届中国国际消费品博览会顺利举办，展览总面积 10 万平方米，比去年举办的第一届增加了 2 万平方米。国际展区 8 万平方米，占参展面积 80%，共有来自 61 个国家和地区的 1600 多个品牌参展。通过博鳌乐城国际医疗旅游先行区，吸引境外医疗消费回流。乐城先行区设立了全国首个真实世界数据研究与评价重点实验室，与 16 个国家和地区的 80 余家药械企业建立了深度合作关系，包括国际排名前三十的全部药械企业。乐城先行区在全国第一个成立"二合一"监管机构医疗药品监督管理局、在全国第一个推出"全球特药险"、在全国第一个开展真实世界临床数据应用研究、举办国内唯一的"永不落幕"国际创新药械展、创建国内唯一未上市特许药械全流程追溯平台、建立了国内唯一的特许药械保税仓，多项改革为全国首创。2019 年、2020 年、2021 年乐城先行区医疗机构接待医疗旅游人数年增长速度分别为 134%、31.2%、90.6%。在乐城先行区使用的未在国内上市创新药械从 2019 年 8 月的 14 种到 2021 年已经突破 200 种。使用特许药械患者从 2019 年 191 人次骤增到 2021 年 9963 人次，其中 2021 年同比增长 483.31%。通过国际教育创新岛建设，吸引境外教育消费回流。海南陵水黎安国际教育创新试验区是我国唯一以教育对外开放为核心使命的教育园区，是落实"允许境外理工农医类高水平大学、职业院校在海南自由贸易港独立办学，设立国际学校"的有效载体。截至目前，已签约进驻或计划进驻试验区的中方高校共有 10 所，包括北京大学、东南大学、南开大学、电子科技大学等；外方高校共有 13 所，包括加拿大阿尔伯塔大学、英国格拉斯哥大学、美国罗格斯大学、美国莱斯大学、美国密西根州立大学、瑞典斯德哥尔摩经济学院等。2022 年秋季学期，进驻试验区的学生预计达到 1000 人。在"三大回流"推动下，2021 年，海南接待国内外游客 8100.4 万人次，同比增长 25.5%，旅游总收入 1384.3 亿元，同比增长 58.6%，较 2019 年增长 30.9%；全省社会消费品零售总额 2497.62 亿元，同比增长 26.5%，增速全国第一。2022 年 4 月，海南省第八次党代会提出，要更好发挥消费对经济发展的基础性作用，全力做好高端购物、医疗、教育"三篇境外消费回流文章"，打造国际知名度假、康养、购物天堂；高水平举办中国国际消费品博览会等重点会展，建设区域性国际会展中心。

（六）法治体系日益完善

海南省委省政府高度重视自由贸易港法治体系建设，坚持立法创新，充分运用自贸港法规制定权，紧贴自贸港建设急需，加快地方立法，着力提升立法质量和效率。在自由贸易港法颁布后，在全国人大常委会的指导和支持下，海南省人大常委会及时制定贯彻实施配套法规专项规划，对自贸港封关前的立法任务作出系统安排。同时运用自由贸易港法规制定权，紧贴自由贸易港建设急需，先后制定 17 件自由贸易港法规，加快构建自由贸易港法规体系。

坚持以法促改革创新。一是紧盯自贸港法明确的地方立法任务推进立法。制定了海南自由贸易港公平竞争条例、企业破产程序条例、市场主体注销条例、征收征用条例等法规，作出有利于市场主体投资经营、公平竞争的制度安排。这批法规坚持改革方向、问题导向和需求导向，结合海南自贸港建设的实际需要，借鉴国际高标准经贸规则，对市场主体全生命周期中的公平竞争、权益保护、退出机制等重要环节作出创新性规定，推动投资自由化便利化，持续优化法治化、国际化、便利化的营商环境。公平竞争条例强化竞争政策的基础性地位，建立公平竞争审查制度，完善私人救济机制和消费者保护，加强公平竞争国际合作。条例为全国首个公平竞争地方立法。市场主体注销条例针对市场主体"退出难"问题，简化简易注销申请材料，缩短简易注销公示期，创新除名制度和依职权注销制度，为市场主体退出提供便利。企业破产程序条例从加强司法与行政协调配合，优化重整、和解、破产清算程序，建立简易程序等方面推进制度集成创新，着力优化破产程序，建立以尽职履责为主的破产便利制度。征收征用条例推进征收征用制度与国际接轨，严格依法保护各类投资者和权利人的合法权益，以法治力量增强投资者信心。二是紧盯优化营商环境推进立法。制定了海南自由贸易港优化营商环境条例、社会信用条例、免税购物失信惩戒若干规定、反消费欺诈规定、知识产权保护条例等法规，为打造法治化、国际化、便利化营商环境提供了有力法律支持。三是紧盯省委重大改革推进立法。制定了海南自由贸易港洋浦经济开发区条例，对洋浦管理体制作出创新性制度安排，赋予洋浦更大发展自主权，确保了儋州市和洋浦经济开发区一体化改革于法有据。当前，省人大常委会正抓紧制定海南自由贸易港企业国有资产条例、土地管理条例等法规。

以法促产业发展。一是以立法促进主导产业健康发展。制定了海南自由贸易港科技开放创新若干规定、国际船舶条例、游艇产业促进条例等法规，作出关于契税具体适用税率和免征减征办法的决定，为海南四大主导产业健康快速发展发挥了立法的引领、推动和保障作用。二是以立法支持重点产业园区改革发展。在 2020 年制定博鳌乐城国际医疗旅游先行区、三亚崖州湾科技城、海口江东新区等三个重点园区单行条例的基础上，2021 年作出了将部分省级管理权限调整由重点园区实施的决定，2022 年又制定了海南自由贸易港海口国家高新技术产业开发区条例，赋予园区更大自主权。此外，促进种业发展、网络与数据安全、放宽进口药品管理等方面的立法工作正抓紧推进。

以法促生态保护。坚持生态立省，建设生态一流、绿色低碳的自由贸易港。推动生态领域立法，制定修改了海南省机动车排气污染防治规定、生态保护红线管理规定等一批生态领域的法规。当前，正抓紧制定海南自由贸易港生态环境保护考核评价和问责规定以及海南省绿色建筑发展规定等法规，呵护海南优良生态环境的法治屏障将进一步织密。2022 年 4 月，海南省第八次党代会提出，要统筹用好一般地方性法规、经济特区法规和自由贸易港法规制定权，建立健全与国家法律体系相配套、与国际惯例相接轨、与自由贸易港建设相契合的法规体系。持续推进法治政府建设，健全依法决策和综合行政执法体制机制。

第六章　扎实推进风险防控

底线思维是事物发展不可逾越的界限、边界或事物发生质变的临界点。底线思维是习近平总书记治国理政的重要思维，风险防控是实践底线思维的具体体现和主要抓手。探索建设高水平的中国特色自由贸易港，各类风险和挑战必将伴随全过程、各领域。风险防控作为总体国家安全观的重要部分，尤其是在中国特色自由贸易港背景下更是无先例可循。这就要求海南自由贸易港建设要把风险防控摆在重要位置，坚持底线思维，统筹好发展与安全。

一、总体要求

（一）统筹发展与安全

发展是党执政兴国的第一要务，保证国家安全是头等大事，统筹发展和安全是由我国发展所处的历史方位、国家安全所面临的形势任务决定的。统筹发展和安全两件大事，意味着安全不再是简单地从属于发展、服务于发展，而是成为与发展同等重要的一个重大事项。安全既是发展的重要内涵，更是与发展处在同等重要地位的另一件大事。习近平总书记反复强调："国家安全和社会稳定是改革发展的前提。只有国家安全和社会稳定，改革发展才能不断推进。"①"我们越来越深刻地认识到，安全是发展的前提，发展是安全的保障。"②党的十九届五中全会审议通过的《中共中央关于制定国民经济和社会发展第十四个五年规划和二〇三五年远景目标的建议》，首次把统筹发展和安全纳入"十四五"时期我国经济社会发展的指导思想，并设置专章对统筹发展和安全作出战略部署，强调"把安全发展贯穿国家发展各领域和全过程，防范和化解影响我国现代化进程的各种风险，筑牢国家安全屏障"。③2020 年 12 月，习近平总书记在主持十九届中央政治局第 26 次集体学习时，把"坚持统筹发展和安全"列为贯彻总体国家安全观基本要求之一，强调"坚持发展和安全并重，实现高质量发展和高水平安全的良性互动""努力实现发展和安全的动态平衡"。④2021 年 1 月，习近平总书记在省部级主要领导干部学习贯彻党的十九届五中全会精神专题研讨班开班式上的讲话中，把"统筹发展和安全"列为党的十八大以来我们党对发展理念和思路作出及时调整的一个重要方面，强调要"从忧患意识把握新发展理念""随着我国社会主要矛盾变化和国际力量对比深刻调整，我国发展面临的内外部风险空前上升，必须增强忧患意识、坚持底线思维，随时准备应对更加复杂困难的局面。"⑤

---

① 《十八大以来重要文献选编》（上），中央文献出版社 2014 年版，第 506 页。

② 《习近平谈治国理政》第四卷，外文出版社 2022 年版，第 117 页。

③ 《中国共产党第十九届中央委员会第五次全体会议文件汇编》，人民出版社 2020 年版，第 15 页。

④ 《习近平在中央政治局第二十六次集体学习时强调 坚持系统思维构建大安全格局 为建设社会主义现代化国家提供坚强保障》，《人民日报》2020 年 12 月 12 日。

⑤ 习近平：《把握新发展阶段，贯彻新发展理念，构建新发展格局》，《求是》2021 年第 9 期。

当前，和平与发展的时代主题面临严峻挑战。面对发展与冲突这一突出矛盾带来的挑战，要保持自己的战略定力，关键在于高举改革开放旗帜，以高水平开放形成统筹发展与安全新格局。我国构建以国内大循环为主体、国内国际双循环相互促进的新发展格局，是与我国结构转型趋势相适应的中长期发展战略，是开放与发展的相互融合，是国内与国际市场的重要连接。习近平总书记指出，"越是开放越要重视安全，统筹好发展和安全两件大事，增强自身竞争能力、开放监管能力、风险防控能力。"①2022 年 4 月，习近平总书记考察海南时强调，"要坚持维护国家安全不动摇，加强重大风险识别和防范，统筹改革发展稳定，坚持先立后破、不立不破"②。海南自由贸易港建设"放得开"的前提和底线是要"管得住"，要注重创新监管模式，加强风险防控体系建设。海南省第八次党代会明确指出，今后五年横跨封关运作前后，是海南自由贸易港建设关键期，是风险高发期和压力测试期，是干部能力提升期和经验积累期，对全面深化改革开放全局至关重要。推进自由贸易港建设是一项复杂的系统工程，绝不是轻轻松松就能完成的，各种可以预见和难以预见的风险因素将明显增多，要坚决贯彻落实习近平总书记重要讲话精神，坚持底线思维、极限思维，矢志不渝加强各类风险防控，切实提高应对各类风险挑战的能力，确保风险找得准、防得住、控得牢，推动海南全面深化改革开放和中国特色自由贸易港建设行稳致远。

---

① 《习近平谈"一带一路"》，中央文献出版社 2018 年版，第 92—93 页。
② 《习近平总书记考察海南》，新华社，2022 年 4 月 13 日。

（二）打好防范化解重大风险攻坚战

党的十八大以来，面对百年未有之大变局，习近平总书记反复强调要居安思危、未雨绸缪，宁可把形势想得更复杂一点，把挑战看得更严峻些，做好应付最坏局面的思想准备和工作准备。2013 年 3 月，习近平总书记在参加全国两会辽宁代表团审议时指出："要进一步做好攻坚克难、艰苦创业的思想准备和工作准备。"同年 7 月，在中央政治局第 28 次常委会上讲话强调："要有充分准备，要有戒惧之心，要有忧患意识，有的事万一发生了会怎么样，然后对万一要有所防范。"①2015 年 10 月，习近平总书记在党的十八届五中全会第二次全体会议上讲话指出："前进道路并不平坦，诸多矛盾叠加、风险隐患增多的挑战依然严峻复杂……全党同志必须做好充分的思想准备和工作准备，认清形势，坚定信心，继续顽强奋斗。"②习近平总书记指出，当前和今后一个时期是我国各类矛盾和风险易发期，各种可以预见和难以预见的风险因素明显增多，必须增强机遇意识和风险意识，树立底线思维，把困难估计得更充分一些，把风险思考得更深入一些，注重堵漏洞、强弱项，下好先手棋、打好主动仗，有效防范化解各类风险挑战，确保社会主义现代化事业顺利推进。③并告诫全党，要时刻准备应对重大挑战、抵御重大风险、克服重大阻力、解决重大矛盾，坚持和发展中国特色社会主义，坚持和巩固党的领导地位和执政地位，使我们的党、我们的国家、我们的人民永远立于不败之地。④

---

① 《习近平总书记就天津港特大爆炸事故作出重要指示》，新华社，2015 年 8 月 17 日。
② 《习近平谈治国理政》第二卷，外文出版社 2017 年版，第 72 页。
③ 《习近平谈治国理政》第四卷，外文出版社 2022 年版，第 117 页。
④ 习近平：《在庆祝中国共产党成立 95 周年大会上的讲话》，人民出版社 2016 年版，第 7 页。

习近平总书记指出，我们面临的重大风险，既包括国内的经济、政治、意识形态、社会风险以及来自自然界的风险，也包括国际经济、政治、军事风险等。[①] 海南自由贸易港要重点防控好各类风险，打好防范化解重大风险攻坚战。在政治安全方面，要坚守不在根本性问题上犯颠覆性错误的底线，绝不走封闭僵化的老路、改旗易帜的邪路，牢握意识形态工作领导权、管理权和话语权，确保党执政安全。在经济安全方面，要坚持中国特色社会主义基本经济制度不动摇，守住不发生系统性风险底线，打好防范化解金融风险攻坚战，把握好稳增长和防风险的关系。在科技安全方面，要建立新型科研攻关举国体制，尽快实现关键领域核心技术的重大突破，全面提升战略科技能力、战略技术储备能力和体系化对抗能力。在社会安全方面，要完善立体化社会治安防控体系，妥善应对重大自然灾害和公共卫生等突发事件，推进平安中国建设。在外部安全方面，要立足"国之大者"，发挥好海南在我国和平发展道路和大国外交战略中的独特作用，坚定维护国家主权、安全、发展利益。在新型领域安全看，要以生物、深海、极地、外空、人工智能为重点，划定安全红线，落实安全战略、安全政策和相关法规。坚决统筹好发展和安全关系，构建防范化解重大风险安全网，完善防范化解重大风险安全机制，增强防范化解重大风险安全意识，提升防范化解重大风险安全能力。

（三）加强风险防控体系建设

习近平总书记在庆祝海南建省办经济特区 30 周年大会上明确要求，海南要加强风险防控体系建设，打造开放层次更高、营商环境更

---

① 习近平：《在党的十八届五中全会第二次全体会议上的讲话（节选）》，《求是》2016年第1期。

优、辐射作用更强的开放新高地。① 无论是从地理位置看，还是从开放程度看，海南自由贸易港都处于对外开放最前沿，能否有效应对高水平开放带来的风险挑战，决定了海南自由贸易港建设能否行稳致远，能否始终立于不败之地。同时，习近平总书记指出："需要注意的是，各种风险往往不是孤立出现的，很可能是相互交织并形成一个风险综合体。"② "如果防范不及、应对不力，就会传导、叠加、演变、升级，使小的矛盾风险挑战发展成大的矛盾风险挑战，局部的矛盾风险挑战发展成系统的矛盾风险挑战，国际上的矛盾风险挑战演变为国内的矛盾风险挑战，经济、社会、文化、生态领域的矛盾风险挑战转化为政治矛盾风险挑战，最终危及党的执政地位、危及国家安全。"③ "要高度重视并及时阻断不同领域风险的转化通道，避免各领域风险产生交叉感染，防止非公共性风险扩大为公共性风险、非政治性风险蔓延为政治风险。"④ 海南自由贸易港既有新风险又有老风险，既有自由贸易港独有的风险，也有与全国相似的风险。这就要求海南要牢固树立风险防控的系统思维，坚持在发展中防控风险，在防控风险中持续发展，切实弄清楚自由贸易港的风险性质类型、风险形成路径、风险控制流程、风险影响范围、风险防控方法、风险防控责任等，完善风险防控机制，建立健全风险研判机制、决策风险评估机制、风险防控协同机制、风险防控责任机制等，从整体上构筑自由贸易港风险防控体系。

建设风险防控体系，要坚持辩证思维。既要立足当下对态势的动

---

① 习近平：《在庆祝海南建省办经济特区30周年大会上的讲话》，人民出版社2018年版，第12页。
② 《习近平谈治国理政》第二卷，外文出版社 2017 年版，第 32 页。
③ 《习近平谈治国理政》第二卷，外文出版社 2017 年版，第 222 页。
④ 《习近平谈治国理政》第二卷，外文出版社 2017 年版，第 97 页。

态感知，又要着眼长远对中长期发展趋势的前瞻把握；既要有目标导向的总思路总布局，又要善于根据新情况新问题及时调整战略战术。坚持关口前移、防小防早，及时识别风险，精准地从源头上控制风险，立足发现在早、处置在小，把着眼点放在前置防线、前瞻治理、前端控制上。科学精准建立风险应急管理方案，努力将矛盾消解于未然、将风险化解于无形。严防风险连锁联动叠加升级形成风险综合体。切断风险联动的内在逻辑，不让小风险演化为大风险，不让个别风险演化为综合风险，不让局部风险演化为区域性或系统性风险，不让经济风险演化为社会风险，不让国际风险演化为国内风险，[①] 尤其是不让风险向政治安全领域聚集。牢牢掌握主动权，用最短时间、最小成本，把范围控制在最小，把危害降到最低，同时严密防范发生"次生风险"。风险防控工作要坚持党的领导。习近平总书记指出，党中央是坐镇中军帐的"帅"，车马炮各展其长，一盘棋大局分明。如果中国出现了各自为政、一盘散沙的局面，不仅我们确定的目标不能实现，而且必定会产生灾难性后果。[②] 这就要求海南在自由贸易港风险防控中自觉主动服从中央领导，落实中央各项部署，强化"一盘棋"意识，推动中央与地方、部门之间、军地之间、地区之间高效协同运转，有效整合各种资源、力量和手段，形成强大合力，真正把"四个意识""四个自信""两个维护"落实在风险防控中。

（四）有关政策要成熟一项推出一项

习近平总书记指出，"当前和今后一个时期是我国各类矛盾和风

---

① 习近平：《在党的十八届五中全会第二次全体会议上的讲话（节选）》，《求是》2016年第1期。

② 习近平：《中国共产党领导是中国特色社会主义最本质的特征》，《求是》2020年第14期。

险易发期，各种可以预见和难以预见的风险因素明显增多。我们必须坚持统筹发展和安全，增强机遇意识和风险意识，树立底线思维，把困难估计得更充分一些，把风险思考得更深入一些，注重堵漏洞、强弱项，下好先手棋、打好主动仗，有效防范化解各类风险挑战，确保社会主义现代化事业顺利推进。"[①] 这不仅是对全国风险防控工作的要求，更是海南分阶段分步骤建设中国特色自由贸易港的重要遵循。因此，海南自由贸易港建设出台有关政策要严把风险防控关，深入论证、严格把关，成熟一项推出一项。

从海南发展历程来看，确实需要把"稳中求进"作为自由贸易港建设的基本原则，确实需要坚持"闯"为基调、"稳"为基础、远近结合、小步快跑的建设节奏。这不仅是科学的决策态度，而且是科学的决策方法。海南发展历史上曾经出现的汽车走私、房地产泡沫、海南国际旅游岛建设初期房价大涨三次历史教训就是典型的例证。为此，海南自由贸易港要深刻汲取教训，坚持稳扎稳打、步步为营，认真贯彻推进海南全面深化改革开放领导小组制定的重大风险防控行动方案，牢固树立风险意识，时刻把风险防控工作放在重要位置，成熟一项推出一项，确保既"放得开"又"管得住"。具体来看，海南自由贸易港作为全球开放水平最高的区域，需要在市场准入、金融制度、财政税收等方面做出一系列与国际接轨的政策安排。为此，在政策制定和实施中，要坚持整体推进和稳步实施，增强重大政策的系统性、协调性，加强对重大风险的识别。在金融方面，要防范系统性金融风险，严厉打击洗钱、恐怖融资及逃税等金融犯罪活动，对重大金融风险隐患、非法集资活动、地方金融风

---

① 《习近平谈治国理政》第四卷，外文出版社 2022 年版，第 117 页。

险等进行及时识别，有效防控金融风险。在进出口方面，要对进出岛人流、物流、资金流的全天候全方位动态监管，要优化海关监管方式，强化进出境安全准入管理，完善对国家禁止和限制入境货物、物品的监管，高效精准打击走私活动。建立检验检疫风险分类监管综合评定机制。在投资制度改革方面，要强化企业投资经营事中事后监管，实行"双随机一公开"监管全覆盖。要根据《外商投资法》和《外商投资安全审查办法》有关规定，开展常态化联合执法检查。在生态环境方面，要认识到生态环境风险的多样性和复杂性，要系统构建全过程、多层级生态环境风险防范体系，解决生态问题，规避环境风险，保证国家生态文明试验区建设愿景充分实现。

（五）把风险防控工作做实做细做好

习近平总书记指出，我国处于并将长期处于重要战略机遇期，同时也进入重大风险凸显期。在形势总体可控情况下，危与机并存，险难与时势交织，老问题与新情况叠加，所处的环境更加复杂，面临的挑战更加严峻，肩负的任务更加艰巨。并要求加强对各种风险源的调查研判，提高动态监测、实时预警能力，推进风险防控工作科学化、精细化，对各种可能的风险及其原因都要心中有数、对症下药、综合施策。风险防控是影响海南自由贸易港建设成败的重要变量，要切实增强政治意识和大局意识，把好政治方向和推进节奏，提高思想自觉和行动自觉。要善于运用底线思维的方法，凡事从坏处准备，努力争取最好的结果，[①] 牢牢把握主动权发挥自由贸易港的独特政策优势，

---

① 《习近平在省部级主要领导干部坚持底线思维着力防范化解重大风险专题研讨班开班式上发表重要讲话强调 提高防控能力着力防范化解重大风险 保持经济持续健康发展社会大局稳定》，新华社，2019 年 1 月 21 日。

坚决不以短期利益影响长远发展。要在大胆试、大胆闯、自主改的同时守住底线，透过复杂现象把握本质，抓住要害、找准原因，善于整合各方力量、科学排兵布阵，有效予以处理。要做好应对任何形式的矛盾风险挑战的准备，定期梳理研判风险点，建立健全与海南自由贸易港建设相适应的风险防控体系，确保重大风险找得准、防得住、控得牢。要不断完善资金流信息监管平台和社会管理信息化平台功能，强化数据分析与应用，提升防范化解风险能力。要提高风险化解能力，增强应对能力，第一时间作出反应，及时防范化解。要把风险防控与解决日常工作中的问题区分开来，科学预见形势发展和蕴藏的风险挑战，聚焦自由贸易港建设过程中思想认识、工作作风和公共卫生等领域风险，在实战中动态研判风险点、做实做细防控预案、建立健全防控机制，把风险消灭在萌芽状态和可控范围。创新激励机制，加强风险管理人才队伍建设，建立风险管理科学理论体系，为加强风险防控机制建设和风险治理提供科学指导和专业支撑，全面审度现有风险防控机制，扫除风险治理盲区。建立海南自由贸易港风险防控标准化工程，促进风险控制指标的统一和标准化，做好相关领域采用国际监管标准和监管互认的风险评估工作。要完善海南自由贸易港风险防控信息化工程，推动风险管理部门风险信息无缝共享，加强对跨境数据的监测及机构共享机制，实时动态追踪风险状况，构建数据统计分析、风险预警及评估决策系统。

（六）党委和政府要增强责任感和自觉性

防范化解重大风险是各级党委、政府和领导干部的政治职责。习近平总书记指出，新征程上，不可能都是平坦的大道，将会面对许多重大挑战、重大风险、重大阻力、重大矛盾，领导干部必须有强烈的担当精神。① 习近平总书记要求，各级党委和政府要增强责任感和自觉性，各级党委政府要提高风险监测防控能力，做到守土有责、主动负责，积极主动防范风险、发现风险、消除风险。② 党员干部特别是领导干部要以居安思危的政治清醒、坚如磐石的战略定力、勇于斗争的奋进姿态，敢于闯关夺隘攻城拔寨。遇到重大风险挑战、重大工作困难、重大矛盾斗争，要第一时间研究、拿出预案，决不能回避、绕着道走，更不能胆怯、惧怕。③ 要增强忧患意识、未雨绸缪、抓紧工作，确保发展的连续性和稳定性。

为此，各级领导干部尤其是海南自由贸易港的领导干部要加强理论修养，深入学习马克思主义基本理论，学懂弄通做实习近平新时代中国特色社会主义思想，掌握贯穿其中的辩证唯物主义的世界观和方法论，提高战略思维、历史思维、辩证思维、创新思维、法治思维、底线思维能力，善于从纷繁复杂的矛盾中把握规律，不断积累经验、增长才干，提高风险化解能力。要敢于担当、敢于斗争，保持斗争精神、增强斗争本领，年轻干部要到重大斗争中去真刀真枪干。要加强斗争历练，增强斗争本领，永葆斗争精神，以"踏平坎坷成大道，斗罢艰险又出发"的顽强意志，应对好每一场重大风险挑战，切实把改革发展稳定各项工作做实做好。④ 要自觉加强斗争历练，在斗争中学会斗争，在斗争中成长提高，努力成为敢于斗争、善于斗争的勇士。

---

① 《习近平在中共中央政治局第一次集体学习时强调 切实学懂弄通做实党的十九大精神 努力在新时代开启新征程续写新篇章》，《人民日报》2017年10月29日。

② 《习近平在中共中央政治局第三十次集体学习时强调 准确把握和抓好我国发展战略重点 扎实把"十三五"发展蓝图变为现实》，新华社，2016年1月30日。

③ 《中共中央政治局召开专题民主生活会强调 带头把不忘初心牢记使命作为终身课题 始终保持共产党人的政治本色和前进动力 中共中央总书记习近平主持会议并发表重要讲话》，新华网，2019年12月27日。

④ 《习近平谈治国理政》第三卷，外文出版社2020年版，第223页。

要坚定斗争意志，不屈不挠、一往无前，决不能碰到一点挫折就畏缩不前，一遇到困难就打退堂鼓。要善斗争、会斗争，提升见微知著的能力，透过现象看本质，准确识变、科学应变、主动求变，洞察先机、趋利避害。要加强战略谋划，把握大势大局，抓住主要矛盾和矛盾的主要方面，分清轻重缓急，科学排兵布阵，牢牢掌握斗争主动权。[①]

二、具体部署

《总体方案》实施以来，习近平总书记先后就海南生态环保、疫情防控、金融税收、影视行业健康发展等作出重要批示。《总体方案》用单独一部分写"风险防控体系"，对贸易、投资、金融、数据流动、生态和公共卫生等领域重大风险防控作出具体部署，要求加强重大风险识别和系统性风险防范，建立健全风险防控配套措施。

（一）以设施建设为重点防控贸易风险

贸易是海南自由贸易港建设的重中之重。海南自由贸易港制度设计以贸易投资自由化便利化为核心。《总体方案》明确对货物贸易实行以"零关税"为基本特征的自由化便利化制度安排，对服务贸易实行以"既准入又准营"为基本特征的自由化便利化政策举措。其中，对货物贸易实施"一线"放开、"二线"管住，岛内自由政策。即，在确保履行我国缔结或参加的国际条约所规定义务的前提下，制定海南自由贸易港禁止、限制进出口的货物、物品清单，清单外货物、物品自由进出；货物从海南自由贸易港进入内地，原则上按进口规定办

---

① 《习近平谈治国理政》第四卷，外文出版社 2022 年版，第 80 页。

理相关手续，照章征收关税和进口环节税，但存在对鼓励类产业企业生产的不含进口料件或者含进口料件在海南自由贸易港加工增值超过30%（含）的货物，经"二线"进入内地免征进口关税等例外情况。同时，对海南自由贸易港内企业及机构实施低干预、高效能的精准监管，实现自由贸易港内企业自由生产经营。在此政策背景下，存在货物贸易走私等风险。为此，严格把牢"二线"，严格管好口岸至关重要。《总体方案》要求高标准建设开放口岸和"二线口岸"基础设施、监管设施，加大信息化系统建设和科技装备投入力度，实施智能精准监管，依托全岛"人流、物流、资金流"信息管理系统、社会管理监管系统、口岸监管系统"三道防线"，形成海南社会管理信息化平台，对非设关地实施全天候动态监控。

同时，由于在海南自由贸易港建设初期，全岛封关之前还要设立部分特殊监管区，一些特殊监管区没有口岸查验机构，存在风险隐患。为此，《总体方案》提出，加强特定区域监管，在未设立口岸查验机构的区域设立综合执法点，对载运工具、上下货物、物品实时监控和处理。在"一线"放开、"二线"管住的模式下，从海南自由贸易港进入内地的"二线"，就成为打击走私的"前线"。《总体方案》明确，海南自由贸易港与内地之间进出的货物、物品、人员、运输工具等均需从口岸进出，并完善口岸监管设备设施配置。对海南自由贸易港而言，更要注重跨区域跨部门合作，尤其是在"二线"管住方面，《总体方案》部署，海南省政府负责全省反走私综合治理工作，对下级政府反走私综合治理工作进行考评。建立与广东省、广西壮族自治区等地的反走私联防联控机制。为此，要坚持风险防控底线，进一步建立健全区域反走私联防联控机制，推动落实琼粤桂联防联控机制落实落细，在执法合作、情报共享、协作配合、任务衔接等方面形成整体合力，以高水准联防联控机制支持海南自由贸易港建设。

（二）以制度建设为重点防控投资风险

作为最高水平的开放形态，海南自由贸易港不仅要求大流量的贸易，而且要有大体量的投资，其中，外资市场准入和市场监管是投资风险防控的重中之重。《总体方案》明确，大幅放宽海南自由贸易港市场准入，强化产权保护，保障公平竞争，打造公开、透明、可预期的投资环境，进一步激发各类市场主体活力为海南投资制度集成创新的主要原则。具体有，一是实施市场准入承诺即入制。严格落实"非禁即入"，在"管得住"的前提下，对具有强制性标准的领域，原则上取消许可和审批。同时，对外商投资实施准入前国民待遇加负面清单管理制度，大幅减少禁止和限制条款。这是目前全国市场准入制度改革最为前沿的举措。二是创新完善投资自由制度。实行以过程监管为重点的投资便利制度。实施过程监管是国际通行的投资便利制度，是改革开放以来我国政府职能转变的主线，海南自由贸易港直接对标国际通行规则。三是建立健全公平竞争制度。强化竞争政策的基础性地位，确保各类所有制市场主体在要素获取、标准制定、准入许可、经营运营、优惠政策等方面享受平等待遇。四是完善产权保护制度。依法保护私人和法人财产的取得、使用、处置和继承的权利，以及依法征收私人和法人财产时被征收财产所有人得到补偿的权利。

四个方面为主的制度使海南自由贸易港成为全国投资制度最为先进的投资目的地。在此背景下，如何在对接国际规则的条件下，既可以引进来又可以管得住是海南自由贸易港投资制度创新面临的重要问题，不仅必要而且紧迫。针对外资准入，《总体方案》要求，实施好外商投资安全审查，在创造稳定、透明和可预期的投资环境的同时，有效防范国家安全风险。为此，针对过程监管，《总体方案》要求，要完善与投资规则相适应的过程监管制度，严格落实备案受理机构的审查责任和备案主体的备案责任。明确加强过程监管的规则和标准，压实监管责任，依法对投资经营活动的全生命周期实施有效监管，对新技术、新产业、新业态、新模式实行包容审慎监管，对高风险行业和领域实行重点监管。建立健全法律责任制度，针对备案主体提供虚假备案信息、违法经营等行为，制定严厉的惩戒措施。

（三）以完善管理体系为重点防范金融风险

要素自由流动是高水平自由贸易港的基本特征，其中，资金是最基本和最核心的要素，是贸易投资自由化便利化的基础条件。自由贸易港金融是最高开放水平的金融形态，高地之高在于自由贸易港金融的建设发展起点高、自由便利程度高、双向开放水平高、引领作用要求高。其中，金融开放包括资本项目开放，即，国际收支中跨境资本交易、汇兑环节的自由流动，反映在资本和金融项下，同时包括金融市场和机构的对外开放，反映在金融和经常项下。对标国际高水平经贸规则，构建金融新体系是推动海南自由贸易港金融大繁荣大发展的基本方向。为此，《总体方案》要求海南自由贸易港要实现跨境资金流动自由便利，要坚持金融服务实体经济，重点围绕贸易投资自由化便利化，分阶段开放资本项目，有序推进海南自由贸易港与境外资金自由便利流动。

要充分认识资本项目开放的潜在风险。金融服务业的开放本质上是允许外资机构在中国提供金融服务，有助于中国引进国际先进金融服务理念和经验，从而增强海南金融业的竞争力，激发海南金融机构服务能力的改革创新，进而提高效率和服务水平，更好服务于实体经济。但资本项目开放则不然，资本项目开放背后隐藏着严重的跨境资本流动风险。但由于我国当前金融经济体制尚不完善、风险防控水平还不高，贸然放开资本项目，跨境国际资本的大规模进出，通过海南自由贸易港不断冲击国内原本平衡稳定的经济体系，最终演变成金融危机。历史上一些国家在金融开放的过程中盲目放开了资本项目，导致金融危机的发生。尤其是在当前中美贸易摩擦、中国经济转型的背景下，国内外金融形势复杂多变，风险加剧，海南更应把握好金融开放的节奏，警惕金融开放加快阶段所蕴含的风险，防范金融危机的发生。为此，在海南自由贸易港的建设过程中，金融政策的设计与推进应遵循分步骤、分阶段建立自由贸易港金融政策和制度体系的基本原则，应定位于服务跨境贸易投资的自由化和便利化，应以不发生系统性金融风险为底线，在此基础上，推动便利跨境贸易投资的资金流动、金融服务业开放、金融改革创新支持实体经济发展。《总体方案》部署优化金融基础设施和金融法治环境，加强金融消费者权益保护，依托资金流信息监测管理系统，建立健全资金流动监测和风险防控体系。建立自由贸易港跨境资本流动宏观审慎管理体系，加强对重大风险的识别和系统性金融风险的防范。加强反洗钱、反恐怖融资和反逃税审查，研究建立洗钱风险评估机制，定期评估洗钱和恐怖融资风险。构建适应海南自由贸易港建设的金融监管协调机制。

（四）做好网络安全和数据安全风险防范

随着互联网＋行动计划进一步推进实施，大数据将加速从互联网向更广泛的领域渗透。2019 年我国首次明确数据是生产要素。2020 年相继出台多项政策部署加快培育数据要素市场。数据资源是自由贸易港建设的基础要素之一，海南自由贸易港建设更需要数据资源作为投资贸易的基础要素。《总体方案》要求在确保数据流动安全可控的前提下，扩大数据领域开放，创新安全制度设计，实现数据充分汇聚，培育发展数字经济，同时，允许实体注册、服务设施在海南自由贸易港内的企业，面向自由贸易港全域及国际开展在线数据处理与交易处理等业务，并在安全可控的前提下逐步面向全国开展业务。《总体方案》还提出建设智慧海南，以物联网、人工智能、区块链、数字贸易等为重点发展信息产业，鼓励区块链等技术集成应用于治理体系和治理能力现代化，依托全岛"人流、物流、资金流"信息管理系统、社会管理监管系统、口岸监管系统建设海南社会管理信息化平台等措施。根据《总体方案》，海南自由贸易港将依法有序推进人工智能、大数据、云计算等金融科技领域研究成果在海南自由贸易港率先落地，实现便利数据流动，在国家数据跨境传输安全管理制度框架下，开展数据跨境传输安全管理试点，探索形成既能便利数据流动又能保障安全的机制。到2035年前，海南自由贸易港将创新数据出境安全的制度设计，探索更加便利的个人信息安全出境评估办法。开展个人信息入境制度性对接，探索加入区域性国际数据跨境流动制度安排，提升数据传输便利性。积极参与跨境数据流动国际规则制定，建立数据确权、数据交易、数据安全和区块链金融的标准和规则，实现数据安全有序流动。同时，基于数据基础设施频受攻击、数据丢失及泄露风险加大、数据交易地下产业链活动日增，各国高度重视数据跨境流动监管。在此背景下，为有效防范数据风险和网络安全风险，《总体方案》部署，实施网络安全等级保护制度，重点保障关键信息基础设施和数据安全，健全网络安全保障体系，提升海南自由贸易港建设相关的网络安全保障能力和水平。建立健全数据出境安全管理制度体系。健全数据流动风险管控措施。

（五）补短板强弱项防控公共卫生风险

近年来频发的公共卫生事件为世界各国敲响公共卫生风险警钟。尤其是 2019 年底以来新冠肺炎疫情传播速度最快、感染范围最广、防控难度最大，对人类健康风险、国际传播风险形成巨大挑战。公共卫生风险成为国际社会尤其是高度开放的经济体必须要面对的重要挑战。作为最高水平开放形态的海南自由贸易港更要把公共卫生风险防控摆在重要位置。海南自由贸易港实行"一线放开"的开放模式，《总体方案》要求在"一线"进（出）境环节强化安全准入（出）监管，加强口岸公共卫生安全等管控。同时，作为全国建省较晚的省份，海南公共卫生基础薄弱，需要筑牢防控公共卫生风险基础。为此，《总体方案》部署，加强公共卫生防控救治体系建设，建立传染病和突发公共卫生事件监测预警、应急响应平台和决策指挥系统，提高早期预防、风险研判和及时处置能力。加强疾病预防控制体系建设，高标准建设省级疾病预防控制中心，建立国家热带病研究中心海南分中心，加快推进各级疾病预防控制机构基础设施建设，优化实验室检验检测资源配置。加强公共卫生人才队伍建设，提升监测预警、检验检测、现场流行病学调查、应急处置和医疗救治能力。建设生物安全防护三级实验室和传染病防治研究所，强化全面检测、快速筛查能力，优化重要卫生应急物资储备和产能保障体系。健全优化重大疫情救治体系，建设传染病医疗服务网络，依托综合医院或专科医院建立省级和市级传染病医疗中心，改善传染病医疗中心和传染病医院基础设施和医疗条件。重点加强基层传染病医疗服务能力建设，提升县级综合医院传染病诊疗能力。构建网格化紧密型医疗集团，促进资源下沉、医防融合。完善基层医疗卫生机构标准化建设，强化常见病多发病诊治、公共卫生服务和健康管理能力。同时，要求海南加强国际卫生检疫合作和国际疫情信息搜集与分析，提升口岸卫生检疫技术设施保障，建设一流的国际旅行卫生保健中心，严格落实出入境人员健康申报制度，加强对来自重点国家或地区的交通工具、人员和货物、物品的卫生检疫，强化联防联控，筑牢口岸检疫防线。加强对全球传染病疫情的监测，推进境外传染病疫情风险早期预警，严防重大传染病跨境传播。建立海关等多部门协作的境外疫病疫情和有害生物联防联控机制。提升进出口商品质量安全风险预警和快速反应监管能力，完善重点敏感进出口商品监管。真正做到口岸和省内公共卫生"双安全"。

（六）内外并举防控生态风险

生态环境保护事关海南长远发展。习近平总书记多次对海南生态环境保护做出批示指示，希望海南处理好发展和保护的关系，着力在"增绿""护蓝"上下功夫，为全国生态文明建设当个表率，为子孙后代留下可持续发展的"绿色银行"。①《总体方案》对海南自由贸易港生态文明建设进行了全面部署。在产业发展方面，要求海南自由贸易港围绕生态环保、生物医药、新能源汽车、智能汽车等壮大先进制造业。在生态文明制度方面，要求海南全面建立资源高效利用制度，健全自然资源产权制度和有偿使用制度。健全自然保护地内自然资源资产特许经营权等制度，探索生态产品价值实现机制。探索建立政府主导、企业和社会参与、市场化运作、可持续的生态保护补偿机制。

---

① 《习近平考察海南》，新华社，2013 年 4 月 13 日。

加快构建自然资源统一调查评价监测和确权登记制度。健全生态环境监测和评价制度。在规划体系方面，要求海南扎实推进国土空间规划体系建设，实行差别化的自然生态空间用途管制。在生态文明载体建设方面，要求海南建立热带雨林等国家公园，构建以国家公园为主体的自然保护地体系。

生态环境好并不等于生态环境保护工作做得好，尤其是在自由贸易港建设进程中，正确处理保护和发展的关系十分重要。为此，《总体方案》对海南生态文明风险防控工作做出部署。近年来以走私、夹带、瞒报等方式输入国家禁止进口的固体废物和未经许可擅自进口属于限制进口的固体废物即"洋垃圾"呈现增长趋势，《总体方案》要求海南实施严格的进出境环境安全准入管理制度，禁止洋垃圾输入，最大限度降低输入性生态风险。同时，医疗废物、废铅蓄电池、废线路板等均含有害物质，是常见的危险废物，处置不当会对环境造成巨大污染。《总体方案》要求海南提升危险废物监管和利用处置能力，有效防控危险废物环境与安全风险，推进医疗废物等危险废物处置设施建设，提升突发生态环境事件应急准备与响应能力。环保信用评价是加强生态环境监管的重要抓手，是推动市场主体履行生态环境保护责任的重要手段。《总体方案》要求海南建立健全环保信用评价制度。对纳入生态环境监管且对生态环境保护和应对气候变化有重要影响的企事业单位全面实施环保信用评价，落实生态环境保护主体责任，提升生态环境领域监管能力和水平，持续改善生态环境质量。

三、实践探索

海南省委省政府坚决贯彻落实习近平总书记关于风险防控的重要批示指示精神，始终坚持没有风险防控就没有改革开放，有多大的风险防控能力就有多大的改革开放空间，将"管得住"作为"放得开"的底线，时刻紧绷风险防控这根弦。对自由贸易港建设风险进行系统谋划，紧抓全岛封关运作这个风险管控根本工程，成立风险防控专项工作组，全面梳理和动态调整各个领域各类风险，建立完善风险预警和防控体系，坚决落实海南自由贸易港建设重大风险防控行动方案，每一项政策和改革举措都紧跟一套"管得住"的工作机制和防控措施。到目前为止，全省未出现系统性重大风险。

（一）做好风险防控顶层设计

《总体方案》发布以来，围绕《总体方案》提出的 8 个方面风险防控任务，紧扣海南办印发的《海南自由贸易港建设重大风险防控行动方案（2020—2022 年）》，抓早抓小、防微杜渐，确保海南自由贸易港建设行稳致远。一是构建科学高效的风险防控工作机制。为统筹协调风险防控工作，全省成立了走私、金融、数据流动、投资、服务贸易、生态、公共卫生安全和民生保障等 15 个风险防控专项工作组。每个工作组均由省领导任组长，高位统筹谋划安排各专项领域重大风险防控工作。全面深入梳理重点领域风险点，并根据最新风险情况对每一风险点按照红、橙、黄、蓝（重大风险、较大风险、一般风险、低风险）设定风险等级。二是组织建立了风险月度动态评估调整机制。每月 15 个风险防控专项工作组动态评估本领域各项风险点的最新风险等级。稳步提升风险防控基础设施和信息化水平。三是建设社会管理信息化平台并投入实战化运行。搭建资金流监测系统，构建离岛免税商品溯源的管理体系，完善了入琼关口前端非法离岛预警模块功能。布局建设公共卫生预防、救治、保障和应急"四大体系"。四是严格督促各项风险防控任务落到实处。印发《海南自由贸易港建设重大风险防控工作任务分工(2020—2022年)》，挂图作战、整体推进。初步形成重大风险联防联控的良好局面。加强部门之间的数据共享，做到全方位立体精准画像，防范企业利润转移等风险。同时，推动与其他兄弟省份联合开展风险防控。目前，风险防控专项工作组工作运转有序，分管省领导定期研究部署、职能部门协作联动、工作信息及时共享、突发事项协同处置的工作机制和体系已基本成型，各项风险防控任务部署正有序推进。

（二）严格防控贸易风险

走私问题是自由贸易港建设的伴随性问题。防范走私风险是海南自由贸易港建设重中之重，也是关系"一线"放开、"二线"管住大局的重大问题。省委省政府高度重视打击走私问题，一手抓贸易自由化便利化，一手抓走私风险防范。具体措施如下：一是加强反走私立法保障。2020年4月1日颁布施行《海南省反走私暂行条例》，该法遵循"以防为主、打防结合、综合治理"的原则，构建"打防管控"反走私格局。明确要求开展未设立口岸查验机构区域综合执法点建设，紧盯重点领域和部位，加强部门联动，形成多部门监管机制。成立海岸警察总队，深入开展全岛海岸线反毒、反走私等防控工作。二是构建综合性监管处置平台。加快完善社会管理信息化平台，构建近海、岸线、岛内三道防控圈，逐步实现对进出岛人流、物流、资金流的全天候全方位动态监管，海南社会管理信息化平台一期基本建成，社管平台二期正在加快建设，初步实现实战化运行，为防范走私风险等提供强大的技术支撑。三是高压严打离岛免税套购走私行为。我省坚持以防为主，打防结合、联防联控，在省级层面成立离岛免税购物风险防控领导小组，组建包括海关、公安、海警、税务、大数据管理等部门共同参与、军警民协同处置的工作专班，对进出岛人流、物流、资金流实施全天候全方位动态监管，清理违规二次销售网店，对套购走私风险开展实时研判、精准打击和综合治理。建立琼粤桂反走私联防联控机制，坚决维护离岛免税市场正常秩序。自离岛免税新政实施以来，开展打击套购走私团伙专项行动，对违规旅客实施三年内不得购买离岛免税品的资格处罚，对严重失信主体实施联合惩戒。与此同时，加强源头治理，加快推进离岛免税商品加贴溯源码工作，覆盖所有离岛免税商品，为下一步岛内居民日用消费品"零关税"政策落地和全岛封关运作夯实基础、积累经验。四是推进贸易风险防控。建立海南省服务贸易领域风险防控会商工作机制，强化联防联控。积极发挥省服务贸易创新发展联席会议的作用，将服务贸易风险防控作为重要工作纳入服务贸易创新发展试点，明确了"全面探索完善监管模式"的任务。组建海南自由贸易港贸易自由化便利化工作专班，逐项梳理《商务部等 20 部门关于推进海南自由贸易港贸易自由化便利化若干措施的通知》各项工作任务所涉及的风险点，以及落实任务所衍生出的风险点，并提出相应防控措施。

（三）系统防范跨境资金流动风险

海南省委省政府高度重视金融风险防控工作，超前谋划部署成立金融风险防控专班，在人行海口中心支行建设自由贸易港资金流监测平台，综合施策，坚决守住不发生区域性、系统性金融风险的底线。一是建立海南省地方金融综合风险防范系统。该系统主要通过登记备案、数据采集、可视化监控中心子系统、监测预警等 11 个子系统对地方类金融机构及金融市场创新业务实行常态化的监测管理，为地方金融统计、监管、决策提供数据支持，对重大金融风险隐患、非法集资活动、地方金融风险等进行及时识别和有效防范，对省内类金融企业的工商、司法、经营状况、周边舆情等情况进行分析。截至目前，海南省地方金融综合风险防范系统已对省内近 5 万家类金融企业的工商、司法、经营状况、周边舆情等情况进行分析，共监测发现高风险企业 7 家，并形成相应行业风险分析报告，同时已完成非法金融活动监测预警平台与各市县处非办联动的改造，促进地方金融监督管理能力进一步提升。初步达到规范类金融机构经营、防范重大金融风险的效果。

二是搭建海南自贸区（港）资金流监测信息系统，扎好海南自由贸易港资金"电子围栏"。该系统对自由贸易港资金跨境流动已实现监测全覆盖，被国务院第六次大督查通报表扬，为全国首个实时采集银行资金交易数据的数据平台，并荣获第一届"海南省改革和制度创新奖"一等奖。一方面，实时精准监测每一笔进出岛资金交易信息。在琼 22 家商业银行日均实时向资金流监测系统报送进出岛资金交易笔数 600—800 万笔，金额 500—800 亿元，日均数据体量 5Gb。截至 2020 年 8 月末，资金流监测系统共接收了 19 亿条资金进出岛交易数据，实现了全天候、实时性、交易级对进出岛"每一分钱"的精准监测。另一方面，搭建全面关系网络，实现多样化查询功能。目前，已实现个体和群体查询功能，包括对特定自然人、法人的查询及某特定对象某段时间内的全部资金交易信息查询,支持精确搜索、模糊搜索和多条件组合查询。同时,可通过企业的交易信息,实现企业画像功能,并形成较全面的关系网络,网络中的任意信息点都可多维度向下钻取检索,实现了数据"一点查询,多点展示"。截至目前,可对 2700 万余名自然人和 28 万余户企业的交易信息进行查询。此外,引用多种模型,完善进出岛资金"电子围栏"功能。积极探索运用多种预警模型,通过数据挖掘分析,对涉嫌走私、非法集资、洗钱、恐怖融资和逃汇等五类可疑交易进行预警、处置,实现进出岛资金"电子围栏"监管目标,为防范金融风险和推进自由贸易港建设提供有力保障。

三是加快推进海南省智慧金融综合服务平台建设,完善"监管沙盒"机制,构建区域金融安全空间。海南省智慧金融综合服务平台的建设包括了智慧融资服务平台、智慧跨境贸易服务平台和智慧监管服务平台三个部分,通过整合海南省政务、金融机构、企业等多方信息,解决金融机构和中小企业之间信息不对称等问题。其中,智慧融资服务平台依托先进的风控模型和大数据精准描绘中小企业画像,让金融机构能够更好地掌握融资企业的经营状况;通过整合商业银行、小贷公司等金融机构,为平台提供全线金融信贷产品,以满足不同类型中小企业的融资需求,健全新发展格局下的现代普惠金融体系。智慧跨境贸易服务平台将结合接入海南省各政务部门的政务数据和外部数据,实现信息流、资金流和物流的"三流合一",帮助金融机构实现业务线上化升级和"线上+线下"深度融合,加速其数字化转型进程。智慧监管平台则通过广泛采集政务信息,依托大数据、人工智能、区块链等前沿技术,借鉴国际金融经验,聚焦打造"金融风险智能监管"和"监管数据沙箱"两大模块，可提供包括对区域风险监测、重点行业风险排查与监测和重点企业风险监测等功能服务，有效辅助开展金融风险的精准预测与快速处置。未来海南智慧金融综合服务平台落成后，将为用户提供全流程、综合性的线上贸易融资、投融资等一站式金融服务，构建公开透明的企业投融资生态体系；与此同时，平台更将利用金融科技全面提升金融监管水平和效率，助力自由贸易港的金融监管创新，打造国际金融监管新典范。

四是推广自由贸易账户，筹划多功能自由贸易账户体系建设。海南自由贸易账户（FT账户）体系按照"一线便利，二线管理"的原则规范账户收支管理，是一套以人民币为本位币、账户规则统一、兼顾本外币风险差别管理的本外币可兑换账户体系，各类市场主体可按规定开展适用于海南自贸区（港）的投融资汇兑及相关业务。海南FT账户体系是海南全面深化改革开放的重点项目，是促进自由贸易港投资贸易便利化的重要抓手之一，也是实现金融账户隔离实现跨境资金自由便利安全流动的基础工程。海南自由贸易账户（FT账户）体系于2019年1月1日正式上线运行，目前有11家商业银行可办理FT账户业务。2021年，通过海南FT账户共发生资金流动1557.6亿元。自2020年3月实现海南FT账户全功能型跨境双向人民币资金池业务突破以来，截至2021年12月末，全功能型跨境资金池已发生跨境收支折人民币44.87亿元，支持跨国企业根据自身经营和管理开展境内外成员资金调拨。当前，中国人民银行海口中心支行正在推进《总体方案》部署的多功能自由贸易港账户体系建设，已形成通过"双账户"管理模式建构跨境金融服务（CFS）的初步方案，正处于研究论证阶段。此外，建立支付清算系统业务连续性季度风险排查机制，保障支付系统安全稳定运行。不断加大银行信贷风险防控化解力度，坚持动态监测评估辖区金融风险状况，通过建立银行资产质量、大型企业杠杆率等监测工作机制等手段，多方位多维度监测和防范金融风险。

（四）强化投资过程监管

一是推行负面清单管理，从源头上把控投资风险敞口。准入前国民待遇加负面清单管理制度是《外商投资法》的一项重要制度，也是世界自由贸易港普遍通行的投资管理制度。负面清单管理制度有利于国家和海南自由贸港最大限度事前把握住投资风险，避免投资风险敞口过度、过宽，将大量的投资风险不确定性变成确定性，大幅提高投资风险管理制度化水平，提升制度型开放的效能。国家相关部委和海南省委省政府共同努力，主要在两方面有较大突破：一方面发布海南自由贸易港外商投资准入负面清单。2020 年 12 月 31 日，国家发展改革委、商务部发布《海南自由贸易港外商投资准入特别管理措施 (负面清单)(2020 年版)》，负面清单缩减为 27 条，推动海南外商投资高速增长。2021 年，全省新设立外商投资企业 1936 家，同比增长 92.64%；实际使用外资 35.2 亿美元，同比增长 16.2%。另一方面，出台全国首张跨境服务贸易负面清单。2021 年 7 月，商务部发布《海南自由贸易港跨境服务贸易特别管理措施 (负面清单)(2021 年版)》，明确列出针对境外服务提供者的 11 个门类 70 项特别管理措施作为负面清单。这是我国在跨境服务贸易领域公布的第一张负面清单，目前已取得了境外游艇进出、教育服务、证券账户、法律顾问、船舶检验、航空气象服务及涉海南商事非诉讼法律事务等 7 个开放领域的"首单"落地。

二是着力构建高水平的过程监管体系，提升投资监管效能。制定出台以信用监管为基础、与负面清单管理方式相适应的过程监管实施方案，为事中事后监管和"放管服"改革提供信用支撑保障。印发实施《海南省外商投资安全审查工作制度》，对企业设立、扩大并购、取得经营许可建设涉及固定资产投资的项目等，进行全程监督。建立多部门横向协同联动机制，对外商投资企业信息报告进行重点监管，对全省外商投资项目核准和备案情况进行统计、摸排。截至目前，尚未发现可能影响国家安全的外商投资项目。对全省闲置土地情况进行全面梳理，形成闲置土地处置清理清单台账，制定处置工作方案。落实"重大带动作用产业项目协议出让"政策，强化土地协议出让事中事后监管。

三是以实质性经营审查为监管重点，坚决防范税收风险。《总体方案》公布后，部分优惠政策相继出台，进入海南的市场主体井喷式增长。企业类型繁杂，鱼目混珠，也有个别市场主体钻空子。海南省委省政府一开始就高度重视税收风险防范，坚决不让海南自由贸易港成为"避税天堂"。一方面，强化源头管控，把好登记注册关，建立和完善风险识别和发现机制。从企业登记环节开始，建立风险识别指标体系，细化到行业、到市县。在招商引资过程中，纠正急功近利等思想认识上的偏差，对招商引进的企业，既讲清讲透税收优惠政策，也讲清享受的门槛和条件，钻空子的空壳公司一个都不要。另一方面，把好政策制定关。省政府办公厅印发了《关于规范产业扶持财税政策有关事项的通知》，明确了一律不得签订或出台与企业缴纳税收直接挂钩的扶持政策等事项。再一方面，加强日常监管。建立完善预警机制，依托社会管理信息化平台和税务信息化平台，对企业运营的一些苗头问题及时预警。同时，并着力完善"双随机一公开"监管和信用监管机制，推进监管信息共享，学习借鉴国际反避税工作经验，对相关行为依法依规采取相应的措施。

（五）加强数据管理体系创新

数据安全有序流动是一项极为复杂的系统工程，涉及到海南自由贸易港建设格局下的数据融合、数据交易规范和数据跨境问题；也是一个重大的社会问题，涉及到开放环境下的公民隐私数据、企业的重要关键数据、国家层面关键数据的保护和合法授权问题；同时更是数字经济时代海南自由贸易港其他生产要素自由化便利化的基础和保障。只有在确保数据安全有序流动的前提下，投资、贸易、人员、货物、资金才能实现真正的自由流通。为此，海南省委省政府多方施策，切实增强数据风险防控工作。

一是创新管理体制，设立大数据管理局。2019 年开始在省级层面政府序列之外尝试设立法定机构，省政府专门出台《海南省大数据管理局管理暂行办法》，明确设立海南省大数据管理局，承担大数据建设、管理和服务等职责，统筹规划，整体推进，推进我省大数据统一建设，统一管理。省大数据管理局由省政府直接管理。省大数据管理局实行法人治理结构，建立理事会决策、局长执行的治理架构。在职责范围内，省工业和信息化厅、省互联网信息办公室对省大数据管理局进行业务指导和监督。按照"管运分离"的原则，省大数据管理局依法组建省大数据运营公司，承担全省电子政务基础设施、公共平台和共性平台的建设运维工作，省大数据管理局履行出资人职责。通过理顺关系、创新体制，为大数据管理和数据流动风险防控提供了有力的体制支撑。

二是加强立法，为数据安全有序流动提供法治保障。为了推动大数据的开发应用管理，2019 年 9 月海南省第六届人大常委会颁布实施了《海南省大数据开发应用条例》，把数据安全开放作为大数据开发应用的标准，明确要求增强全社会大数据安全意识，提高大数据开发应用和安全风险防范能力。专章对"数据安全与保护"进行了规定，明确了大数据安全管理的政府部门及生产经营单位的责任、数据安全等级及数据安全风险测评等管理制度、建立大数据安全重大风险识别处置机制等各种具体措施和要求，为整体推动数据安全管理和数据跨境安全有序流动提供法治保障。

三是稳妥推动跨境数据有序流动的软硬件设施建设。一方面，推进跨境数据有序流动的硬件设施建设。2020 年 8 月，由中国移动通信集团申报的海口区域性国际通信业务出入口局获得工业和信息化部批准设置，建设海南自由贸易港国际通信服务能力提升又迎新突破。目前，已建成并开通海南自由贸易港国际互联网数据专用通道，已开通专线 20 条。开展跨境交流专用通道试点，截至 2021 年底全省开通专用通道账号 863 个。另一方面，是加快推进数据安全基础设施平台建设。该平台可实现数据安全防护，确保数据流通的整体性、协同性、开放性和系统性，支撑数据安全管理和运营，防范敏感数据泄露。按照数据分类分级的要求，针对数据在采集、传输、存储、加工、开放、共享、销毁过程中存在安全风险，利用脱敏、溯源等安全技术实现数据安全防护，实现政务数据对外出口统一监测与管控，严控数据安全风险。建设云密码资源池，为政务外网业务应用提供弹性可扩展的密码服务。

四是积极推进数据流动相关试点工作。明确数据流动边界，探索建立数据流动负面清单，指导相关行业单位做好数据流动风险防控工作，确保数据流动安全有序。完善网络安全监测平台，提升网络安全防护能力。重点关注重点单位、企业和关键信息基础设施的网络安全状况，及时开展远程、临机检查检测工作。建立健全数据出境安全管理制度体系。健全数据流动风险管控措施。

（六）筑牢生态环境风险屏障

做好生态环境风险防控是海南保护生态环境的底线和最基本要求，海南省委省政府一方面从正面建设生态风险屏障，一方面从反面防控生态风险。

一是建立健全生态文明制度体系和加强能力建设。健全的生态文明管理体制是确保海南生态环境自身健康的重要保障，生态环境自身健康也是筑牢生态风险防控屏障的依托。近年来，海南在生态文明管理体制建设方面取得长足进步，国家生态文明试验区（海南）稳步推进。海南在"多规合一"、热带雨林国家公园建设等方面走在全国前列，2021 年 10 月 12 日海南热带雨林国家公园入选第一批国家公园。2022 年 4 月 12 日，习近平总书记在海南视察国家热带雨林公园，强调"海南热带雨林国家公园建设是国之大者"。[①]经过努力，海南以热带雨林国家公园为主体的自然保护地体系基本成型。完成生态环境机构监测监察执法垂直管理制度改革和生态环境综合行政执法改革。海南省率先取消全省三分之二市县的 GDP 考核，建立以高质量发展为导向的评价考核机制，实行环境保护目标完成情况一票否决制和生态环境损害责任终身追究制。生态文明法治体系加快完善。海南在全国率先划定省域生态保护红线，探索生态产品价值实现机制。

---

① 《习近平总书记考察海南》，新华社，2022 年 4 月 13 日。

2022 年 1 月 25 日，发布实施《海南省建立健全生态产品价值实现机制实施方案》，在海南热带雨林国家公园率先开展以生态产品实物量为重点的生态系统生产总值生态价值（GEP）核算，成为国内首个发布 GEP 核算成果的国家公园，推动形成生态产品价值实现新形式，为全国国家公园建设提供"海南样板"。

二是建立健全生态环境风险防控制度体系。制定《海南省突发环境事件应急预案》，建立境外动植物疫情防控工作机制、口岸动植物引进隔离监管及疫病疫情联防联控工作机制，签署琼粤桂林业有害生物防治协作框架协议。布局推进国家（三亚）隔检中心（一期）项目建设，推动把月亮岛打造成中转基地隔离检疫体系生物安全保障能力核心区。同时，推进医疗废物处置设施建设，基本完成医疗废物处置设施布局建设，推进危险废物集中处置设施建设。提升突发生态环境应急准备与响应能力。加强进出口农业转基因生态安全监管，严格进出境环境安全准入管理，禁止洋垃圾入境。比如，海口海关积极推进国门安全保障工作，积极做好动植物疫情疫病监测工作，对监测发现的重大动植物疫情疫病及外来入侵生物，及时启动风险预警及应急处置措施，妥善处置风险。强化非贸渠道动植物检疫监管，深入开展"国门绿盾 2021"行动，严厉打击非法引进外来物种和种子苗木行为。深入开展国门生物安全"进校园、进社区、进机关、进礼堂"等系列宣传教育活动，增强民众遵守国门生物安全法律、保护生态安全的意识。

（七）健全公共卫生应急体系

省委省政府以《总体方案》总体部署和新冠肺炎疫情事件作为公共卫生防控体系建设的重要契机，树立大健康大卫生理念，聚焦疾控预防体制机制及能力建设，完善重大疫情防控体制机制，健全公共卫生及其应急管理体系，逐步构建与海南自由贸易港建设要求相匹配的公共卫生安全环境。

一是持续加强公共卫生和疾控机构能力建设。一方面，推进公共卫生重大项目建设，不断提升我们的公共卫生风险防控能力。高标准建设省级疾控中心和市县疾控中心，特别是五大区域的疾控中心能力建设，2021年国家热带病医学中心海南分中心正式落户海南，顺利通过世界卫生组织消除疟疾评估。另一方面，做好公共卫生及疾控能力建设规划。对标海南自由贸易港和"健康海南2030"规划需求，推动公共卫生体系改革。实施全省疾控机构标准化建设三年行动计划，开展标准化建设等级评审。二是加强传染病防控。启动自由贸易港传染病防控工作，强化重点传染病和新发传染病监控、监测与分析研判，落实多部门联防联控机制；加强蚊媒监测与控制，降低登革热本土化风险。提高疟疾监测敏感性，做好输入病例处置，保持全省消除疟疾状态。三是健全公共卫生及其应急管理体系。完成疫情应急救治体系设置，完善传染病和突发公共卫生事件监测预警、应急响应平台和决策指挥系统。建设生物安全防护三级实验室和传染病防治研究所，优化重要卫生应急物资储备和产能保障体系。四是推进分级诊疗和基层医疗卫生机构标准化建设，整体提升全省医疗卫生水平，筑牢公共卫生风险防控的根基。一方面加快推进分级诊疗制度建设。规范医联体建设和管理，规范医疗资源配置，重点抓好昌江、琼海、文昌、保亭4个紧密型医疗卫生共同体试点建设和海口、三亚两个城市医联体建设国家试点。另一方面推动基层医疗卫生机构标准化建设。深化基层医疗卫生综合改革，落实"县属乡用""乡属村用"新增编制人员招聘工作，并完善基层医疗卫生人员激励政策，提升基层医疗卫生机构综合服务能力。五是强化联防联控。规划建成海南国际旅行卫生保健中心，加强国际卫生检疫合作和国际疫情信息搜集与分析，提升口岸卫生检疫技术设施保障。筑牢口岸检疫防线，加强对全球传染病疫情的监测，建立海关等多部门协作的境外疫病疫情和有害生物联防联控机制。

（八）全岛封关运作准备有序进行

自《总体方案》印发后，海南省委省政府就启动了全岛封失运作相关研究工作。《总体方案》要求，2025 年前适时启动全岛封关运作。2022 年 12 月 10 日，海南全面深化改革开放领导小组全体会议对全岛封关运作准备工作作出全面部署安排，审议通过《海南自由贸易港建设 2022 年重点工作安排》。2020 年底，成立了海南自由贸易港全岛封关运作研究专班。2021 年 7 月 15 日，推进海南自由贸易港建设工作专班在海口组织召开了自贸港封关运作准备工作座谈会，听取对海南自由贸易港全岛封关运作相关领域框架思路汇报。海南省委深改办（自贸港工委办）起草形成《海南自由贸易港全岛封关运作总体框架思路》及《全岛封关运作准备工作路线图时间表》等初步成果材料并提交国家发改委（海南办）参考。2021 年 8 月 23 日，海南省委召开封关运作专题会，成立推进全岛封关准备工作专班，全岛封关运作由研究工作阶段转向推进工作阶段。工作专班下设口岸规划建设、非设关地监管、税收制度改革、金融改革创新、行政体制创新、设施设备要素保障六个专项工作组，稳步有序推进全岛封关准备各项工作。在口岸规划建设方面。海关总署印发了《海南自由贸易港口岸布局方案》和《海南自由贸易港海关监管框架方案》。商务部等 5 部委会同海南省联合印发了《关于在海南自贸港试点放宽部分进出口货物管理措施的通知》。海南省发展改革委印发《海南自由贸易港口岸建设"十四五"规划》。省商务厅印发《海南自由贸易港口岸建设工作方案》《海南自由贸易港口岸查验基础设施建设指导意见》《海南自由贸易港国际贸易"单一窗口"提升计划》。省邮政管理局已制定《海南自由贸易港邮件快件处理中心布局及建设方案》。在非设关地监管方面。海关总署、公安部、中国海警局、全国打私办已联合印发《琼粤桂反走私联防联控机制》。《海南自由贸易港反走私条例》已启动立法调研；《海南自由贸易港免税购物失信惩戒若干规定》已出台。省公安厅会同海南海警局研究制定了反走私综合执法点、海警工作站一体化建设实施方案，并完成了选址复核、经费测算申报、建筑设计等相关工作。64 个综合执法点已全部揭牌运行。海南社会管理信息化平台期已基本建成，二期正在加快推进。在税收制度改革方面。财政部税政司正式成立销售税改革专班，开展销售税税制改革研究工作。省财政厅会同省税务局成立了自由贸易港税制改革专班，起草形成《关于销售税税制的初步框架》《关于货物由内地进入海南自由贸易港退还增值税消费税的有关规定（代拟稿）》《物品在海南自由贸易港和内地之间进出的税收管理办法（代拟稿）》。省税务局组织开展销售税税源监管、发票管理等研究，并组织专家开展自贸港新税制下信息系统建设研究。在金融改革创新方面。省地方金融监管局已向海南省人大常委会法工委提出了封关运作后金融领域的立法建议，涉及到海南自由贸易港地方金融条例、离岸金融管理条例等。人行海口中心支行正在不断完善现有 FT 账户业务功能及便利化服务。在行政体制创新方面。《推进海南自由贸易港行政体制改革方案》经中央编办多轮征求意见和修改，拟于近期报推进海南全面深化改革开放领导小组和中央编委审定。中央编委印发《关于加强海南自由贸易港建设调整海关机构编制的批复》，对海南的海关机构布局进行优化调整，整合设立洋浦海关，新设三亚机场海关，并按照《口岸检查、查验机构设置和编制管理办法》，为海口海关增加一定数量行政编制。在项目建设及要素保障方面。海南省发展改革委将海南省牵头推动的 16 项封关任务进行项目化梳理。目前，国家发改委（海南办）已委托上海投资咨询公司对海南省封关运作项目进行复核。海南省资规厅印发《关于加强推进全岛封关运作建设项目要素保障工作的通知》，积极统筹全岛封关设施纳入省和市县国土空间总体规划，为封关运作做好用地要素保障。2022 年 4 月，海南省第八次党代会提出，要全力推进全岛封关运作。把全岛封关运作作为自由贸易港建设的"一号工程"，加快推进开放口岸建设改造，高标准建设"二线口岸"，推动全岛岸线闭合管控，确保 2023 年具备封关硬件条件。完善"一线"放开、"二线"管住管理制度，健全"五自由便利、一安全有序流动"的政策制度体系和监管模式，确保 2024 年完成封关各项准备。深入开展高水平开放压力测试，在更大范围内试行"零关税"和"低税率"政策，研究推进"简税制"，确保如期顺利封关运作。

第七章 深入实施乡村振兴战略

乡村振兴战略是以习近平同志为核心的党中央着眼党和国家事业全局，深刻把握现代化建设规律和城乡关系变化特征，顺应亿万农民对美好生活的向往，对"三农"工作作出的重大决策部署，是决胜全面建成小康社会、全面建设社会主义现代化国家的重大历史任务，是新时代做好"三农"工作的总抓手。习近平总书记高度重视乡村振兴工作，科学研判乡村振兴态势，作出新时代关于乡村振兴的重要论述，阐明乡村振兴战略的目标、总要求和具体路径，为全面推进乡村振兴提供了理论指引和行动纲要。全面推进乡村振兴是海南全面深化改革开放和中国特色自由贸易港建设的重要内容，也是夯实海南发展基础、推进共同富裕的关键举措。

一、总体要求

习近平总书记高度关注"三农"工作，强调"三农"问题是全党工作的重中之重。习近平总书记指出，从中华民族伟大复兴战略全局看，民族要复兴，乡村必振兴。从世界百年未有之大变局看，稳住农业基本盘、守好"三农"基础是应变局、开新局的"压舱石"。

（一）加快发展乡村产业

加快发展乡村产业是实施乡村振兴战略的首要任务和工作重点，也是巩固和拓展脱贫攻坚成果的基础，更是农民致富增收的长远保障。产业兴旺是乡村振兴的重要基础，是解决农村一切问题的前提。只有加快发展乡村产业，实现乡村产业振兴，才能更好推动农业全面升级、农村全面进步、农民全面发展。早在 2012 年，习近平总书记就指出，贫困地区发展要靠内生动力，如果凭空救济出一个新村，简单改变村容村貌，内在活力不行，劳动力不能回流，没有经济上的持续来源，这个地方下一步发展还是有问题。[1]一个地方必须有产业，有劳动力，内外结合才能发展。2016 年 7 月，习近平总书记在宁夏考察时强调，发展产业是实现脱贫的根本之策。要因地制宜，把培育产业作为推动脱贫攻坚的根本出路。[2]2018 年 2 月，习近平总书记在打好精准脱贫攻坚战座谈会上的讲话中指出，产业增收是脱贫攻坚的主要途径和长久之策，现在贫困群众吃穿不愁，农业产业要注重长期培育和发展，防止急功近利。[3]同年，在全国两会期间参加山东代表团审议时强调，要推动乡村产业振兴，紧紧围绕发展现代农业，围绕农村一二三产业融合发展，构建乡村产业体系，实现产业兴旺，把产业发展落到促进农民增收上来，全力以赴消除农村贫困，推动乡村生活富裕。[4]2019年 7 月，习近平总书记在内蒙古考察并指导开展"不忘初心、牢记使命"主题教育时强调，产业是发展的根基，产业兴旺，乡亲们收入才

---

[1] 习近平：《做焦裕禄式的县委书记》，中央文献出版社 2015 年版，第 17—18 页。

[2] 《习近平在宁夏考察时强调 解放思想真抓实干奋力前进 确保与全国同步建成全面小康社会》，新华社，2016 年 7 月 20 日。

[3] 习近平：《在打好精准脱贫攻坚战座谈会上的讲话》，人民出版社 2020 年版，第 21—22 页。

[4] 《习近平参加山东代表团审议》，新华社，2018 年 3 月 8 日。

能稳定增长。①2021 年 8 月，习近平总书记在河北承德考察时指出，产业振兴是乡村振兴的重中之重，要坚持精准发力，立足特色资源，关注市场需求，发展优势产业，促进一二三产业融合发展，更多更好惠及农村农民。②

党的十八大以来，习近平总书记来海南考察，每次考察，他必去乡村；每次去乡村，必看乡村产业，为乡村振兴深远谋划，强力部署。2013 年 4 月习近平总书记考察亚龙湾兰德玫瑰风情产业园，对产业园实行"公司＋合作社＋农户"模式种植经营玫瑰花、示范带动农民增收致富的做法表示肯定，并强调，要把中央制定的强农惠农富农政策贯彻落实好，使热带特色农业真正成为优势产业和海南经济的一张王牌，不断开创"三农"工作新局面。2018 年 4 月，习近平总书记考察施茶村时强调，乡村要振兴，关键是产业要振兴。要鼓励和扶持农民群众立足本地资源发展特色农业、乡村旅游、庭院经济，多渠道增加农民收入，并指出，乡村振兴要靠产业，产业发展要有特色，要走出一条人无我有、科学发展、符合自身实际的道路。③2022 年 4 月，习近平总书记到五指山市水满乡毛纳村考察时强调，乡村振兴要在产业生态化和生态产业化上下功夫，继续做强做大有机农产品生产、乡村旅游、休闲农业等产业，搞好非物质文化遗产传承，推动巩固拓展脱贫攻坚成果同乡村全面振兴有效衔接。④从玫瑰产业到石斛产业再到茶叶产业，习近平总书记对海南发展特色产业的关心一以贯之，深刻回答了全面乡村振兴中"产业作用、如何发展"具体要求，为推进加快乡村产业发展指明了路径。

---

① 《习近平在内蒙古考察》，新华社，2019 年 7 月 15 日。
② 《习近平在河北承德考察》，新华社，2021 年 8 月 25 日。
③ 《习近平在海南考察》，新华社，2018 年 4 月 13 日。
④ 《习近平总书记考察海南》，新华社，2022 年 4 月 13 日。

（二）加强农村生态文明建设

乡村振兴，生态宜居是关键。农村生态文明建设是生态宜居的重要内容。习近平总书记指出，乡村振兴要坚持人与自然和谐共生，走乡村绿色发展之路。改善农村人居环境，让居民望得见山、看得见水、记得住乡愁，是建设生态宜居的美丽乡村题中应有之义。2015 年 1 月，习近平总书记在云南大理市湾桥镇古生村考察工作时强调，新农村建设一定要走符合农村实际的路子，遵循乡村自身发展规律，充分体现农村特点，注意乡土味道，保留乡村风貌，留得住青山绿水，记得住乡愁。① 习近平总书记高度重视农村环境整治，多次作出重要指示强调，建设好生态宜居的美丽乡村，让广大农民有更多获得感幸福感，并指出，农村环境整治这个事，不管是发达地区还是欠发达地区都要搞。②。2018 年 3 月，习近平总书记在参加山东代表团审议时强调："要推动乡村生态振兴，坚持绿色发展，加强农村突出环境问题综合治理，扎实实施农村人居环境整治三年行动计划，推进农村'厕所革命'，完善农村生活设施，打造农民安居乐业的美丽家园，让良好生态成为乡村振兴支撑点。③2021 年 3 月，习近平总书记在福建考察时指出，要以实施乡村建设行动为抓手，改善农村人居环境，建设宜居宜业美丽乡村。④ 习近平总书记还指出，"保护生态环境就是保护生产力，改善生态环境就是发展生产力"。⑤ 在保护好生态前提下，积极发展多种经营，把生态效益更好转化为经济效益、社会效益。深刻

---

① 《习近平在云南考察》，新华社，2015 年 1 月 22 日。
② 《习近平总书记对"千村示范 万村整治"工程作出重要指示》，新华社，2018 年 4 月 23 日。
③ 《习近平在参加山东代表团审议时的讲话》，新华社，2018 年 3 月 8 日。
④ 《习近平在福建考察》，新华社，2021 年 3 月 25 日。
⑤ 《习近平在海南考察》，新华社，2013 年 4 月 10 日。

地揭示了生态系统的生态价值和经济价值的双重属性，也反映了乡村振兴中生态宜居与经济发展的相互促进关系。环境好了，生活才能更好。良好的人居环境是广大农民的殷切期盼，要坚持绿色发展，打造农民安居乐业的美丽家园，让良好生态成为乡村振兴的支撑点。美丽乡村是我国生态文明与绿色发展最真实的写照，既是农民对美好生活的向往和追求，也是乡村振兴战略的重要组成部分。良好生态环境是农村发展的最大优势和宝贵财富，更是实现产业兴旺、打造宜居环境的前提。在实施乡村振兴战略过程中，要把打造本地农村良好生态环境作为工作发力点，坚持绿色发展理念毫不动摇，因地制宜，各方共同努力，充分调动广大农民群众积极性，通过科学合理的发展路径、行之有效的方法举措，深入践行绿水青山就是金山银山理念，扎扎实实推进农村生态保护工作，为乡村振兴赋能助力。

（三）抓好农村精神文明建设

乡村振兴，乡风文明是保障。乡村不仅要塑形，更要铸魂。习近平总书记高度重视农村精神文明建设，把"乡风文明"作为乡村振兴的紧迫任务，强调"农村精神文明建设是滋润人心、德化人心、凝聚人心的工作，要绵绵用力，下足功夫"。[①] 乡风文明既是乡村振兴战略的重要内容，更是加强农村文化建设的重要举措。2017 年 12 月，习近平总书记在江苏徐州市潘安湖街道马庄村考察时强调，农村精神文明建设很重要，物质变精神、精神变物质是辩证法的观点，实施乡村振兴战略要物质文明和精神文明一起抓，特别要注重提升农民精神

---

① 习近平：《坚持把解决好"三农"问题作为全党工作重中之重，举全党全社会之力推动乡村振兴》，《求是》2022 年第 7 期。

风貌。① 文化是乡村的灵魂，文化兴，乡村兴。习近平总书记强调：
"农村是我国传统文明的发源地，乡土文化的根不能断，农村不能成
为荒芜的农村、留守的农村、记忆中的故园。"②2018 年 3 月 8 日，
习近平在参加山东代表团审议时强调，要推动乡村文化振兴，加强农
村思想道德建设和公共文化建设，以社会主义核心价值观为引领，深
入挖掘优秀传统农耕文化蕴含的思想观念、人文精神、道德规范，培
育挖掘乡土文化人才，弘扬主旋律和社会正气，培育文明乡风、良好
家风、淳朴民风，改善农民精神风貌，提高乡村社会文明程度，焕发
乡村文明新气象。③习近平总书记强调，实施乡村振兴战略不能光看
农民口袋里票子有多少，更要看农民精神风貌怎么样。④ 要通过实实
在在的乡村建设行动，推动乡村文化振兴，实现乡风更文明的目标。
为此，习近平总书记明确提出"加强农村思想道德建设、开展形式多
样的群众文化活动、推进农村移风易俗、注重农村青少年教育问题和
精神文化生活"。⑤并且要求"要加强社会主义精神文明建设，加强
农村思想道德建设，弘扬和践行社会主义核心价值观，普及科学知识，
推进农村移风易俗，推动形成文明乡风、良好家风、淳朴民风"。⑥2022
年 4 月，习近平总书记在海南考察时强调，乡村振兴要搞好非物质文
化遗产传承。并要求各级领导干部贯彻党的群众路线，牢记党的根本

---

① 《习近平在江苏考察》，新华社，2017 年 12 月 12 日。
② 《习近平关于社会主义社会建设论述摘编》，中央文献出版社 2017 年版，第 124 页。
③ 《习近平参加山东代表团审议》，央视网，2018 年 3 月 8 日。
④ 《习近平在江苏考察》，新华社，2017 年 12 月 12 日。
⑤ 习近平：《坚持把解决好"三农"问题作为全党工作重中之重，举全党全社会之力推动
乡村振兴》，《求是》2022 年第 7 期。
⑥ 习近平：《坚持把解决好"三农"问题作为全党工作重中之重，举全党全社会之力推动
乡村振兴》，《求是》2022 年第 7 期。

宗旨，想群众之所想，急群众之所急，把所有精力都用在让老百姓过好日子上。

（四）夯实乡村治理这个根基

乡村振兴，治理有效是基础。乡村治理是国家治理体系的重要组成部分，是人民群众安居乐业、社会安定有序、国家长治久安的重要保障。习近平总书记高度重视国家治理体系中乡村治理这个根基，强调要夯实乡村治理这个根基。采取切实有效措施，强化农村基层党组织领导作用，选好配强农村党组织书记，整顿软弱涣散村党组织，深化村民自治实践，加强村级权力有效监督。①要加强和改进乡村治理，加快构建党组织领导的乡村治理体系，深入推进平安乡村建设，创新乡村治理方式，提高乡村善治水平。②党的基层组织作为乡村治理的"主心骨"，扮演着思想引领者、发展带头者、组织协调者、权力监督者等重要角色，是新时代加强和改进乡村治理最重要、最核心的领导力量。习近平总书记认为，"目前，我国农村社会处于深刻变化和调整时期，出现了很多新情况新问题，虽然错综复杂，但归结起来就是一个'散'字。加强和改进乡村治理，要以保障和改善农村民生为优先方向，围绕让农民得到更好的组织引领、社会服务、民主参与，加快构建党组织领导的乡村治理体系。"③2013年，习近平总书记在中央农村工作会议上就指出："基础不牢，地动山摇。农村工作千头万绪，抓好农村基层组织建设是关键。无论农村社会结构如何变化，

---

① 《习近平参加河南代表团审议》，央视网，2019年3月8日。

② 习近平：《坚持把解决好"三农"问题作为全党工作重中之重，举全党全社会之力推动乡村振兴》，《求是》2022年第7期。

③ 习近平：《坚持把解决好"三农"问题作为全党工作重中之重，举全党全社会之力推动乡村振兴》，《求是》2022年第7期。

无论各类经济社会组织如何发育成长，农村基层党组织的领导地位不能动摇、战斗堡垒作用不能削弱。"①2018年3月参加十三届全国人大一次会议山东代表团审议时，习近平总书记指出，"要推动乡村组织振兴，打造千千万万个坚强的农村基层党组织，培养千千万万名优秀的农村基层党组织书记，深化村民自治实践，发展农民合作经济组织，建立健全党委领导、政府负责、社会协同、公众参与、法治保障的现代乡村社会治理体制，确保乡村社会充满活力、安定有序。"②连续数年的中央一号文件均强调"要建立和改善乡村治理机制"，尤其是习近平总书记在党的十九大报告提出"健全自治、法治、德治相结合的乡村治理体系"，为乡村治理体系现代化构建指明了重要路径。

（五）推动城乡融合发展

乡村振兴，建立健全城乡融合发展体制机制和政策体系是制度保障。实施乡村振兴战略，走城乡融合发展之路，实现乡村"五个振兴"奋斗目标，是中国特色社会主义建设进入新时代的客观要求。城乡问题已经不仅是一个经济结构平衡的问题，更是衡量国家现代化的重要因素。早在2013年习近平总书记就深刻指出："城乡发展不平衡不协调，是我国经济社会发展存在的突出矛盾，是全面建成小康社会、加快推进社会主义现代化必须解决的重大问题。改革开放以来，我国农村面貌发生了翻天覆地的变化。但是，城乡二元结构没有根本改变，城乡发展差距不断拉大趋势没有根本扭转。"习近平总书记强调，"没有农业农村现代化，就没有整个国家现代化""40年前，我们通过

---

① 《习近平关于社会主义经济建设论述摘编》，中央文献出版社2017年版，第179页。
② 《习近平参加山东代表团审议》，央视网，2018年3月8日。

农村改革拉开了改革开放大幕。40年后的今天，我们应该通过振兴乡村，开启城乡融合发展和现代化建设新局面。"①为破解"城乡发展不平衡不协调"难题，党的十九大报告中明确提出"建立健全城乡融合发展体制机制和政策体系，加快推进农业农村现代化"②，2018年中央一号文件中进一步阐释："坚持城乡融合发展。加快形成工农互促、城乡互补、全面融合、共同繁荣的新型工农城乡关系。"③从内涵上看，城乡融合是城乡一体化发展的延伸，更加符合我国当前城乡关系的发展需求，我国城乡关系进入了新的历史发展阶段。2018年，习近平总书记主持十九届中央政治局第八次集体学习时就明确指出，"要把乡村振兴战略这篇大文章做好，必须走城乡融合发展之路。要向改革要动力，加快建立健全城乡融合发展体制机制和政策体系。要健全多元投入保障机制，增加对农业农村基础设施建设投入，加快城乡基础设施互联互通，推动人才、土地、资本等要素在城乡间双向流动。"④2020年在中央农村工作会议上把"推动城乡融合发展见实效"作为"全面推进乡村振兴落地见效"的重要抓手加以部署，强调要健全城乡融合发展体制机制，促进农业转移人口市民化。要把县域作为城乡融合发展的重要切入点，赋予县级更多资源整合使用的自主权，强化县城综合服务能力，把乡镇建设成为服务农民的区域中心。⑤

---

①　《习近平谈治国理政》第三卷，外文出版社2020年版，第255、257页。

②　习近平：《决胜全面建成小康社会　夺取新时代中国特色社会主义伟大胜利——在中国共产党第十九次全国代表大会上的报告》，人民出版社2017年版，第32页。

③　《中共中央国务院关于实施乡村振兴战略的意见》，《人民日报》2012年11月18日。

④　习近平：《把乡村振兴战略作为新时代"三农"工作总抓手》，《求是》2019年第11期。

⑤　习近平：《坚持把解决好"三农"问题作为全党工作重中之重，举全党全社会之力推动乡村振兴》，《求是》2022年第7期。

（六）巩固拓展脱贫攻坚成果同乡村振兴有效衔接

2021 年，习近平总书记在全国脱贫攻坚总结表彰大会上庄严宣告：我国脱贫攻坚战取得了全面胜利，标志着我们党在团结带领人民创造美好生活、实现共同富裕的道路上迈出了坚实的一大步。同时，习近平总书记又强调："脱贫摘帽不是终点，而是新生活、新奋斗的起点"，"要切实做好巩固拓展脱贫攻坚成果同乡村振兴有效衔接各项工作，让脱贫基础更加稳固、成效更可持续"。[①] 在打赢脱贫攻坚战、全面建成小康社会后，进一步巩固拓展脱贫攻坚成果，接续推动脱贫地区发展和乡村全面振兴，是"十四五"期间农村工作特别是脱贫地区农村工作的重点任务。习近平总书记明确指出，"现在，我们的使命就是全面推进乡村振兴，这是'三农'工作重心的历史性转移。""要做好巩固拓展脱贫攻坚成果同乡村振兴有效衔接，工作不留空档，政策不留空白，绝不能出现这边宣布全面脱贫，那边又出现规模性返贫。""全面实施乡村振兴战略的深度、广度、难度都不亚于脱贫攻坚，必须加强顶层设计，以更有力的举措、汇聚更强大的力量来推进。""党中央决定，脱贫攻坚目标任务完成后，对摆脱贫困的县，从脱贫之日起设立 5 年过渡期。过渡期内要保持主要帮扶政策总体稳定。对现有帮扶政策逐项分类优化调整，合理把握调整节奏、力度、时限，逐步实现由集中资源支持脱贫攻坚向全面推进乡村振兴平稳过渡。"[②] 如何把巩固拓展脱贫攻坚成果同乡村振兴有效衔接起来，一直是习近平总书记高度关注的问题。2019 年 4 月，在解决"两

---

① 习近平：《在全国脱贫攻坚总结表彰大会上的讲话》，人民出版社 2021 年版，第 20 页。

② 习近平：《坚持把解决好"三农"问题作为全党工作重中之重，举全党全社会之力推动乡村振兴》，《求是》2022 年第 7 期。

不愁三保障"突出问题座谈会上，习近平总书记强调"四个不摘"，即，贫困县党政正职要保持稳定，做到摘帽不摘责任；脱贫攻坚主要政策要继续执行，做到摘帽不摘政策；扶贫工作队不能撤，做到摘帽不摘帮扶；要把防止返贫放在重要位置，做到摘帽不摘监管[①]。2020年3月，在决战决胜脱贫攻坚座谈会上，习近平总书记指出，接续推进全面脱贫与乡村振兴有效衔接，"要针对主要矛盾的变化，理清工作思路，推动减贫战略和工作体系平稳转型，统筹纳入乡村振兴战略，建立长短结合、标本兼治的体制机制"。[②]同年5月，在山西考察时，习近平总书记指出，要千方百计巩固好脱贫攻坚成果，接下来要把乡村振兴这篇文章做好，让乡亲们生活越来越美好。[③]同年9月，在湖南考察时，习近平总书记强调，要坚持农业农村优先发展，推动实施乡村振兴战略；要落实"四个不摘"，建立健全防止返贫长效机制，深入研究接续推进全面脱贫与乡村振兴有效衔接。[④]2021年在贵州、西藏、青海等地考察时，习近平总书记均要求推动巩固拓展脱贫攻坚成果同乡村振兴有效衔接。2022年4月，习近平总书记在海南考察时强调，我们全面建成小康社会以后，还要继续奔向全体人民共同富裕，建设社会主义现代化国家。乡村振兴要在产业生态化和生态产业化上下功夫，继续做强做大有机农产品生产、乡村旅游、休闲农业等产业，推动巩固拓展脱贫攻坚成果同乡村全面振兴有效衔接。[⑤]

---

① 习近平：《在解决"两不愁三保障"突出问题座谈会上的讲话》，《求是》2019年第16期。

② 习近平：《在决战决胜脱贫攻坚座谈会上的讲话》，人民出版社2020年版，第12页。

③ 《习近平在山西考察》，新华社，2020年5月11日。

④ 《习近平在湖南考察》，新华社，2020年9月18日。

⑤ 《习近平总书记考察海南》，新华社，2022年4月13日。

二、具体部署

中央 12 号文明确提出，要实施乡村振兴战略，做强做优热带特色高效农业，打造国家热带现代农业基地，加快推进农业农村现代化。2018 年以来，中共中央、国务院连续出台《关于实施乡村振兴战略的意见》《乡村振兴战略规划（2018—2022 年）》《关于做好 2022 年全面推进乡村振兴重点工作的意见》等重要政策文件。海南省委省政府相继出台了《关于乡村振兴战略的实施意见》《关于全面推进乡村振兴加快农业农村现代化的实施意见》等政策文件，对海南自由贸易港乡村振兴工作作出了具体部署。

（一）推动脱贫攻坚成果向乡村振兴平稳过渡

2021 年 1 月，省委省政府印发《关于全面推进乡村振兴加快农业农村现代化的实施意见》，明确提出"举全省全社会之力推进乡村振兴，巩固和拓展脱贫攻坚成果"，强调"脱贫攻坚政策体系和工作机制同乡村振兴有效衔接、平稳过渡。"具体部署有，设立衔接过渡期。脱贫攻坚任务完成后，对摆脱贫困的县，从脱贫之日起设立 5 年过渡期，保持现有主要帮扶政策总体稳定。持续巩固拓展脱贫攻坚成果。健全防止返贫动态监测和帮扶机制，完善大数据平台功能，对易返贫致贫人口及时发现、及时帮扶。接续推进脱贫地区乡村振兴。加大脱贫地区基础设施建设，采取以工代赈方式，吸纳更多脱贫人口和低收入人口就地就近就业，支持脱贫村打造成乡村旅游目的地。加强农村低收入人口常态化帮扶。开展农村低收入人口动态监测，建立自由贸易港背景下农村地区低收入人口动态帮扶机制，实行分层分类帮扶。紧扣"三农"工作重心的历史性转移，做到政策不留空白、工作不留空档，保持机构队伍总体稳定，健全防止返贫监测和帮扶机制，注重激发群众内生动力和自我发展能力，推动巩固拓展脱贫攻坚成果同乡村振兴有效衔接。

同时，夯实巩固拓展脱贫攻坚成果同乡村振兴有效衔接的公共服务基础。优先发展农村教育事业。推动建立以城带乡、整体推进、城乡一体、均衡发展的义务教育发展机制。全面改善薄弱学校基本办学条件，加强寄宿制学校建设。实施农村义务教育学生营养改善计划。健全学生资助制度，使绝大多数农村新增劳动力接受高中阶段教育、更多接受高等教育。实施海南"一市（县）两校一园"优质教育资源引进工程，推动优质学校辐射农村薄弱学校常态化。推进健康乡村建设。加强慢性病综合防控，大力推进农村地区精神卫生、职业病和重大传染病防治。推进基层医疗卫生机构标准化建设，支持乡镇卫生院和村卫生室改善条件。加强乡村医生队伍建设和乡村中医药服务。深入开展乡村爱国卫生运动，广泛开展卫生（健康）村镇创建。加强农村社会保障体系建设。完善统一的城乡居民基本医疗保险制度和大病保险制度，做好农民重特大疾病救助工作。完善城乡居民基本养老保险制度，落实城乡居民基本养老保险待遇确定和基础养老金标准正常调整机制。统筹城乡社会救助体系，完善最低生活保障制度，做好农村社会救助兜底工作。健全农村留守儿童和妇女、老年人以及困境儿童关爱服务体系。

（二）培育农村产业动能

产业振兴是整个乡村振兴的基础和前提。无数的乡村振兴实践告诉我们，凡是乡村振兴搞得好的地方，都是因为有了产业振兴的支撑。

有了产业振兴，农业发展有了方向，农村改造有了支撑，农民收入有了保证，乡村振兴就能够持续。为此，海南省委省政府紧紧围绕培育农村产业动能，夯实农村产业基础做出部署。一是强化农业生产能力基础建设。严守耕地红线，继续推进农村土地整治和高标准农田建设，稳步提升耕地质量。加强现代农业科技和物质装备建设，加快发展热带作物、畜禽、水产、林木种业和航天育种，提升自主创新能力。二是推动农业由增产导向转向增产与提质导向。深入推进农业供给侧结构性改革，制定和实施海南质量兴农战略规划。探索建设生态农业乡村振兴示范区。建设好"五基地一区"，推进特色农产品优势区创建，建设现代农业产业园、农业科技园、创业园。高标准建设国家南繁育种基地。分类推进以南繁育种、天然橡胶等为主的、服务国家战略的重点产业，以"三棵树"、热带水果等为主的热带特色经济作物，以蔬菜、肉蛋奶等满足居民基本民生的"菜篮子"产品。三是以"共享农庄"为抓手推进农村一二三产业融合发展。大力发展乡村共享经济、创意农业、特色文化产业。鼓励支持各类市场主体创新发展基于互联网的新型农业产业模式，探索与推行"共享农庄"等模式，打造海南乡村振兴的新载体。实施休闲农业和乡村旅游精品工程，鼓励发展近海休闲渔业。创建一批特色生态旅游示范村镇、少数民族特色村寨和共享农庄精品线路，打造绿色生态环保的乡村生态旅游产业链。四是促进小农户和现代农业发展有机衔接。研究制定扶持小农生产的政策意见。培育各类专业化市场化服务组织，发展多样化的联合与合作，提升小农户组织化程度。打造区域公用品牌，开展农超对接、农社对接，帮助小农户对接市场。扶持小农户发展生态农业、设施农业、体验农业、定制农业。五是推动农村"五网"基础设施提档升级。继续把基础设施建设重点放在农村，加快农村路网、光网、电网、气网、水网等基础设施建设及互联互通。全面推进"四好"农村路建设，加快实施通村组（自然村）硬化路建设。实施数字乡村战略，开发适应"三农"特点的信息技术、产品、应用和服务，推动远程医疗、远程教育等应用普及。加快实施农村饮水安全巩固提升工程。六是促进农村劳动力转移就业和农民增收。大规模开展职业技能培训，促进农民工多渠道转移就业。实施乡村就业创业促进行动，大力发展乡村特色产业。培育一批家庭工场、手工作坊、乡村车间，鼓励在乡村地区兴办环境友好型企业。

（三）建设生态宜居美丽乡村

生态宜居是乡村振兴的关键，良好生态环境是农村最大优势和宝贵财富，要让良好生态成为乡村振兴的亮点。为此，海南省委省政府围绕农村生态破坏和环境污染突出问题，坚决打好污染防治攻坚战，确保农村环境质量只能更好、不能变差。一是深入推进生态环境"六大专项整治"。深入推进整治违法建筑、城乡环境综合整治、城镇内河（湖）水污染治理、大气污染防治、土壤环境综合治理、林区生态修复和湿地保护"六大专项整治"。全面推进生态循环农业示范省建设，构建资源节约、环境友好、产业循环、综合利用的新型农业发展模式。加强农村突出环境问题综合治理，加强农业面源污染防治，开展农业绿色发展行动。二是深入开展农村人居环境整治行动。深化"厕所革命"，同步实施粪污治理。以农村垃圾、污水治理和村容村貌提升为主攻方向，稳步有序推进农村人居环境突出问题治理。加强农村污水治理，强化新建农房规划管控，全面推行逢建必报制度。加强"空心村"服务管理和改造。实施乡村绿化行动，积极建设乡村公园。三是统筹山水林田湖草海系统治理。实施重要生态系统保护和修复工程，健全耕地森林河流湖泊休养生息制度，开展耕地轮作休耕制度试点。建设热带雨林国家公园和热带海洋国家公园，建立以国家公园为主体的自然保护地体系。完善天然林保护制度，把所有天然林都纳入保护范围。实施森林质量精准提升工程，实施生物多样性保护重大工程。四是建立市场化多元化生态补偿机制。加大重点生态功能区转移支付力度，完善生态保护成效与资金分配挂钩的激励约束机制。鼓励市县在重点生态区位推行商品林赎买制度。健全地区间、流域上下游之间横向生态保护补偿机制，探索建立生态产品购买、森林碳汇等市场化补偿制度。推行生态建设和保护以工代赈做法。

（四）着力推动乡风文明

乡风文明是乡村振兴的重要内容，是加强农村文化建设的重要目标。海南省委省政府大力整合资源、平台载体，引领乡风文明，助推乡村振兴，让百姓有更多实实在在的获得感、幸福感和安全感。一是加强农村思想道德建设。挖掘农村传统道德教育资源，深入实施公民道德建设工程。推进诚信建设，强化农民的社会责任意识、规则意识、集体意识、主人翁意识。继续推进文明生态村建设。二是传承发展提升农村优秀传统文化。保护并推动优秀农耕文化遗产合理适度利用。划定乡村建设的历史文化保护线，实施"文物＋旅游"三年行动计划。加大琼剧、黎锦苗绣、黎苗民歌、人偶戏、儋州调声、竹竿舞等地方文化资源和非物质文化遗产保护研究利用。实施海南传统工艺振兴计划。三是推进农村公共文化建设。健全乡村公共文化服务体系，推动创建省域公共文化服务体系示范区。发挥县级文化馆、图书馆总分馆制建设的辐射作用，推进基层综合性文化服务中心建设，实现乡村两级公共文化服务全覆盖。深入推进文化惠民，支持"三农"题材文艺创作生产，培育挖掘乡土文化本土人才，活跃繁荣农村文化市场。举办农民群众喜闻乐见的文化体育活动。四是持续开展乡村文明大行动。广泛开展文明村镇、星级文明户、文明家庭等群众性精神文明创建活动。深化农村殡葬改革，加强农村公墓建设，积极倡导和推行节地生态安葬。加强农村科普工作，提高农民科学文化素养。

（五）构建乡村治理新体系

一是加强农村基层党组织建设。层层强化基层党建工作，扎实推进抓党建促乡村振兴，把农村基层党组织建成坚强战斗堡垒。持续整顿软弱涣散村党组织，稳妥有序开展不合格党员处置工作。建立健全选派第一书记工作长效机制，实施农村带头人队伍整体优化提升行动。全面落实村级组织运转经费保障政策，逐步提高村"两委"成员报酬及正常离任村干部待遇水平。推行村级小微权力清单制度。二是推进村民自治。进一步完善"一核两委一会"乡村治理机制。发挥自治章程、村规民约的积极作用。积极发挥新乡贤作用。加强农村社区治理创新。组织开展以村民小组或自然村为基本单元的村民自治试点工作。大力培育服务性、公益性、互助性农村社会组织，积极发展农村社会工作和志愿服务。三是推进法治乡村建设。增强基层干部法治观念、法治为民意识，将政府涉农各项工作纳入法治化轨道。建立健全乡村调解、县市仲裁、司法保障的农村土地承包经营纠纷调处机制。加大农村普法力度，提高农民法治素养。健全农村公共法律服务体系，加强对农民的法律援助和司法救助。四是提升乡村德治水平。深入挖掘乡村熟人社会蕴含的道德规范，引导农民向上向善、孝老爱亲、夫妻和睦、重义守信、勤俭持家。建立道德激励约束机制，引导农民自我管理、自我教育、自我服务、自我提高。广泛开展好媳妇、好儿女、好公婆等评选表彰活动，开展寻找最美乡村教师、医生、村官、家庭等活动。深入宣传道德模范、身边好人的典型事迹，弘扬真善美，传播正能量。五是建设平安乡村。完善农村治安防控体系，推动社会治安防控力量下沉。深入开展扫黑除恶专项斗争，持续开展"禁毒三年大会战"。依法加大对农村非法宗教活动和境外渗透活动打击力度，依法制止利用宗教干预农村公共事务，继续整治农村乱建庙宇、滥塑宗教造像。探索以网格化管理为抓手、以现代信息技术为支撑，实现基层服务和管理精细化、精准化。健全农村公共安全体系，持续开展农村安全隐患治理。

（六）建立健全体制机制

乡村振兴是一项长期任务、系统工程，需要完善工作体系、制度体系，需要更顺畅的运作机制和更有力的体制改革。海南省委省政府坚持一手理顺体制机制，一手推进农村综合改革，为乡村振兴提供强大的体制保障。一是从巩固和完善农村基本经营制度、深化农村土地制度改革、深入推进农村集体产权制度改革、完善农业支持保护制度等三方面着手提出强化乡村振兴制度性供给。二是从大力培育新型职业农民、加强农村专业人才队伍建设、发挥科技人才支撑作用、鼓励社会各界投身乡村建设、创新乡村人才培育引进使用机制等方面提出强化乡村振兴人才支撑。三是从完善党的农村工作领导体制机制、加强"三农"工作队伍建设、强化乡村振兴规划引领、强化乡村振兴法治保障等方面要求把党管农村工作的要求落到实处。海南对此进行细化具体，明确实施乡村振兴战略要突出"五个强化"，一是以完善农村产权制度和要素市场化配置为重点，强化制度性供给。

二是畅通智力、技术、管理下乡通道，造就更多乡土人才，强化人才支撑。三是健全投入保障制度，开拓投融资渠道，强化投入保障。四是制定乡村战略规划，强化规划引领作用。五是以落实五级书记抓乡村振兴机制，强化党建引领乡村振兴，多角度加强乡村振兴体制机制要素资源保障，压实全面推进责任，以更有力的举措、汇聚更强大的力量全面推进乡村振兴。

三、实践探索

全面推进乡村振兴是海南自由贸易港建设的重要内容，也是海南自由贸易港建设成功与否的重要衡量标准。没有乡村全面振兴，谈不上自由贸易港建设的成功。近年来，海南省委省政府深入学习贯彻落实习近平总书记关于"三农"工作系列重要论述和重要指示批示精神，准确把握乡村振兴工作在服务全国大局中的独特作用、在中国特色自由贸易港建设中的重要地位，以乡村振兴战略为总抓手，推进巩固拓展脱贫攻坚成果同乡村振兴有效衔接，全面实施乡村振兴战略，开创了自由贸易港建设背景下乡村振兴工作新局面。

（一）加强党对"三农"工作的全面领导

海南省委省政府坚决站在"国之大者"的角度谋划推动乡村振兴工作，从思想上、体制上和机制上发出动员全省之力推动乡村振兴的总动员令，以实际行动体现新发展阶段做好"三农"工作的思想自觉、政治自觉、理论自觉。一是坚持把习近平总书记关于"三农"工作重要论述作为全省"三农"工作根本遵循。省委省政府坚持学深悟透践行习近平总书记关于"三农"工作系列重要论述和重要指示批示精神，把"三农"工作摆在海南全面深化改革开放的突出位置，作为中国特色自由贸易港建设的基础和前提，切实做到乡村振兴工作理论清晰、政策清楚、举措明白。二是建强党建引领乡村振兴工作的领导体制机制。把党的领导贯穿到乡村振兴全过程、各方面，体制上着力压实五级书记抓"三农"工作和乡村振兴。在省级层面，省委成立"1+5"实施乡村振兴战略领导体系，即成立省委实施乡村振兴战略领导小组，书记、省长任组长，省委副书记任常务副组长；领导小组下设 5 个专项组，由 5 名省级负责同志任专项组组长，形成统筹推进、分工负责的乡村振兴领导体制。在市县层面，相应成立领导小组，市县党委书记任"一线总指挥"，乡镇党委和村党组织书记抓工作落实。同时，在乡村振兴工作职责分工方面，理顺省委农办、省农业农村厅、省乡村振兴工作局职责和运行机制，省委农办牵头实施，省农业农村厅统筹实施，省乡村振兴工作局组织实施，相关省直部门大力支持和参与，形成"三位一体"抓乡村振兴，有效保障过渡期内干部队伍思想不乱、工作不断、力度不减。三是注重选拔培养实绩突出的优秀"三农"干部。省委省政府把选拔培养实绩突出的优秀"三农"干部作为全面实施乡村振兴的关键予以保证。扎实开展市县党政领导班子和领导干部推进乡村振兴战略实绩考核，围绕乡村振兴重点任务，制定 78 项考核指标，委托第三方机构对开展定性定量评估。把考核结果与市县、乡镇党政班子换届结合起来，大力提拔使用在乡村振兴工作中表现优秀的干部。2021 年全省提拔使用优秀"三农"干部 681 人，为后续推进乡村振兴提供了坚强组织保证、人才保障。

（二）接续推进脱贫地区乡村振兴

坚持规划引领，着力继续巩固拓展脱贫攻坚成果。省委省政府印发《关于巩固拓展脱贫攻坚成果同乡村振兴有效衔接的实施方案》，提出 2021 年、2025 年、2035 年三个阶段的目标，部署了过渡期内 60 项重点任务。出台《海南省 2021 年市县党委和政府巩固脱贫成果后评估实施方案》，科学制定评估指标体系，推动全省上下形成强大工作合力。加强防返贫动态监测，有针对性地落实帮扶措施，全省纳入监测对象 0.59 万户 2.31 万人，消除风险 0.36 万户 1.41 万人，未消除风险的也进行针对性帮扶，确保全省返贫和新增贫困问题零发生。出台《关于巩固拓展脱贫攻坚兜底保障成果进一步做好困难群众基本生活保障工作的实施方案》，对 6.5 万建档立卡脱贫人口、边缘易致贫人口纳入低保或特困进行兜底。巩固"两不愁三保障"成果，实现辍学从动态清零到常态清零转变，困难群体基本养老保险帮扶政策进一步完善，医疗"三重保障"水平稳步提升。2021 年为全省 12.39 万名困难群众代缴城乡居民基本养老保费 2572.74 万元，困难群众医疗报销比例达 92.9%。出台《关于推动脱贫地区特色产业可持续发展的实施意见》，制定海南省脱贫县特色主导产业目录，完善项目库，2021 年全省入库项目 4335 个、资金规模 52.24 亿元。印发《海南省财政衔接推进乡村振兴补助资金管理办法》，强化财政资金、小额信贷、产业保险支持，至 2021 年底累计发放小额信贷 1.83 亿余元，受益脱贫户 6558 户；天然橡胶价格（收入）保险惠及民营橡胶 321 万亩，提供风险保障 26.77 亿元，已决保险赔付 1.75 亿元。开展"万企兴万村"行动，对带动脱贫人口稳定增收的龙头企业给予扶持，2021 年带动脱贫劳动力等就业 22060 人，建成扶贫车间 238 个，吸纳脱贫劳动力等就业 39748 人。推广农光互补、渔光互补等模式，召开全省农光互补蔬菜大棚现场会暨项目对接会，2021 年全省村级光伏电站累计收益 3368.3 万元，安排公益性岗位 1664 个。推进消费帮扶"一柜两馆一区"建设，2020 年投放消费帮扶专柜 628 台，运营省级专馆 7 个、市县级专馆 26 个、市县级专区 44 个，消费帮扶重点产品销售额达 1.3 亿元。

出台《2021 年促进农民增收十二条措施》，落实一系列促农增收政策。大力推进农业产业结构调整，加强产销衔接，实现冬季瓜菜、热带水果等主要农产品价格上涨，橡胶出售量价齐升，带动农民家庭经营性收入增长 16.7%。2021 年，积极组织农民外出务工，安排就业补助资金支出 5.6 亿元，开展补贴性职业技能培训 20.89 万人次，推动全省外出务工农民工规模达 145.5 万人，同比增加 1 万人。其中，脱贫劳动力外出务工总数达到 28.96 万人，同比增长 3.37%。此外，实现全省农民工资性收入增长 10.7%。落实强农惠农富农政策，及时发放补贴资金，促进农民转移性收入增长 8.4%。推动城乡基础设施和基本公共服务均等化。推进新一轮村庄规划编制，形成 1627 个实用性村庄规划成果，占应编尽编总数的 74.3%。农村人居环境整治提升五年行动顺利开局，率先实现生活垃圾全焚烧处理，扎实开展厕所革命三年行动，取得积极成效，乡村整洁水平明显提升。实施农村裸露土地种草绿化行动，2021 年全省完成绿化面积 1.92 万亩，占总裸土的 80%。推进优质教育资源引进工程，73 所学校开学招生。全省中小学互联网接入率、配备多媒体教学设备教室比例达 100%，全国排名第一。2368 家基层医疗卫生机构安装新基卫系统，247 家机构开展标准化建设样板工程。基层乡村综合文化服务中心实现全覆盖。完成电信、联通共 6300 个共享基站部署，提前实现全年目标。

（三）推进"三农"制度集成创新

以农村"三块地"改革为重点，推动农村集体产权制度改革。在全国率先实行统筹推进农村"三块地"改革，该项改革获得全省制度创新一等奖，2021年全省11个市县实质性开展农村集体经营性建设用地入市，入市土地73宗、面积1133.30亩、收入8.25亿元，村集体及村民直接获益6.46亿元；文昌市、海口市琼山区纳入全国农村宅基地制度改革试点。截至2021年底，全省基本完成农村集体产权制度改革，27620个村集体经济组织全部登记赋码，600万集体经济组织成员获颁股权证。三亚等市县开展垦地融合发展试点，农场农业用地进一步规范。建立"土地超市"信息平台，有效破解"项目等土地"问题。实现归集产权明晰的存量建设用地、发布公开透明的土地信息、配对有效精准的项目要素、提供方便快捷的用地选择、实施规范高效的服务监管为一体的土地全生命周期监管制度体系。把农业农村作为财政预算优先保障领域。全省农林水支出在全省一般公共预算支出中的占比大幅提高。安排农业农村领域项目地债资支持三农基础设施建设。落实奖补资金撬动社会资本投资"三农"发展。开工建设涉农水利供饮水、渔港升级改造、农业产业园等PPP项目。统筹安排财政资金扶持村级集体经济发展。

（四）构建自贸港农业产业体系

海南省委省政府在推进自由贸易港现代产业体系构建过程中，同步考虑推进乡村产业振兴，把乡村产业振兴融入海南现代产业体系构建，为乡村振兴提供强劲的产业支撑。以南繁硅谷建设为载体，扛起种业翻身仗海南担当。编制南繁硅谷规划，推动种业地方立法。编制完成《国家南繁硅谷建设规划（2021—2030年）》，把南繁打造成为种子创新策源地、种业高质量发展引擎、全球交流合作新平台、制度集成创新先行区。推动制定《海南自贸港促进种业发展若干规定》，在种质资源保护、生物育种技术、品种选育、种子生产经营、种业国际贸易、国际交流等方面进行探索创新。制定《海南自由贸易港种子进出口生产经营许可管理办法》，优化营商环境，进一步接轨国际种业发展。目前南繁科研育种基地已划定26.8万亩南繁保护区、5.3万亩南繁核心区，全部上图入库，实行用途管制；新建南繁高标准农田23.91万亩；即将建成全国首个生物育种专区；划定745亩土地建设南繁配套服务区，即将投入使用。作物、畜禽、水产三大现代种业产业园产值超过30亿元，已引进先正达中国等25家国内外知名优质种业企业，中种集团总部已迁至南繁科技城，产学研用深度融合发展。

全力推进种子国家实验室建设。编制完成上报崖州湾国家实验室组建方案，明确"路线图"和"时间表"。加快引进核心团队工作，2021年在海南设立院士工作站的院士69名，通过院士创新团队、全球招聘等多种途径已招聘博士后30名，入驻南繁科技城的科研院所和高校已有400名全职科研人员，科研团队45个，大田科研人员超过200名，中国热科院、海南大学等本地涉农科技人员累计4426人。积极探索全新科研体制和运行模式，围绕"生物育种5.0"技术研发布局建设10个公共性开放性科研平台。筑牢自贸港生物安全防范体系，提升风险防范能力。全球动植物种质资源引进中转基地起步区月亮岛的国家（三亚）隔检中心一期项目进展顺利，出台加强外来物种入侵防控工作方案、外来入侵物种普查三年行动方案、《国家南繁生物育种专区试验监管办法（试行）》《海南省农业转基因生物试验和加工规范管理指南（试行）》等政策文件，切实提高农业农村领域生物安全保障能力建设。

（五）提升热带特色高效农业竞争力

建设全国第二个全域国家农业绿色发展先行区，化肥、农药连续五年实现减量，水产养殖禁养区已清退 88.31%，全省畜禽粪污综合利用率达 89.71%，比全国平均水平高 12.8 个百分点，排名全国前列。大气污染防治"六严禁两推进"扎实推进。6 个市县创建国家农产品质量安全示范县（市），农产品质量安全事件零发生。2021 年全省粮食播种面积 407.1 万亩，生猪存栏 316.51 万头，全面完成农业农村部下达的任务。加快建设农业高质量发展平台，创建 4 个国家现代农业产业园，覆盖率排名全国第一。用好自贸港政策发展农产品加工和国际贸易，全省规模以上农产品加工产值同比增长 10%，农产品进出口额同比增长 50%，洋浦引进澳斯卡粮油加工项目，年产值达 50 亿元，势头好、潜力足。以乡村旅游为着力点推动乡村产业融合发展。2021 年，休闲渔业试点稳步推进，24 米以下休闲渔船控制指标审批实现突破，文昌市、万宁市、三亚市、乐东县建立了休闲渔船试点船型库。琼海博鳌镇莫村等 4 个村入选中国美丽休闲乡村，三亚市吉阳区、琼海市入选首批"全国休闲农业重点县"，有力促进了乡村产业融合发展。全省评定椰级乡村旅游点 219 家，发展乡村民宿 341 家，4 个村入选中国美丽休闲乡村，10 条线路入选国家乡村旅游学习体验线路。同时，2021 年，琼海市、万宁市、定安县、海口市秀英区、三亚市海棠区被先后认定为省级全域旅游示范区，琼海市博鳌镇留客村等 5 个村被纳入第三批全国乡村旅游重点村名录，琼海市博鳌镇等 3 个镇被纳入第一批全国乡村旅游重点镇名录，初步形成"处处有旅游，行行＋旅游"的全域旅游发展格局，为乡村振兴提供了强劲动力。

（六）以共享农庄为抓手打造现代农业新载体

继2017年海南在全国率先发展共享农庄后，省委省政府下发《关于以发展共享农庄为抓手建设美丽乡村的指导意见》《海南省支持共享农庄发展十一条措施》，制定《海南共享农庄建设规范》等，强化对共享农庄日常工作的规范和引导。在各级各部门的大力支持和各市场主体的苦心经营下，共享农庄贯彻落实新发展理念，特别是共享发展理念，共享农庄模式已初见成效。为海南培育出一批优质的乡村市场主体。截至目前，海南全省共创建共享农庄试点200家，正式认定37家。在200家创建单位中，既有农业企业、文化旅游企业、房地产企业，也有村集体经济组织。在2017年首批创建试点项目中，总投资超过1亿元的超过10个，最大投资额达到68亿元；有30个农庄面积超过1000亩，其中最大的农庄面积超过16000亩；主营农产品种类超百个。共享农庄多以现代化种植或养殖为依托，以绿色农业＋旅居康养为主题，集休闲、旅游、观光、体验于一体，产业效益明显，成为海南农村经济发展的生力军。带动了海南热带农业提质增效。通过创建共享农庄，开展种、养、加、销等经济活动，实行雇工经营、企业式管理，采用先进科学技术运作，带动了海南热带农业提质增效。如，澄迈洪安蜜柚共享农庄种植的洪安牌无籽蜜柚成为海南省首个获国家生态原产地保护产品；白沙五里路茶韵共享农庄种植的五里路牌茶叶获中国有机产品认证，并成为海南首家获欧盟及美国有机茶认证的品种，亩产值高达4万元。引领海南乡村旅游业态转型升级。通过深入挖掘农业的多功能性，围绕农庄定位和特色，把旅游观光、农事体验、科普教学等相结合，提升消费者的体验感和满意度。通过开发小众化、特色化农创产品，延伸农产业链条，提高产品附加值。部分共享农庄为固定客户群体提供交流、论坛、研讨、创作等服务；部分共享农庄以休闲观光、农事体验、科普教育、亲子互动、大型演艺等为主要内容；部分共享农庄通过举办主题活动吸引游客休闲旅游。助力海南巩固脱贫攻坚成果。共享农庄的建设发展为政府提供了一条"造血式"脱贫致富新道路。有的共享农庄吸收村民通过土地入股，为农民保底分红；有的共享农庄通过"公司＋合作社＋农户＋贫困户"模式，带动农户脱贫致富；有的共享农庄与政府合作签署扶贫特色产业资金使用协议，为贫困户直接分红。部分共享农庄带动贫困户增收的做法得到国务院扶贫开发领导小组巡查组的充分肯定。为海南培育了一批领路人。共享农庄发展前景广阔，成就了一批有知识、有眼光、有胆识、有能力的领路人，解决了乡村旅游产品单一、水平较低等问题，保证脱贫户持续稳定脱贫致富，带动乡村兴旺，彰显示范带动效应。在近5年的创建实践中，海南培育锻炼出了一批共享农庄建设的领路人，为海南农业农村的高质量发展做出了重要贡献。

（七）构建乡村治理共同体

出台《加强海南自由贸易港基层治理体系和治理能力现代化建设的实施意见》，为乡村有效治理提供行动指南，积极发展与乡村振兴相适应的乡村治理体系和治理能力，确保乡村既充满活力又和谐有序。创新乡村治理新模式。在全省普遍推行"一核两委一会"新型乡村治理结构，村党组织、村民委员会、村务监督委员会、村务协商会等相互融合、相互促进，乡村治理基础进一步夯实，基层社会治理能力进一步提升。构建形成"三位一体"社会治理框架及运行机制。大力推进综治中心、雪亮工程、网格化管理等治理工程建设，辅之相应配套制度，构建形成了服务社会治安综合防控的"三位一体"治理机制，有效地提升社会安全防控能力。形成省、市（县）、镇（街道）、社区（村）全覆盖的综治中心运行架构，相应的硬件建设和制度"软件"同步推进。从"雪亮工程"建设来看，投入大量资金资源，有力推进视频监控前端点位、各类视频整合介入和社会面自建视频检测探头等资源统筹，治安防控更及时、更有效、更精准。从网格化管理来看，各地结合实际，按照一定户数或地域面积，将城乡社区严格划分为更加精细的管理服务网格，依托一批数量可观的专兼职网格员队伍开展管理、提供服务，为社会治理进一步创新提供了基础，取得了积极成效。推进共建共治共享，打造乡村治理共同体。

抓住家庭这个城乡社区治理的关键载体，积极推进家庭家风家训建设，挖掘传统资源的治理价值。海口、陵水等地开展"最美家庭""绿色家庭"创建活动，引导家庭和民众向上向善。以自治促自律。积极推进社区公约、村规民约建设，促进民众和社区自我管理、自我服务，着力推进大家事情大家商量着办，使民众逐步从社区治理的旁观者，转为社会治理的建设者，协商治理在基层落地生根。以法治明规矩。全省广泛推行一村（居）一法律顾问，加强村（居）法治宣传、法律咨询、纠纷化解等活动，着力推进法治村庄建设，不断增强人民群众的法律意识。以文明乡风塑造为目标，创新发展各类乡村治理载体。2021年成功举办首届海南自贸港文明实践论坛，得到中宣部、中央文明办的高度肯定。在乡村治理中，广泛推行积分制、红黑榜，确立乡村治理的正面导向，树立向上向善的乡村价值。到2021年底，累计建成2个全国乡村治理示范县、2个全国乡村治理示范镇、20个全国乡村治理示范村，11 个村镇入选 2021 "第二批全国乡村治理示范村镇"，8 个村（社区）被评为第八批 "全国民主法治示范村（社区）"；新建文明生态村 664 个；在全国率先实现新时代文明实践中心试点省域全覆盖，乡村挂牌运营实践中心 23 个、实践所 220 个、实践站 2855 个。

第八章 把生态文明建设 作为重中之重

生态文明建设是关系中华民族永续发展的根本大计。党的十八大以来，以习近平同志为核心的党中央站在坚持和发展中国特色社会主义、实现中华民族伟大复兴中国梦的战略高度，将生态文明建设放在全局工作的突出位置，大力推动生态文明理论创新、实践创新、制度创新，深刻回答为什么建设生态文明、建设什么样的生态文明、怎样建设生态文明等重大理论和实践问题，形成了习近平生态文明思想，有力指导生态文明建设从认识到实践都发生了历史性、转折性、全局性的变化。海南的生态环境不仅是海南人民的宝贵财富，也是全国人民的宝贵财富。保护好海南生态环境是海南必须了然于胸的"国之大者"。在庆祝海南建省办经济特区 30 周年大会上，习近平总书记明确要求，海南"必须倍加珍惜、精心呵护，使海南真正成为中华民族的四季花园。"[①] 海南自由贸易港建设必须深入贯彻习近平生态文明思想，坚持生态立省不动摇，把生态文明建设作为重中之重，落实好国家生态文明试验区建设各项任务，为全国

---

① 习近平：《在庆祝海南建省办经济特区 30 周年大会上的讲话》，人民出版社 2018 年版，第 17 页。

生态文明建设探索海南经验，推动形成人与自然和谐共生的现代化建设新格局，谱写美丽中国海南篇章。

一、总体要求

（一）牢固树立绿水青山就是金山银山理念

习近平总书记高度重视生态环境保护，多次对生态文明建设作出重要指示并在不同场合反复强调，"生态环境保护上一定要算大账、算长远账、算整体账、算综合账""绝不能以牺牲生态环境为代价换取经济的一时发展""要把生态环境保护放在更加突出位置，像保护眼睛一样保护生态环境，像对待生命一样对待生态环境"，多次提出"既要金山银山，又要绿水青山""绿水青山就是金山银山"。绿水青山就是金山银山理念是习近平生态文明思想的核心主题，蕴含着习近平总书记多年的探索与实践，蕴藏着深邃的辩证思维和鲜明的价值取向。2005 年 8 月，时任浙江省委书记的习近平在浙江湖州安吉考察时，首次提出了"绿水青山就是金山银山"的科学论断。2006 年 3 月，习近平同志在浙江日报《之江新语》专栏撰文论述了绿水青山和金山银山关系的三个阶段："第一个阶段是对立关系，用绿水青山去换金山银山；第二个阶段是依存关系，既要金山银山，也要留得住绿水青山；第三个阶段追求的是更高的境界，强调统一关系，绿水青山本身就是金山银山。"①2015 年 4 月，中共中央、国务院发布《关于加快推进生态文明建设的意见》，明确要求"坚

---

① 习近平：《从"两座山"看生态环境》，《浙江日报》2006 年 3 月 23 日。

持绿水青山就是金山银山,深入持久地推进生态文明建设"。①2015年9月,中共中央、国务院出台《生态文明体制改革总体方案》,要求"围绕绿水青山就是金山银山理念加快建立系统完整的生态文明制度体系"。党的十九大报告指出,"建设生态文明是中华民族永续发展的千年大计""必须树立和践行绿水青山就是金山银山的理念"②。2017年10月,党的十九大通过《中国共产党章程(修正案)》,将"增强绿水青山就是金山银山的意识"首次写入党章。2018年5月,在全国生态环境保护大会上,习近平总书记指出,"生态环境是关系党的使命宗旨的重大政治问题,也是关系民生的重大社会问题。"③并强调,坚持"绿水青山就是金山银山"基本原则,加快构建生态文明体系,确保到2035年,美丽中国目标基本实现,到本世纪中叶,建成美丽中国。④

习近平总书记高度关注和重视海南生态文明建设,多次要求从"国之大者"的高度认识海南生态文明建设。2013年4月,习近平总书记视察海南时要求"加快建设经济繁荣、社会文明、生态宜居、人民幸福的美好新海南。确保海南省生态环境质量只能更好、不能变差,人民群众对优良生态环境的获得感进一步增强"。⑤同时提出"保护海南生态环境,不仅是海南自身发展的需要,也是我们国家的需要。

---

① 《中共中央国务院关于加快推进生态文明建设的意见》,《人民日报》2015年5月6日。

② 习近平:《决胜全面建成小康社会,夺取新时代中国特色社会主义伟大胜利——在中国共产党第十九次全国代表大会上的报告》,《人民日报》2017年10月28日。

③ 《习近平谈治国理政》第三卷,外文出版社2020年版,第359页。

④ 习近平:《推动我国生态文明建设迈上新台阶》,《求是》2019年第3期。

⑤ 刘赐贵:《加快建设美好新海南》,《人民日报》2017年9月1日。

十三亿中国人应该有环境优美、适宜度假的地方。"①2018 年 4 月，在庆祝海南建省办经济特区 30 周年大会上，习近平总书记明确指出，"保护生态环境就是保护生产力，改善生态环境就是发展生产力。海南要牢固树立和全面践行绿水青山就是金山银山的理念，在生态文明体制改革上先行一步，为全国生态文明建设作出表率。海南生态环境是大自然赐予的宝贵财富，必须倍加珍惜、精心呵护，使海南真正成为中华民族的四季花园。"②2022 年 4 月 13 日，习近平总书记在海南考察时再次指出，"海南要坚持生态立省不动摇，把生态文明建设作为重中之重，对热带雨林实行严格保护，实现生态保护、绿色发展、民生改善相统一，向世界展示中国国家公园建设和生物多样性保护的丰硕成果。"③

（二）推动生态文明体制机制改革

习近平总书记就生态文明制度建设强调："我国生态环境保护中存在的突出问题大多同体制不健全、制度不严格、法治不严密、执行不到位、惩处不得力有关。要加快制度创新，增加制度供给，完善制度配套，强化制度执行，让制度成为刚性的约束和不可触碰的高压线。要严格用制度管权治吏、护蓝增绿，有权必有责、有责必担当、失责必追究，保证党中央关于生态文明建设决策部署落地生根见效。"④党的十八大以来，习近平总书记就生态文明体制改革作出多次重要指示。2013 年 12 月，习近平总书记在中央经济工

---

①　刘赐贵：《加快建设美好新海南》，《人民日报》2017 年 9 月 1 日。

②　习近平：《在庆祝海南建省办经济特区 30 周年大会上的讲话》，人民出版社 2018 年版，第 17 页。

③　《习近平总书记考察海南》，新华社，2022 年 4 月 13 日。

④　习近平：《推动我国生态文明建设迈上新台阶》，《求是》2019 年第 3 期。

作会议上指出："要深化生态文明体制改革，尽快把生态文明制度的'四梁八柱'建立起来，把生态文明建设纳入制度化、法治化轨道。"①2014 年 10 月，习近平总书记在党的十八届四中全会第一次全体会议上指出："我们组织修订与环境保护有关的法律法规，在环境保护、环境监管、环境执法上添了一些硬招。稳步推进健全自然资源资产产权制度和用途管制制度、划定生态保护红线、实行资源有偿使用制度和生态补偿制度、改革生态环境保护体制等工作。"②2021 年 4 月，习近平总书记在主持十九届中共中央政治局第二十九次集体学习时指出，"要提高生态环境领域国家治理体系和治理能力现代化水平。要健全党委领导、政府主导、企业主体、社会组织和公众共同参与的现代环境治理体系，构建一体谋划、一体部署、一体推进、一体考核的制度机制。"③党的十八大以来，党中央通过全面深化改革，加快推进生态文明顶层设计和制度体系建设，相继出台《关于加快推进生态文明建设的意见》、《生态文明体制改革总体方案》，制定了 40 多项涉及生态文明建设的改革方案。但是由于多方面原因，当前我国生态文明建设水平仍滞后于经济社会发展，特别是制度体系尚不健全，体制机制瓶颈亟待突破，迫切需要加强顶层设计与地方实践相结合，开展改革创新试验，探索适合我国国情和各地发展阶段的生态文明制度模式。为此，党的十八届五中全会明确提出设立统一规范的国家生态文明试验区。2016 年 8 月，中共中央办公厅、国务院办公厅印发了《关于设立

① 《习近平谈治国理政》第二卷，外文出版社 2017 年版，第 393 页。
② 《习近平关于社会主义生态文明建设论述摘编》，中央文献出版社 2017 年版，第 106—107 页。
③ 习近平：《论把握新发展阶段、贯彻新发展理念、构建新发展格局》，中央文献出版社 2021 年版，第 542 页。

统一规范的国家生态文明试验区的意见》，首批设立福建、贵州和江西三个国家生态文明试验区。

2018 年 4 月 13 日，在庆祝海南建省办经济特区 30 周年大会上，习近平总书记强调海南要在生态文明体制改革上先行一步，并指出："党中央决定，支持海南建设国家生态文明试验区，鼓励海南省走出一条人与自然和谐发展的路子，为全国生态文明建设探索经验。"①2019 年 1 月，习近平总书记主持召开的中央全面深化改革委员会第六次会议审议通过《国家生态文明试验区（海南）实施方案》。2019年 5 月，中共中央办公厅、国务院办公厅印发《国家生态文明试验区（海南）实施方案》。2022 年 4 月，习近平总书记专门考察了海南热带雨林国家公园五指山片区，强调"海南以生态立省，海南热带雨林国家公园建设是重中之重。要跳出海南看这项工作，视之为'国之大者'，充分认识其对国家的战略意义，再接再厉把这项工作抓实抓好。"②党中央要求海南建设国家生态文明试验区和热带雨林国家公园，不仅是党中央着眼于生态文明体制改革的重要举措，也是海南高质量建设自由贸易港和高水平建设生态文明的内在要求。海南要遵循习近平总书记嘱托，加强重点领域的顶层设计和制度创新，不仅为推进全国生态文明建设探索新经验，也为海南自由贸易港建设提供好生态环境保障，还要更好地讲好中国故事，提高参与全球生态治理的话语权。

---

① 习近平：《在庆祝海南建省办经济特区 30 周年大会上的讲话》，人民出版社 2018 年版，第 17 页。

② 《习近平总书记考察海南》，新华社，2022 年 4 月 13 日。

（三）严格保护海洋生态环境

习近平总书记十分重视海洋生态环境保护工作。在福建、浙江等地工作时，多次对海洋发展作出重要论述。在浙江工作期间，习近平同志每年都到舟山就海洋发展主题进行调研，多次强调，"发展海洋经济是一项功在当代、利在千秋的大事业。""发展海洋经济，绝不能以牺牲海洋生态环境为代价，一定要坚持开发与保护并举的方针，全面促进海洋经济可持续发展。"[①] 党的十八大以来，党中央明确海洋强国建设是中国特色社会主义事业的重要组成部分。2013 年 7 月，中央政治局就建设海洋强国举行集体学习，确立了"依海富国、以海强国、人海和谐、合作共赢的发展道路"[②]。习近平总书记指出，"要保护海洋生态环境，着力推动海洋开发方式向循环利用型转变。要下决心采取措施，全力遏制海洋生态环境不断恶化趋势，让我国海洋生态环境有一个明显改观，让人民群众吃上绿色、安全、放心的海产品，享受到碧海蓝天、洁净沙滩。"[③] 保护海洋生态环境，实现人海和谐是海洋强国建设的内在要求。《生态文明体制改革总体方案》提出要逐步健全海洋资源开发保护制度，实施海岸线保护、围填海管控、海域及无居民海岛有偿使用等重大改革。2015 年国务院印发《全国海洋主体功能区规划》，实现了国家主体功能区战略的陆域海域全覆盖，逐步形成陆海统筹的海洋空间规划体系，不断深化基于生态系统的海岸带综合治理。2019 年 4 月，习近平总书记指出，我们人类居住的这个蓝色星球，不是被海洋分割成了各个孤岛，而

---

① 《习近平在浙江考察》，新华社，2006 年 9 月 22 日。
② 《习近平在中共中央政治局第八次集体学习时强调 进一步关心海洋认识海洋经略海洋推动海洋强国建设不断取得新成就》，新华网，2013 年 7 月 31 日。
③ 《习近平在中共中央政治局第八次集体学习时强调 进一步关心海洋认识海洋经略海洋推动海洋强国建设不断取得新成就》，新华网，2013 年 7 月 31 日。

是被海洋连结成了命运共同体，各国人民安危与共。海洋的和平安宁关乎世界各国安危和利益，需要共同维护，倍加珍惜。①

习近平总书记一直关注海南海洋工作。2013 年 4 月 10 日，习近平总书记在琼海市潭门镇考察渔民生产、生活条件以及海上民兵连建设情况，勉励渔民努力学习现代装备知识，提高作业能力，并积极做好收集远洋信息、支援岛礁建设等。2018 年 4 月 12 日，习近平总书记在三亚市考察时强调："生态环境保护是海南发展的根本立足点，要像对待生命一样对待这一片海上绿洲和这一汪湛蓝海水，努力在建设社会主义生态文明方面作出更大成绩。"②2018 年 4 月 13 日，在庆祝海南建省办经济特区 30 周年大会上，习近平总书记要求海南"严格保护海洋生态环境，建立健全陆海统筹的生态系统保护修复和污染防治区域联动机制"③。2022 年 4 月 10 日，习近平总书记在三亚考察时指出，建设海洋强国是实现中华民族伟大复兴的重大战略任务。要推动海洋科技实现高水平自立自强，加强原创性、引领性科技攻关，把装备制造牢牢抓在自己手里，努力用我们自己的装备开发油气资源，提高能源自给率，保障国家能源安全。④并在考察途中，下车察看沿海生态环境保护工作，叮嘱海南要加强陆海统筹，把生态保护工作作为一项重要任务抓紧抓好。作为海洋大省，海南具有海域辽阔（约 200 万平方千米，约占全国 2/3）、海岛众多（600余个）、海岸线较长（海南岛岸线长 1910.11 千米）、海湾（68 个）、

---

① 《习近平集体会见出席海军成立 70 周年多国海军活动外方代表团团长》，新华网，2019 年 4 月 23 日。

② 《习近平在海南考察》，新华社，2018 年 4 月 13 日。

③ 习近平：《在庆祝海南建省办经济特区 30 周年大会上的讲话》，人民出版社 2018 年版，第 18 页。

④ 《习近平总书记考察海南》，新华社，2022 年 4 月 13 日。

潟湖（16个）较广泛、珊瑚礁面积大（约占全国面积95%）等特点，发展海洋产业拥有得天独厚的条件，一定要牢记习近平总书记嘱托，准确把握新发展阶段，坚定走人海和谐、合作共赢的发展道路，提高海洋资源开发能力，加快培育新兴海洋产业，大力发展海洋高新技术，完善海洋生态环境治理体系，为海洋大省助力海洋强国提供坚实的海洋生态环境保障。

（四）完善绿色发展考核评价体系

习近平总书记多次强调："一些重大生态环境事件背后，都有领导干部不负责任、不作为的问题，都有一些地方环保意识不强、履职不到位、执行不严格的问题，都有环保有关部门执法监督作用发挥不到位、强制力不够的问题。"[①]2013年5月，习近平总书记在主持十八届中共中央政治局第六次集体学习时指出，"我们一定要彻底转变观念，就是再也不能以国内生产总值增长率来论英雄了，一定要把生态环境放在经济社会发展评价体系的突出位置。如果生态环境指标很差，一个地方一个部门的表面成绩再好看也不行，不说一票否决，但这一票一定要占很大的权重。"[②]而且特别强调，"对那些不顾生态环境盲目决策、造成严重后果的人，必须追究其责任，而且应该终身追究。真抓就要这样抓，否则就会流于形式。不能把一个地方环境搞得一塌糊涂，然后拍拍屁股走人，官还照当，不负任何责任。组织部门、综合经济部门、统计部门、监察部门等都要

---

① 习近平：《论把握新发展阶段、贯彻新发展理念、构建新发展格局》，中央文献出版社2021年版，第189页。

② 《习近平关于社会主义生态文明建设论述摘编》，中央文献出版社2017年版，第99—100页。

把这个事情落实好。"①2017 年 5 月，习近平总书记在主持十八届中共中央政治局第四十一次集体学习时指出："要落实领导干部任期生态文明建设责任制，实行自然资源资产离任审计，认真贯彻依法依规、客观公正、科学认定、权责一致、终身追究的原则。要针对决策、执行、监管中的责任，明确各级领导干部责任追究情形。对造成生态环境损害负有责任的领导干部，不论是否已调离、提拔或者退休，都必须严肃追责。各级党委和政府要切实重视、加强领导，纪检监察机关、组织部门和政府有关监管部门要各尽其责、形成合力。"②2018 年 5 月 18 日，习近平总书记在全国生态环境保护大会上强调："要建立科学合理的考核评价体系，考核结果作为各级领导班子和领导干部奖惩和提拔使用的重要依据。要实施最严格的考核问责。'刑赏之本，在乎劝善而惩恶。'对那些损害生态环境的领导干部，只有真追责、敢追责、严追责，做到终身追责，制度才不会成为'稻草人'、'纸老虎'、'橡皮筋'。"③党的十八大以来，党中央相继出台《关于开展领导干部自然资源资产离任审计的试点方案》《环境保护督察方案（试行）》《生态文明建设目标评价考核办法》《党政领导干部生态环境损害责任追究办法（试行）》《生态环境损害赔偿制度改革方案》等方案，建立了环境保护"党政同责""一岗双责"，"显性责任即时惩戒，隐性责任终身追究"，"环境有价、损害担责，主动磋商、司法保障，信息共享、公众监

---

① 《习近平关于社会主义生态文明建设论述摘编》，中央文献出版社 2017 年版，第 100 页。

② 习近平：《论把握新发展阶段、贯彻新发展理念、构建新发展格局》，中央文献出版社 2021 年版，第 189 页。

③ 习近平：《论把握新发展阶段、贯彻新发展理念、构建新发展格局》，中央文献出版社 2021 年版，第 267 页。

督"等制度，将生态环境考核结果作为党政领导综合考核评价、干部奖惩任免的重要依据。建立绿色发展为导向的干部考核评价体系，是加快转变经济发展方式、加强生态文明制度建设、增进人民福祉的长远大计。

在庆祝海南建省办经济特区 30 周年大会上，习近平总书记再次强调，海南"要完善以绿色发展为导向的考核评价体系"[①]。建立绿色发展为导向的考核评价体系就是把生态文明建设的各项要求细化为各级领导班子和领导干部的政绩考核内容和标准，转化为各级领导班子和领导干部的工作追求和目标。海南要坚持生态优先、绿色发展的理念，科学设计绿色发展为导向的考核评价指标体系，加快推进"绿色考评"制度，进而推动全省经济产业结构、企业生产方式和公众生活方式转型。"碳达峰""碳中和"的双碳目标对绿色发展为导向的考核评价体系提出了新要求，海南要抓住双碳目标战略机遇，以双碳目标的"1+N"政策体系为基础，探索建立海南绿色绩效评价体系，从绿色经济、绿色效益、绿色创新、绿色生态、绿色生活等多个方面，引导海南自由贸易港高质量发展，针对不同地区资源禀赋、发展基础和区位条件等不同情况制定差异化、个性化的考核指标，引导优势做更优秀、特色做更特色。此外，绿色绩效评价要结合干部考核评价制度，与干部选任挂钩。

---

① 习近平：《在庆祝海南建省办经济特区 30 周年大会上的讲话》，人民出版社 2018 年版，第 18 页。

二、具体部署

中央 12 号文要求海南加快生态文明体制改革，将国家生态文明试验区确定为海南新的四大战略定位之一，并从"完善生态文明制度体系""构建国土空间开发保护制度""推动形成绿色生产生活方式"三个方面部署具体任务。

（一）建设国家生态文明试验区

建设国家生态文明试验区是党中央全面深化改革生态文明体制的重要举措，重在开展生态文明体制改革综合试验，规范各类试点示范，为完善生态文明制度体系探索路径、积累经验。党的十八届五中全会和"十三五"规划纲要明确提出设立统一规范的国家生态文明试验区。中央 12 号文部署国家生态文明试验区为海南四大战略定位之一，要求"海南牢固树立和践行绿水青山就是金山银山的理念，坚定不移走生产发展、生活富裕、生态良好的文明发展道路，推动形成人与自然和谐发展的现代化建设新格局，为推进全国生态文明建设探索新经验"。[①]

根据中央 12 号文和《关于设立统一规范的国家生态文明试验区的意见》，中共中央办公厅、国务院办公厅于 2019 年 5 月 12 日印发《国家生态文明试验区（海南）实施方案》，要求"海南坚持新发展理念，坚持改革创新、先行先试，坚持循序渐进、分类施策，以生态环境质量和资源利用效率居于世界领先水平为目标，着力在构建生态文明制

[①] 《中共中央国务院关于支持海南全面深化改革开放的指导意见》，《人民日报》2018 年 4 月 15 日。

度体系、优化国土空间布局、统筹陆海保护发展、提升生态环境质量和资源利用效率、实现生态产品价值、推行生态优先的投资消费模式、推动形成绿色生产生活方式等方面进行探索，坚定不移走生产发展、生活富裕、生态良好的文明发展道路，推动形成人与自然和谐共生的现代化建设新格局，谱写美丽中国海南篇章。"[①] 为此，明确部署海南四个战略定位，一是建设生态文明体制改革样板区。健全生态环境资源监管体系，着力提升生态环境治理能力，构建起以巩固提升生态环境质量为重点、与自由贸易试验区和中国特色自由贸易港定位相适应的生态文明制度体系，为海南持续巩固保持优良生态环境质量、努力向国际生态环境质量标杆地区看齐提供制度保障。二是建设陆海统筹保护发展实践区。坚持统筹陆海空间，重视以海定陆，协调匹配好陆海主体功能定位、空间格局划定和用途管控，建立陆海统筹的生态系统保护修复和污染防治区域联动机制，促进陆海一体化保护和发展。深化省域"多规合一"改革，构建高效统一的规划管理体系，健全国土空间开发保护制度。三是建设生态价值实现机制试验区。探索生态产品价值实现机制，增强自我造血功能和发展能力，实现生态文明建设、生态产业化、脱贫攻坚、乡村振兴协同推进，努力把绿水青山所蕴含的生态产品价值转化为金山银山。四是建设清洁能源优先发展示范区。建设"清洁能源岛"，大幅提高新能源比重，实行能源消费总量和强度双控，提高能源利用效率，优化调整能源结构，构建安全、绿色、集约、高效的清洁能源供应体系。实施碳排放控制，积极应对气候变化。《国家生态文明试验区（海南）实施方案》还明确了海南建设国家生态文明试验区的阶段目标。总目标是通过试验区建设，确

---

① 　国务院办公厅：《国家生态文明试验区（海南）实施方案》，《人民日报》2019年5月13日。

保海南省生态环境质量只能更好、不能变差，人民群众对优良生态环境的获得感进一步增强。第一阶段目标是到 2020 年，试验区建设取得重大进展，以海定陆、陆海统筹的国土空间保护开发制度基本建立，国土空间开发格局进一步优化；突出生态环境问题得到基本解决，生态环境治理长效保障机制初步建立，生态环境质量持续保持全国一流水平；生态文明制度体系建设取得显著进展，在推进生态文明领域治理体系和治理能力现代化方面走在全国前列；优质生态产品供给、生态价值实现、绿色发展成果共享的生态经济模式初具雏形，经济发展质量和效益显著提高；绿色、环保、节约的文明消费模式和生活方式得到普遍推行。第二阶段目标是到 2025 年，生态文明制度更加完善，生态文明领域治理体系和治理能力现代化水平明显提高；生态环境质量继续保持全国领先水平。第三阶段目标是到 2035 年，生态环境质量和资源利用效率居于世界领先水平，海南成为展示美丽中国建设的靓丽名片。

（二）完善生态文明制度体系

党的十八大以来，生态文明建设作为中国特色社会主义事业"五位一体"总体布局的重要组成部分，被提升到前所未有的高度。党的十八届三中全会对生态文明建设作了新的部署，要求建立从源头、过程到后果的全过程生态文明制度体系。坚持和完善生态文明制度体系成为近年来党中央大力推进生态文明制度建设的重要目标。中央 12 号文明确要求海南"完善生态文明制度体系，加快建立健全生态文明建设长效机制，压紧压实生态环境保护责任"①。监管体制是国家

---

① 《中共中央国务院关于支持海南全面深化改革开放的指导意见》，《人民日报》2018 年 4 月 15 日。

对生态环境进行监督管理的一系列组织机构设置及其职权和职责的划分，主要涉及到自然资源资产管理和自然生态监管两个方面。中央12 号文要求海南要率先建立生态环境和资源保护现代监管体制，设立国有自然资源资产管理和自然生态监管机构。编制自然资源资产负债表，实行省以下环保机构监测监察执法垂直管理制度。"唯 GDP 论英雄"一度成为一些领导干部的主流政绩观，由于发展方式粗放，忽略环境保护，不少地区生态环境恶化等问题未得到有效解决。2016年中央出台《生态文明建设目标评价考核办法》，意味着生态责任落实的好坏将成为政绩考核的必考题，为推动绿色发展和生态文明建设提供坚强保障。中央 12 号文要求海南突出以生态文明建设论英雄，在做好生态文明建设目标评价考核的基础上，落实环境保护"党政同责、一岗双责"，构建以绿色发展为导向的评价考核体系，严格执行党政领导干部自然资源资产离任审计、生态环境损害责任追究制度，为海南做好生态文明树立了鲜明的政绩考核导向。自然资源资产有偿使用制度是生态文明制度体系的一项核心制度。改革开放以来，我国全民所有自然资源资产有偿使用制度逐步建立，在促进自然资源保护和合理利用、维护所有者权益方面发挥了积极作用，但由于有偿使用制度不完善、监管力度不足，还存在市场配置资源的决定性作用发挥不充分、所有权人不到位、所有权人权益不落实等突出问题。中央12 号文要求海南以保护优先、合理利用、维护权益和解决问题为导向，以依法管理、用途管制为前提，以明晰产权、丰富权能为基础，以市场配置、完善规则为重点，以开展试点、健全法制为路径，以创新方式、加强监管为保障，加快建立健全全民所有自然资源资产有偿使用制度，建立完善自然资源资产产权制度和有偿使用制度。探索建立水权制度。鼓励海南国家级、省级自然保护区依法合规探索开展森林经营先行先试。同时，加快完善生态保护成效与财政转移支付资金分配相挂钩的生态保护补偿机制。聚焦生态保护过程中的重点、难点、堵点，全面实施河长制、湖长制、湾长制、林长制，有效解决了生态文明建设理念淡化、职责虚化、权能碎化、举措泛化、功能弱化等问题。我国约有 300 万平方公里的主张管辖海域和 1.8 万公里的大陆岸线，是世界上少数几个同时拥有海草床、红树林、盐沼这三大蓝碳生态系统的国家之一。作为海洋大省，海南授权管辖全国三分之二的海洋面积，保护和利用好海洋资源具有特殊重要意义。中央 12 号文要求海南要加强对海洋生态环境的司法保护。开展海洋生态系统碳汇试点。标准是经济活动和社会发展的技术支撑。生态文明建设要求对原有经济发展标准体系进行根本性改变，如果缺乏绿色标准体系，就很难实现生态文明建设目标。中央 12 号文要求海南研究构建绿色标准体系，建立绿色产品政府采购制度，创建绿色发展示范区。实行碳排放总量和能耗增量控制。建立环境污染"黑名单"制度，健全环保信用评价、信息强制性披露、严惩重罚等制度。在环境高风险领域建立环境污染强制责任保险制度。

（三）构建国土空间开发保护制度

习近平总书记在党的十九大报告中提出，"构建国土空间开发保护制度，完善主体功能区配套政策，建立以国家公园为主体的自然保护地体系"[①]。在参加十三届全国人大二次会议内蒙古代表团

---

① 习近平：《决胜全面建成小康社会，夺取新时代中国特色社会主义伟大胜利——在中国共产党第十九次全国代表大会上的报告》，《人民日报》2017 年 10 月 28 日。

审议时，习近平总书记再次强调："要坚持底线思维，以国土空间规划为依据，把城镇、农业、生态空间和生态保护红线、永久基本农田保护红线、城镇开发边界作为调整经济结构、规划产业发展、推进城镇化不可逾越的红线。"①构建国土空间开发保护制度是国家空间发展的重要基础，是我国未来资源、环境管理的重要遵循和依据，是我国在未来一个时期加快生态文明体制改革、建设美丽中国的重要工作内容。从党的十八大提出"优化国土空间开发格局""控制开发强度，调整空间结构"到党的十八届三中全会提出"坚定不移实施主体功能区制度""建立国土空间开发保护制度"，再到党的十九大提出"构建国土空间开发保护制度，完善主体功能区配套政策"，体现了党中央对国土空间治理的高度重视和不懈探索。中央 12 号文要求海南深入落实主体功能区战略，健全国土空间用途管制制度，完善主体功能区配套政策，制定实施海南省海洋主体功能区规划。完成生态保护红线、永久基本农田、城镇开发边界和海洋生物资源保护线、围填海控制线划定工作，严格自然生态空间用途管制。实行最严格的节约用地制度，实施建设用地总量和强度双控行动，推进城市更新改造，对低效、零散用地进行统筹整合、统一开发，确保海南建设用地总量在现有基础上不增加，人均城镇工矿用地和单位国内生产总值建设用地使用面积稳步下降。建立国家公园体制是我国推进自然生态保护、建设美丽中国、促进人与自然和谐共生的一项重大举措。中央 12 号文要求海南加强自然保护区监督管理。研究设立热带雨林等国家公园，构建以国家公园为主体的自然保护地体系，按照自然生态系统整体性、系统性及其内在规律实

---

① 《习近平参加内蒙古代表团审议》，新华社，2019 年 3 月 5 日。

行整体保护、系统修复、综合治理。实施重要生态系统保护和修复重大工程，构建生态廊道和生物多样性保护网络，提升生态系统质量和稳定性。林业是改善提升自然生态系统质量的关键领域，为完善生态产品价值实现机制，破解生态保护与林农利益之间的矛盾，中央 12 号文要求海南在重点生态区位推行商品林赎买制度，探索通过租赁、置换、地役权合同等方式规范流转集体土地和经济林，逐步恢复和扩大热带雨林等自然生态空间。实施国家储备林质量精准提升工程，建设乡土珍稀树种木材储备基地。划定生态核心保护区是保护生物多样性、保护国家生态屏障的重要举措。核心保护区是红线和"高压线"，法律明确规定核心区不得进行任何人为的生产生活活动。由于仍有部分居民居住在生态核心保护区，中央 12 号文要求，海南要对生态环境脆弱和敏感区域内居民逐步实施生态移民搬迁。海洋是"大国土"和"大资源"的重要组成部分。完善陆海统筹的规划体系，是沿海地区优化功能布局，建立陆海资源、产业、空间互动协调发展新格局的坚实基础和制度保障。坚持陆海统筹、以海定陆，协同推进陆源污染治理、海域污染治理、生态保护修复和环境风险防范是海洋生态系统建设的核心要求。中央 12 号文要求海南严格保护海洋生态环境，更加重视以海定陆，加快建立重点海域入海污染物总量控制制度，制定实施海岸带保护与利用综合规划。完善海洋空间管控体系，优化沿海海洋产业用海，严格落实海域使用管控要求，实施精准治污，提升近岸海域环境质量，保护修复并举，确保海洋生态系统健康。扎实推进"美丽海湾"保护与建设。推动海洋碳汇助力碳中和，构建现代化海洋生态环境治理体系。

（四）推动形成绿色生产生活方式

绿色生产生活方式是人与自然和谐共存，在满足人类自身需求的同时尽最大可能保护自然环境的生活方式。推动形成绿色生产生活方式，对于打赢污染防治攻坚战、建设美丽中国、实现中华民族永续发展，都具有十分重要与深远的意义。党的十九届五中全会将"广泛形成绿色生产生活方式""碳排放达峰后稳中有降""生态环境根本好转""美丽中国建设目标基本实现"作为2035年基本实现社会主义现代化远景目标之一。国务院印发《2030年前碳达峰行动方案》，要求把碳达峰、碳中和纳入经济社会发展全局，有力有序有效做好碳达峰工作，加快实现生产生活方式绿色变革，推动经济社会发展建立在资源高效利用和绿色低碳发展的基础之上，确保如期实现2030年前碳达峰目标。中央12号文要求海南坚持"绿色、循环、低碳"理念，建立产业准入负面清单制度，全面禁止高能耗、高污染、高排放产业和低端制造业发展，推动现有制造业向智能化、绿色化和服务型转变，加快构建绿色产业体系。实施能源消费总量和强度双控行动。支持海南建设生态循环农业示范省，加快创建农业绿色发展先行区。实行生产者责任延伸制度，推动生产企业切实落实废弃产品回收责任。减少煤炭等化石能源消耗，加快构建安全、绿色、集约、高效的清洁能源供应体系。共享经济日益成为风行的新经济模式，其主要特征是社会成员分享各自的资源，共同享受经济红利。从发展势头迅猛的手机约车软件Uber、滴滴，到备受投资人青睐的房屋分享服务Airbnb、住百家，都是共享经济的典型代表。共享经济是绿色的生活方式之一，它倡导社会大众互帮互助，不仅可以最大可能节约资源，还可以最大限度地提高资源利用率。

在此背景下，中央 12 号文要求海南建立闲置房屋盘活利用机制，鼓励发展度假民宿等新型租赁业态。探索共享经济发展新模式，在出行、教育、职业培训等领域开展试点示范。发展新能源汽车是推动绿色发展、保障能源安全的战略选择。中央和地方政府在支持充电桩等新能源汽车配套基础建设方面持续出台政策，增强新能源汽车用车便利性，完善新能源汽车的车辆购置税等减税降费政策，鼓励消费者购买新能源汽车。中央 12 号文提出，海南要科学合理控制机动车保有量，加快推广新能源汽车和节能环保汽车，在海南岛逐步禁止销售燃油汽车。塑料制品在为消费者提供便利的同时，由于过量使用及回收处理不到位等原因，造成了严重的能源资源浪费和环境污染。特别是超薄塑料购物袋容易破损，大多被随意丢弃，成为"白色污染"的主要来源。越来越多的国家和地区已经限制塑料购物袋的生产、销售、使用。早在 2008 年，国务院就要求在全国范围内禁止生产销售使用超薄塑料袋，并实行塑料袋有偿使用制度。但由于消费习惯、生产成本等原因，限塑令的执行效果并不明显，传统塑料袋使用量依然巨大。中央 12 号文要求全面禁止在海南生产、销售和使用一次性不可降解塑料袋、塑料餐具，加快推进快递业绿色包装应用。

三、实践探索

近年来，海南省委省政府始终把加强生态文明建设作为重大政治责任，坚持生态立省不动摇，统筹落实中央 12 号文、《海南自由贸易港建设总体方案》《国家生态文明试验区（海南）实施方案》《海南热带雨林国家公园体制试点方案》等具体部署，积极推进国家生态文明试验区标志性工程建设、持续完善生态文明制度体系，推动形成陆海统筹保护发展新格局，推动形成绿色生产生活方式，全省生态文明建设成绩斐然。

（一）高质量建设海南热带雨林国家公园

2021 年 10 月 12 日，习近平主席在《生物多样性公约》第十五次缔约方大会领导人峰会上亲自宣布正式设立中国第一批 5 个国家公园名单，海南热带雨林国家公园榜上有名。[①]2022 年 4 月 11 日，习近平总书记到海南热带雨林国家公园五指山片区考察，充分肯定海南热带雨林国家公园建设。[②] 海南省委省政府牢记习近平总书记的殷殷嘱托，举全省之力，从加强党的领导、理顺管理体制、建立法规体系、强化生态修复、建设监测系统、组建科研平台等方面强力推进，国家公园建设取得明显成效。主要做法有，一是统一规范高效管理。大力推进国家公园体制试点，成立海南热带雨林国家公园管理局，探索扁平化两级管理体制，整合分属各个部门的 20 个不同类型的保护地，由国家公园管理局统一管理，有效解决了"九龙治水"问题。建立了执法派驻双重管理机制和社区协调机制，组建海南国家公园研究院等。二是强化制度集成创新，相继出台《海南热带雨林国家公园总体规划（试行）》《海南热带雨林国家公园管理条例》《海南热带雨林国家公园生态搬迁方案》《海南热带雨林国家公园自然资源统一确权登记

① 习近平：《共同构建地球生命共同体——在〈生物多样性公约〉第十五次缔约方大会领导人峰会上的主旨讲话》，新华社，2021 年 10 月 12 日。

② 《习近平总书记考察海南》，新华社，2022 年 4 月 13 日。

实施方案》《海南热带雨林国家公园社区发展的指导意见》等 10 余项制度和方案，大力推动国家生态公园生态保护和社区可持续发展。三是加强热带雨林整体保护和系统修复，实施国家公园范围内小水电站清理整治、矿业权退出、长臂猿保护廊道等措施，海南长臂猿等重点保护物种种群数量稳中有升，同时发现了尖峰水玉杯等 9 个植物新种。四是生态环境质量稳步提升。国家公园区域空气质量优良天数近年来始终高于全省平均水平，地表水环境质量优良率稳定在 100%。五是社区群众生活持续改善。老百姓利用国家公园金字招牌吃上了"旅游饭"。国家公园范围内游客人次占全省游客的比例逐年攀升。9 个市县农民人均收入增速高于全省。六是公众生态文明意识得到明显增强。参与热带雨林科普活动的志愿者 3 年增长 1.29 倍，成立自然教育学校 10 所，社会关注度明显提高。七是"霸王岭模式"得到国际好评。2021 年在世界自然保护联盟马赛大会和联合国昆明生物多样性大会发布海南长臂猿保护案例，向国际社会成功展示了中国国家公园建设的成果。

（二）推进生态文明标志性工程建设

海南聚焦优势所能和国家所需，以热带雨林国家公园、清洁能源岛和清洁能源汽车、"禁塑"、装配式建筑、"六水共治"攻坚战、"双碳"优等生等标志性工程建设为抓手，着力推进国家生态文明试验区建设。在高质量建设海南热带雨林国家公园的基础上，海南省委省政府着力建设清洁能源岛和推广清洁能源汽车。积极开展海南清洁能源发展规划研究。编制完成《海南清洁能源岛发展规划》。加快智能电网建设。完成博鳌乐城低碳智慧能源与智能电网综合示范区、海口江东新区近零碳智慧新城和智能电网综合示范项目等。

提高清洁能源消费比重。截至 2021 年，全省清洁能源装机比重达 70%，较全国平均水平高 23 个百分点，全省光伏发电量连续两年翻番，清洁能源发电量占总调发电量比重约 56.5%。科学布局建设天然气调峰电源。省内首座大型天然气调峰电厂在文昌投产，"云电送琼"成功实施，东方气田投产，昌江核电二期顺利开工。大力推广清洁能源汽车。在全国率先提出"全面禁止销售燃油汽车"，制定实施《海南省清洁能源汽车发展规划》，2020 起连续三年制定海南省清洁能源汽车推广行动计划，实现全省公交车、巡游出租车新增和更换的车辆、分时租赁汽车新增和更换的车辆、网络预约出租车申请办理新增及更换的车辆 100% 使用清洁能源汽车。截至 2022 年 2 月底，全省新能源汽车保有量已达 13.36 万台，占比达 8%，大幅高于全国平均水平。部署"充电桩进小区"示范项目建设。2022 年拟新建充电桩 2 万个以上，确保年底新能源汽车与充电桩总体比例保持在 2.5：1 以下。

率先实施全省禁塑。实施全国首部"禁塑"地方法规，构建"禁塑"领域"法规＋标准＋名录＋替代产品＋全程追溯"的全流程闭环管理体系。制定发布《海南经济特区禁止生产销售使用一次性不可降解塑料制品条例》《海南省全面禁止生产、销售和使用一次性不可降解塑料制品补充实施方案》《海南省禁止生产销售使用一次性不可降解塑料制品名录（第一批）》及补充目录、《全生物降解塑料制品通用技术要求》《全生物降解塑料及制品快速检测法基于电子监管红外光谱指纹图法》《全生物降解塑料制品快速检测方法核磁法》等，在全省范围内实施禁止生产、销售和使用一次性不可降解塑料袋、塑料餐具等。加强检验检测能力建设，全方面提升市场监管能力。引进、扶植全生物降解塑料制品产业，新建和转型塑料企业 17 家，其中可生产餐具的企业 5 家，形成年设计产能膜袋 4 万吨、餐饮具 1.5 万吨，改性材料 4 万吨，满足岛内对全生物降解塑料制品的需求。

大力推进装配式建筑。相继出台《海南省人民政府关于大力发展装配式建筑的实施意见》《装配式建筑评价标准》《海南省装配式建筑装配率计算规则》《海南省装配式安居型住房标准设计图集》等，从省级层面牵头制定完善包括装配式建筑政策体系、标准体系、产能布局、示范项目以及技术力量的引进等方面的配套制度，通过采取出台政策、示范引领、督查检查、交流培训等方式发力，推动全省装配式建筑呈现大幅度增长态势。2018 年，全省采用装配式建造的项目面积为 82 万平方米；2019 年全省通过评审确定采用装配式建造的项目面积增长到 435 万平方米；2020 年全省通过评审确定采用装配式建造的项目面积 1100 万平方米；2021 年，全省装配式建筑面积 2280 万平方米。优化全省装配式建筑生产基地布局，推动装配式建筑生产基地集中布局到临高金牌港开发区，规划发展以装配式建筑为主体，以研发、配件生产、安装、施工、维护等全产业链相结合的建筑产业集群。印发《海南省装配式建筑产业发展规划(2022—2030)》，明确到 2030 年，全省装配式建筑面积占新建建筑面积的比例达到 95% 以上，装配式建筑中装配式钢结构建筑面积占比达到 30%。

打响"六水共治"攻坚战。2022 年初海南提出以水环境综合治理为突破口，系统推进治污水、保供水、排涝水、防洪水、抓节水、优海水 6 项工作，在全省下大力气打一场治水攻坚战，计划两年消除城市黑臭水体,三年剿灭劣 V 类水体,五年省控国控断面全部达标。印发《海南省节水行动实施方案》,明确加强用水总量和强度双控、加强工业节水减排、加强农业节水增效、加强城镇节水降损、强化政策推动和市场引领、科技创新引领、发挥示范引领作用等 7 个方面 25 项具体节水工作内容。全省挂牌成立各级治水办公室,出台领导小组议事规则、工作规则、职责清单、2022 年工作要点及任务分工等系列制度文件。各市县积极响应"六水共治",结合世界水日、地球日、学雷锋志愿服务活动等开展系列宣传活动,引导群众成为开展"六水共治"工作的宣传者、组织者、参与者和监督者,推动爱护水节约水成为全社会的良好风尚和自觉行动。2022 年第一季度,全省重大治水项目年度投资完成比例超过 30%,建制镇污水处理设施开工(含完工)比例达 93%,全省地表水水质优良率同比上升 3.8 个百分点,劣 V 类水体同比下降 1.1 个百分点,治水工作实现良好开局。

争做"双碳"工作优等生。打造东屿岛零碳岛。加大对企业低碳技术创新的支持力度,推动电力、石化、化工、水泥、交通等领域制定碳排放碳达峰专项行动计划。推行交通绿色低碳化,加快大宗货物和中长途运输"公转铁""公转水",大力发展铁路专用线。关注国际航空碳抵消与减排机制、国际航运业碳减排机制,提高燃油效率,探索建设使用生物质燃料的低碳船舶,推广使用生物航油的绿色航班。加快建筑碳中和进程,指导各市县新建建筑全面实施绿色设计标准,全面推进超低能耗、近零能耗和零能耗等绿色低碳建筑发展。积极参与国际碳排放权交易。探索依法合规在海南设立国际碳排放权交易场所。优化碳市场减排效应,引导资金流向低碳发展领域,大力发展碳金融,发挥海南自由贸易港跨境资金自由流动的便利性，引进国际资金和境外投资者参与气候投融资活动，建立气候投融资项目库。加强海洋和森林碳汇研究。制定蓝碳行动计划，推动蓝碳方法学研究与利用，建立健全蓝碳统计调查与监测体系，探索建立海南国际蓝碳研究中心。开展陆地生态系统碳汇机制研究与开发，研究林业碳汇分布及增汇路径。

（三）完善生态文明制度体系

近年来，海南坚持立法先行，相继制定或修订多项涉及生态文明领域的省级地方性法规；坚持规划引领，深化多规合一改革，构建国土空间开发保护制度；坚持系统观念，优化顶层设计和部门协同，完善生态环境监管体制，形成政策制度闭环；坚持守住生态环境质量"只能更好，不能变差"底线，完善大气、水、土壤保护制度；明确考核导向，建立绿色经济社会发展考核评价体系，引导树立正确政绩观。

建立具有地方特色的生态文明法治保障机制。坚持立法先行，围绕生态文明建设重点领域，修订或制定《海南热带雨林国家公园特许经营管理办法》《海南经济特区禁止生产销售使用一次性不可降解塑料制品条例》《海南省生活垃圾管理条例》《海南省生态保护补偿条例》等涉及热带雨林国家公园建设、禁塑限塑、生活垃圾分类、生态补偿等多个领域的省级地方性法规20余项，确保相关改革于法有据。完善司法保护，率先设立环境资源审判庭，全省已设7个审判庭和7个巡回法庭，实现全域布局，创新开展生态恢复性司法裁判。突出标准引领，制定出台《海南省绿色标准体系建设三年行动方案》，实施涉及 11 个重点领域 63 项地方标准的绿色发展标准化支撑工程，已出台生活垃圾焚烧、水产养殖尾水、农村生活污水、火电厂污染物等地方特色污染排放控制标准和会展、住宿、互联网短租房、餐饮绿色外卖、餐饮企业绿色后厨等行业相关绿色标准。

构建国土空间开发保护制度。坚持"全省一盘棋、全岛同城化"思路，不断深化省域多规合一改革。出台《关于深化"多规合一"改革完善国土空间规划体系的通知》，建立符合海南实际的国土空间规划体系，健全国土空间规划的实施监督体系，优化国土空间开发保护和开发总体格局，提升国土空间品质和利用效率。出台《海南省生态保护红线管理规定》。调整和优化生态保护红线，分别划定陆域和近岸自然生态保护红线，稳固确立全省"一心、一环、三江、多廊"①的生态安全格局。构建"多规合一"框架下的生态环境分区管控体系，高质量推进"三线一单②"改革，建立差别化自然生态空间管控制度。完善法规条例保障"多规合一"落实实施。修订省城乡规划、土地管理、林地管理、海域使用等配套法规条例，确保"多规合一"落地实施有法可依，出台《海南省省和市县总体规划实施管理办法（试行）》《海南省总体规划督察办法》，总体规划的实施、调整和监督管理有章可循。

完善生态环境资源监管体制。在全国率先实施省级生态环境机构改革，完成生态环境机构监测监察执法垂直管理制度改革和生态环境综合

---

① 沈晓明：《解放思想 开拓创新 团结奋斗 攻坚克难 加快建设具有世界影响力的中国特色自由贸易港——在中国共产党海南省第八次代表大会上的报告》，《海南日报》2022 年 5 月 5 日。

② 沈晓明：《解放思想 开拓创新 团结奋斗 攻坚克难 加快建设具有世界影响力的中国特色自由贸易港——在中国共产党海南省第八次代表大会上的报告》，《海南日报》2022 年 5 月 5 日。

行政执法改革，构建了"大环保"监管格局。深化排污许可制度改革。率先开展排污许可制度改革，核发首张新版排污许可证，作为环保领域改革代表被国家博物馆收录和永久保存。印发《排污许可管理制度融合工作方案》，做好排污许可及相关环境管理制度融合，建立以排污许可制度为核心的固定污染源环境监管机制，提高环境管理效能。深化环境管理基础制度改革。印发《海南省环境保护信用评价办法（试行）》《海南省环境信息公开办法（试行）》等。完成首批5家试点企业的环境污染强制责任保险投保工作。实施流域生态环境资源承载能力检测预警管理。以市县或流域为单元开展水资源、水环境承载能力评价，建立水生态环境承载能力监测预警机制。强化土壤污染源源头管控。将土壤和地下水污染防治要求纳入排污许可管理，建立土壤污染重点监管单位、地下水重点污染源的土壤和地下水污染隐患排查整改制度。

完善大气、水、土壤保护制度。出台《海南省大气污染防治条例》，实行严禁秸秆、垃圾露天焚烧和槟榔土法熏烤、区外露天烧烤等"六个严禁"，大力推进气代柴薪和秸秆综合利用工作。率先发布实施国家第六阶段机动车排放标准方案，全面完成淘汰黄标车任务。强化春节期间烟花爆竹污染物排放管控。2021年海南环境空气质量优良天数比例为99.4%，PM2.5年均浓度13微克/立方米，臭氧浓度处于近几年的最低值。全面推行"河长制""湖长制""湾长制"。开展污染水体治理三年行动，水环境质量保持优良，国控地表水断面水质优良率、城市（镇）集中式饮用水水源水质达标率均为100%，近岸海域水质优良率为99.9%。出台实施《海南省小水电站清理整治方案》和配套实施细则，部署市县开展小水电站"一站一策"清理整治。全面完成农用地土壤污染状况详查并建立分类数据库。完成重点行业企业用地土壤污染状况调查现场采样和分析测试工作。优化调整生活垃圾、危险废物、医疗废物处置设施项目布局，指导相关市县将明确选址的生活垃圾焚烧发电厂、危险废物集中处置设施用地纳入市县总体规划，从源头上防范"邻避效应"，实现全省新增生活垃圾"零填埋"。

建立绿色经济社会发展考核评价体系。优化考核评价机制，率先取消全省 2/3 市县的 GDP 工业产值、固定资产考核，将生态环境保护作为负面扣分和一票否决事项。省级领导围绕碳达峰、碳中和等生态文明建设重点领域设立 9 个专项组，加强各重点领域的顶层设计、部门协同和制度创新。印发实施《海南省高标准高质量发展指标体系》，强化资源消耗、环境损害、生态效益等指标约束。健全重点生态功能区转移支付资金分配机制。对国家和省级重点生态功能区转移支付资金实行与保护成效考核结果挂钩的资金分配机制，并覆盖全省所有县域单元。健全生态文明建设责任体系。出台党政部门生态环境保护职责清单，深入落实生态环境保护督察制度，编制省级和市县自然资源（含海洋资源）资产负债表，依托数字化平台创新开展自然资源资产离任审计，明晰责任、压实责任、考查责任的制度闭环基本形成。积极谋划《中华人民共和国海南自由贸易港法》配套立法，正在研究制定《海南自由贸易港生态环境保护考核评价和问责规定》。

创新探索生态产品价值实现机制。探索建立自然资源资产产权制度和有偿使用制度。印发实施《海南省自然资源统一确权登记总体工作方案》，全面推进海南省自然资源统一确权登记工作，推动建立归属清晰、权责明确、保护严格、流转顺畅、监管有效的自然资源资产产权制度，支撑自然资源合理开发、有效保护和严格监管。开展自然资源资产统一确权登记省级试点。在海口、三亚、文昌、昌江和保亭5个市县试点自然资源统一确权登记工作。印发实施《海南省自然资源资产产权制度改革实施方案》，全面停止新增围填海项目审批，探索建立覆盖所有国土空间的用途管制制度和规则，对国土空间实施统一管控，强化山水林田湖草沙整体保护。落实承包土地所有权、承包权、经营权"三权分置"，开展经营权入股、抵押，完善转包、出租、互换、入股等土地流转方式。实施海砂采矿权和海域使用权联合出让制度，建立完善净矿出让制度，对不符合规划的区块不得设立矿业权。率先出台《海南省生态保护补偿条例》，修订完善《海南省流域上下游生态保护补偿实施方案》。以生态保护补偿方式和类型为划分逻辑，以政府主导型的纵向生态保护补偿、区域间的横向生态保护补偿以及市场化生态保护补偿为主要内容，系统确定生态保护补偿的范围、标准、方式、对象以及监督与管理等内容。

（四）构建陆海统筹保护发展新格局

近年来，海南不断强化陆海统筹保护与发展，一体推进山水林田湖草海生态系统保护与修复，相继推进陆海统筹生态空间规划，优化海岸带生产、生活和生态空间布局，完善围填海和海岸线开发管控制度，推进"湾长制"与"河长制"等，推动全省构建陆海统筹海洋经济发展新格局。

统筹山水林田湖草海一体化保护。加强中部山区生态保育。全面加强天然林保护，持续推行林长制。以热带雨林国家公园为重点，采取封山育林育草措施，加快热带雨林和热带季雨林自然恢复。推行森林、河流、湖泊休养生息，健全耕地休耕轮作制度，有序开展退耕还林还草、退塘还湖还湿工作。加快推进生态搬迁迹地生态修复和推出工矿迹地恢复。实施低效林补植改造、人工林退出和改造工程。加强重要湿地、重点流域生态系统保育和修复。出台《海南省水生态文明建设 2020 年实施方案》。推进南渡江、昌化江、万泉河水生态文明建设及综合整治工程，落实水生态红线及管控措施，划定全国水利普查名录内河湖管理范围。强化水生态保护修复，实施河流生态治理，推进小水电清理整治和加快城镇污水处理设施建设。提高水资源利用效率，严格水资源管理，推进农业水价综合改革，争取每个市县建成 1 处改革示范区。弘扬传承水文化，讲好水文化故事，启动水情教育基地建设等。落实河长制湖长制，开展"绿水行动"，推进生态补偿改革。在赤田水库流域和南渡江、大边河、昌化江、陵水河流域开展水量动态评估，在三亚赤田水库灌区安装计量设施，明确用水户的水权，探索建立水权交易制度。

建立陆海统筹保护管理体系。科学规划开发海岸带。加强海岸带综合管理，重视以海定陆，推进海洋资源可持续利用，组织编制《海南省海岸带保护与利用综合规划》，优化海岸带产业与滨海人居环境布局，为海岸带地区实施用途管制提供基础。加强陆海统筹，强化用途管制，实施最严格的围填海管控和岸线开发管控制度，明确除国家重大战略项目外，全面停止新增围填海项目审批。修订出台《海南经济特区海岸带保护与利用管理规定》，部分规划管理权限上收，自然岸线开发得到严格限制。加快处理围填海历史遗留问题。拆除葫芦岛、月岛、凤凰岛、瑞吉码头等人工岛，恢复自然岸线。编制海洋资源资产负债表。印发实施《海南省海洋资源资产负债表试编制度》。探索海域使用权立体分层设权，按照海域的水面、水体、海床、底土分别设立使用权。构建无居民海岛产权体系。完善水域滩涂养殖权利体系，依法明确权能，允许流转和抵押。

加强海洋生态系统治理与修复。建立入海（河）排污口清单管理制度。印发实施《海南省全面清理非法与设置不合理的企业入海排污口工作方案》《关于加快推进直排海污染源排查和清理工作的通知》，部署和推进全省 14 个沿海市县（区）入海水流的排查、登记和清理整治工作，分门别类进行登记建档。加强入海排污口设置审批和备案，清理拆除非法排污口，纠错更正设置不合理的排污口。实施重点海域入海污染物总量控制制度。印发实施《海南省重点海域入海污染物总量控制实施方案》，推行入海污染物总量控制制度，在一定时间内综合经济、技术和社会等条件，将一定空间范围内污染源产生的污染物量控制在容许限度内，持续保持近岸海域水生态环境质量优良率。推行"湾长制"，建立海湾保护责任体系。制定《海南省全面推行"湾长制"实施方案（2020—2025 年）》，以提升海洋生态环境质量、维护海洋生态安全为目标，建立健全以海定陆、陆海统筹、河海兼顾、党政同责、上下联动、协同共治的"湾长制"治理体系，逐级压实海洋生态环境保护主体责任，扎实推进美丽海湾建设。探索建立船舶污染物接收、转运、处置联单制度。印发实施《港口和船舶污染物接收、转运和处置设施建设方案》，督促各市县建立船舶污染物接收、转运和处置联单制度，实现船舶污染物从船上接收到陆源处置整个链条无缝对接监管。

开展海洋碳汇研究。调查研究海南生态系统蓝碳生态系统分布状况以及增汇的路径和潜力，形成《海南省蓝碳生态系统碳汇现状研究报告》《海南海洋生态系统碳汇发展路线图》。完成东寨港、八门湾、花场湾等区域 53 个样方地下碳库五中调查和地下碳库沉积物监测，编制《海南省蓝碳生态系统（红树林）碳库现状调查报告》。开展温室气体清单编制方法研究，形成《海南省温室气体清单（滨海海湿地部分）编制方法研究报告》。推进蓝碳试点工作。在海口市开展蓝碳试点工作，编制《海口市海洋生态系统碳汇实施方案》《海口市海洋生态环境本底调查报告》。探索开展蓝碳交易示范。印发《关于设立海南国际碳排放权交易中心有限公司的批复》，通过蓝碳市场、碳普惠以及碳中和活动等方式提升蓝碳价值，推进蓝碳增汇等示范工程，已经实现全省首个蓝碳生态产品交易签约。积极参与全国碳排放权交易市场，建立健全配额分配方法与标准、核算核证、奖惩机制、监管体系等机制建设。开展零碳园区试点，打造以博鳌东屿岛为重点的一批零碳示范区。

（五）推动形成绿色生产生活方式

近年来，海南结合国家"双碳"战略政策，大力倡导绿色低碳生产生活方式，将其与绿色城镇化建设、美丽乡村建设、农村人居环境整治、生活垃圾分类、绿色出行等有机融合，推动全省广泛形成绿色生产生活方式。

健全绿色低碳循环发展生产体系。大力发展旅游业、现代服务业、高新技术产业和热带特色高效农业等现代化产业，建立开放型生态型服务型产业体系。建立绿色低碳循环发展的流通体系，调整优化交通运输结构，打造绿色物流。推广绿色低碳运输工具，港口和机场服务、城市物流配送、邮政快递等领域优先使用清洁能源汽车，加大推广绿色船舶示范应用力度。提升产业园区和产业集群循环化水平，严格环境准入，推进既有产业园区循环化改造，推动公共设施共建共享、能源梯级利用、资源循环利用和污染物集中安全处置。强化资源节约、集约、循环利用。运用新增可再生能源和原料用能不纳入能源消费总量控制的政策,创造条件实现能耗双控向碳排放总量和强度双控转变。深入开展能源审计和能效达标对标活动,实行能源利用状况报告制度,建立企业能源管理体系。节约集约利用土地资源,严守耕地保护红线,严格保护耕地特别是永久基本农田,严格控制建设用地规模,强化新增建设用地管理,清理处置批而未供和闲置土地,拓展建设用地新空间,引导和鼓励建设项目利用废弃地。

推进绿色城镇化建设和美丽乡村建设。坚持造价服从生态。在生态敏感区域进行基础设施建设时实行生态选线,坚持造价服从生态,最大限度地利用现状条件,减少对原生地理环境的破坏。沿河谷布设路线,减少对水系的影响;沿山脚布设路线,减少山体开挖破坏;以"曲线"路线避让自然保护区;在不可避免需穿越自然保护区和国家级保护动物栖息地时,提高桥隧比例,避开集中连片、整体性较强的保护区域。推进美丽海南"百镇千村"建设。建立乡村振兴战略联席会议制度,举办美丽乡村招商引资活动,扎实推进宜居宜业宜游的美丽乡村建设,推动绿水青山变金山银山,现有 100 个特色产业小镇和 1000 个美丽乡村全面启动建设。推进村庄规划编制。在市县国土空间总体规划布局下,以行政村为单元编制村庄规划,强化村庄国土空间管控,按"一村一品、一村一景、一村一韵"的要求,统筹美丽乡村、生态文明村建设,优化农业生产格局和建设用地布局,促进产业和村庄集聚发展。

提升农村人居环境质量。狠抓农村人居环境整治。率先实现农村无害化卫生厕所和农村生活垃圾治理体系全覆盖。自然村通硬化路实现全覆盖。建成农村公路 1.45 万公里,100% 具备条件的自然村通硬化路、100% 的建制村通客车，816 个美丽乡村实现"户户通"。统筹农村生活污水治理、厕所改造、人居环境整治、村庄规划等工作，因地制宜、分阶段、分步骤推进农村生活污水治理。出台《海南省农村生活污水处理设施运维管理技术要求》，规范农村污水治理设施建设，强化运营监管，农村生活污水治理率显著提升。推进畜禽粪污资源化利用。合理划定畜禽禁养区，推进规模养殖场环保设施改造，全省畜禽粪污资源化综合利用率提高到 82.67%，超过全国平均水平。实施化肥农药减施和田间清洁工程。采取测土配方施肥、有机肥替代化肥、病虫害统防统治等综合措施，推动全省化肥施用量和化学农药使用量持续减少。

广泛推行绿色生活方式。制定生活垃圾分类制度。出台《海南省生活垃圾管理条例》，印发《海南省生活垃圾分类工作实施方案》《生活垃圾分类标志》《海南省垃圾分类处理标准体系》《海南省生活垃圾分类管理指南》等系列指导性文件，指导市县开展垃圾分类工作。鼓励绿色出行。大力发展公共交通，指导海口、三亚市开展"公交都市"创建工作，倡导公交优先发展理念。印发《关于鼓励纯电动小客车分时租赁行业健康发展的若干意见（试行）》，逐步建立经营行为规范、服务品质优良、网络覆盖广泛的共享汽车出行服务体系。印发《海南省共享出行试点实施方案（2019—2025 年）》，促进绿色出行与共享经济协同发展，逐步实现全省共享出行行业实现"一点租多点还"的服务网络。积极创建节约型机关、绿色家庭、绿色社区等。印发《海南省节约型机关创建行动方案》《海南省绿色家庭创建行动三年行动方案（2020 年—2022 年）》《海南省绿色社区创建行动方案》等，密切结合禁塑限塑、清洁能源汽车推广、生活垃圾分类、绿色采购等专项工作，积极创建节约型机关、绿色家庭、绿色社区等，形成联动。率先实行"节能＋环境标志"双强制绿色产品政府采购，采购金额占比大幅提升至 50% 左右。

（六）抓好环保督察反馈问题整改

海南高度重视两轮中央环保督察和一轮国家海洋督察整改要求，将督察反馈的每一个问题都作为一道政治"必答题"，以硬作风、硬责任、硬举措不断增强整改落实能力，提升整改落实效果，不折不扣地推动整改措施落地落实，牢牢守住海南自由贸易港生态环境底线。

强化政治自觉和责任担当。提高政治站位。省委省政府坚决把生态文明建设作为海南的"国之大者"，把督察反馈问题当成政治"必答题"，不折不扣地推动整改措施落地落实。加强组织领导。督察反馈后，海南立即成立省生态环境保护督察整改工作领导小组，统筹推进各项整改任务。省委省政府主要负责同志高位推进整改落实，分管省领导定期调度、督导整改工作，各市县、各有关部门相应成立了整改工作领导小组。全省形成了上下联动、条块结合、分级负责、狠抓落实的整改工作格局。制定整改方案。督察反馈后，海南省第一时间研究制定整改措施，形成整改方案，并及时上报党中央、国务院。按照"一岛一策""一事一策"和彻底整改的原则，修改完善整改方案，并针对重点问题制定《海南省贯彻落实习近平总书记对海南生态环境保护重要批示精神专项整改方案》。开展专项行动。自 2020 年起，开展超时长、全覆盖、高规格的省级生态环境保护百日大督察，强化督战结合，不断推动生态环境保护督察工作向纵深发展，全省生态环境保护工作取得了显著成绩。截至 2021 年底，第一轮中央环保督察整改任务实现"清零"，第二轮到期完成率达98.5%，国家海洋督察整改到期完成率达90.7%。

坚持迎难而上破解瓶颈难题。动真碰硬狠抓围填海问题整改。经反复研究论证，明确全面拆除三亚市凤凰岛二期项目、文昌市南海度假村和东郊椰林湾人工岛项目、万宁市月岛项目、海口市葫芦岛项目，恢复建设前原状。对澄迈盈滨半岛滨乐港湾度假区项目和儋州市恒大海花岛项目中违法填岛开发区域进行拆除，并开展生态修复工作。开展亚龙湾游艇码头南、北防波堤拆除工程，实施生态修复。加快补齐环境基础设施短板。不断加大对环保基础设施建设的投入，2020年新增污水处理规模4.17万立方米/日，新增污水管网1380公里，建成8座垃圾焚烧发电项目并投入运营，全省生活垃圾处理告别填埋进入全焚烧时代。开展颜春岭生活垃圾填埋场环境治理和生态修复。系统整治生态破坏问题。开展自然保护地整合优化。形成以国家公园为主体、自然保护区为基础、各类自然公园为补充的自然保护地体系，自然保护地面积净增加17.84万公顷。狠抓自然保护生态破坏问题整改。114宗项目整改任务全部完成。澄迈县花场湾红树林生态修复工作被中央环保督察办列为"督察整改见成效"正面典型。大力推进矿山生态修复。全面排查整治全省矿山存在的环境问题，累计关闭小散乱矿山88个，完成矿山地质环境生态修复2135.09公顷。科学开展海水养殖整治。加快推进全省养殖水域滩涂规划修编工作和禁养区海水养殖清退工作，促进海洋渔业产业绿色发展。

健全环保长效工作机制。深入学习贯彻习近平生态文明思想。省委省政府第一时间传达学习习近平总书记关于海南生态环境保护工作重要批示精神，省领导带头找差距、谈认识。全省各级领导班子认真学习习近平生态文明思想，将督察指出的思想差距问题作为民主生活会重要内容。全省各级党校把生态文明建设相关内容列入教学大纲。专门开展中央生态环境保护督察整改和国家生态文明试验区建设专项宣传工作。健全生态环境保护责任体系。出台《海南省各级党委、政府及有关部门生态环境保护工作职责》，编制省级和市县自然资源资产负债表，严格开展自然资源资产离任审计。完善整改工作机制。出台《海南省落实中央生态环境保护督察整改协同推进工作机制》，构建全链条责任体系。从方案审查、过程督导、结果验收等3个环节构建工作闭环流程。加强省级督察制度建设。出台《海南省生态环境保护督察工作实施办法》《海南省生态环境保护督察工作约谈办法（试行）》，规范省级督察、约谈工作。完善生态环境保护考核机制。印发《海南省高标准高质量发展指标体系》，建立以保护优先、绿色发展为导向的经济社会发展考核评价体系。对敷衍整改、表面整改、虚假整改的，坚决追责问责，倒逼责任落实。

第九章 建设高素质专业化
干部人才队伍

　　党的十八大以来，以习近平同志为核心的党中央立足中华民族伟大复兴战略全局和世界百年未有之大变局，全面深入推进人才强国战略，高瞻远瞩谋划人才事业布局，大刀阔斧改革创新，广开进贤之路、广聚天下英才，推动新时代人才工作取得历史性成就、发生历史性变革。海南自由贸易港建设比以往任何时候都更加需要人才。习近平总书记指出，事业因人才而兴，人才因事业而聚，海南全面深化改革开放是国家的重大战略，必须举全国之力、聚四方之才。① 在自由贸易港建设中，海南要"认识好干部、培养好干部、用好好干部"，要"吸引人才、留住人才、用好人才"，培养造就一支政治能力和专业能力过硬的干部人才队伍。

---

　　① 习近平：《在庆祝海南建省办经济特区 30 周年大会上的讲话》，《人民日报》2018 年 4 月 14 日。

一、总体要求

（一）强化党对干部人才队伍建设的领导

办好中国的事情，关键在党，关键在人，关键在人才。党对人才工作的全面领导是新时代人才工作的首要原则。党管人才是保证新时代人才工作沿着正确政治方向前进的根本要求，也是中国共产党为实现中华民族伟大复兴聚才爱才兴才的必由之路。习近平总书记明确指出，"择天下英才而用之，关键是要坚持党管人才原则，遵循社会主义市场经济规律和人才成长规律。"①党的十八大提出"造就规模宏大、素质优良的人才队伍，推动我国由人才大国迈向人才强国"的战略任务；党的十八届五中全会强调加快建设人才强国，深入实施人才优先发展战略；党的十九届五中全会明确将建成人才强国确立为 2035 年远景目标之一。《中国共产党组织工作条例》要求"形成党委统一领导，组织部门牵头抓总，有关部门各司其职、密切配合，用人单位发挥主体作用、社会力量广泛参与的党管人才工作格局"，并设专章对党的人才工作作出规定，明确了党管人才的体制机制。党管干部、党管人才通过实施人才强国战略，为实现中华民族伟大复兴中国梦提供有力人才支撑；党管干部、党管人才从体制和制度上解决人才优先发展问题，运用党拥有的强大资源整合力、统筹协调力、组织动员力和决策执行力，管宏观、管政策、管协调、管服务，确保人才工作健康发展；党管干部、党管人才坚持牵头抓总，形成党、政、企、事、群

---

① 《习近平关于科技创新论述摘编》，中央文献出版社 2016 年版，第 114 页。

各方面协同发力的工作新格局，充分发挥党的思想政治优势、组织优势和密切联系群众优势；党管干部、党管人才动员全社会创造人人皆可成才、人人尽展其才的良好环境，依法保护人才合法权益。落实党管干部、党管人才原则，就必须坚持党对人才工作的全面领导，这也是我国做好新时代人才工作的独特制度优势。

习近平总书记多次强调，党的领导是中国特色社会主义最本质的特征，是选人用人工作的根本要求。我们必须切实增强责任感、使命感，强化党组织领导和把关作用，完善选人用人制度机制，严把选人用人质量关，坚决匡正选人用人风气，把党管干部、党管人才原则贯穿选人用人工作全过程、各方面，把选人用人作为关系党和人民事业的关键性、根本性问题来抓。在庆祝海南建省办经济特区 30 周年大会上，习近平总书记指出，"经济特区处于改革开放前沿，对全面加强党的领导和党的建设有着更高要求。广大党员、干部要坚定维护党中央权威和集中统一领导，自觉在思想上政治上行动上同党中央保持高度一致，自觉站在党和国家大局上想问题、办事情，在践行'四个意识'和'四个自信'上勇当先锋，在讲政治、顾大局、守规矩上做好表率。"①"海南广大干部群众要不忘初心、牢记使命，以'功成不必在我'的精神境界和'功成必定有我'的历史担当，保持历史耐心，发扬钉钉子精神，一张蓝图绘到底，一任接着一任干，在实现'两个一百年'奋斗目标、实现中华民族伟大复兴中国梦的新征程上努力创造无愧于时代的新业绩！"②

---

① 习近平：《在庆祝海南建省办经济特区 30 周年大会上的讲话》，《人民日报》2018 年 4 月 14 日。

② 习近平：《在庆祝海南建省办经济特区 30 周年大会上的讲话》，《人民日报》2018 年 4 月 14 日。

（二）深化干部人才队伍建设体制机制改革

干部人才活力能否充分释放关键在体制机制。习近平总书记多次指出，全面深化改革，要破除体制机制障碍。针对干部人才队伍建设体制机制改革，习近平总书记指出，"坚持把政治标准作为第一标准，确保干部队伍政治上信得过、靠得住、能放心。"[①]坚持党管干部原则，深化干部人事制度改革，构建有效管用、简便易行的选人用人机制，使各方面优秀干部充分涌现。要深化干部制度改革，推动形成能者上、优者奖、庸者下、劣者汰的正确导向。改进竞争性选拔干部办法，坚决纠正唯票取人、唯分取人等现象。要改进优秀年轻干部培养选拔机制，用好各年龄段干部。区分实施选任制和委任制干部选拔方式。在中央人才工作会议上，习近平总书记更是要求，深化人才发展体制机制改革，破除人才引进、培养、使用、评价、流动、激励等方面的体制机制障碍，破除"四唯"现象，向用人文体授权，为人才松绑，把我国制度优势转化为人才优势、科技竞争优势。[②]要根据需要和实际向用人主体充分授权，发挥用人主体在人才培养、引进、使用中的积极作用。用人主体要发挥主观能动性，增强服务意识和保障能力，建立有效的自我约束和外部监督机制，确保下放的权限接得住、用得好。用人单位要切实履行好主体责任，用不好授权、履责不到位的要问责。要积极为人才松绑，完善人才管理制度，做到人才为本、信任人才、尊重人才、善待人才、包容人才。要赋予科学家更大技术路线决定权、更大经费支配权、更大资源调度权，同时要建立健全责任制和军令状

---

① 《习近平谈治国理政》第四卷，外文出版社2022年版，第190页。

② 习近平：《深入实施新时代人才强国战略，加快建设世界重要人才中心和创新高地》，《求是》2021年第24期。

制度，确保科研项目取得成效。要深化科研经费管理改革，优化整合人才计划，让人才静心做学问、搞研究，多出成果、出好成果。要完善人才评价体系，加快建立以创新价值、能力、贡献为导向的人才评价体系，形成并实施有利于科技人才潜心研究和创新的评价体系。

在庆祝海南建省办经济特区 30 周年大会上，习近平总书记指出，"事业因人才而兴，人才因事业而聚。'人材者，求之则愈出，置之则愈匮。'海南全面深化改革开放是国家的重大战略，必须举全国之力、聚四方之才。海南建省办经济特区初期就有'十万人才过海峡'的壮举。吸引人才、留住人才、用好人才，最好的环境是良好体制机制。要支持海南大学创建世界一流学科，鼓励国内知名高校和研究机构在海南设立分支机构，鼓励海南引进境外优质教育资源，举办高水平中外合作办学机构和项目，支持海南开展国际人才管理改革试点，允许外籍和港澳台地区技术技能人员按规定在海南就业、永久居留。允许在中国高等院校获得硕士及以上学位的优秀外国留学生在海南就业创业，扩大海南高校留学生规模。支持海南探索建立吸引外国高技术人才的管理制度。"[①]海南自由贸易港建设要加快形成有利于人才成长的培养机制、有利于人尽其才的使用机制、有利于竞相成长各展其能的激励机制、有利于各类人才脱颖而出的竞争机制，把各方面优秀人才集聚起来，形成人人渴望成才、人人努力成才、人人皆可成才、人人尽展其才的良好局面。

（三）全方位培养引进用好干部人才队伍

习近平总书记指出，综合国力竞争说到底是人才竞争。人才是

---

① 习近平：《在庆祝海南建省办经济特区 30 周年大会上的讲话》，《人民日报》2018 年 4 月 14 日。

衡量一个国家综合国力的重要指标。国家发展靠人才，民族振兴靠人才。① 当前，全球范围内新一轮科技革命和产业变革蓬勃兴起，世界各国都在抢抓机遇，国际人才争夺日趋白热化。为此，要下大气力全方位培养、引进、用好人才。习近平总书记强调，我国拥有世界上规模最大的高等教育体系，有各项事业发展的广阔舞台，完全能够源源不断培养造就大批优秀人才，完全能够培养出大师。② 我们要有这样的决心、这样的自信。只有全方位培养引进用好干部人才队伍，形成具有吸引力和国际竞争力的干部人才制度体系，才能聚天下英才而用之，让各类干部人才的创造活力竞相迸发、聪明才智充分涌流。习近平总书记要求，要大力培养使用战略科学家，有意识地发现和培养更多具有战略科学家潜质的高层次复合型人才，形成战略科学家成长梯队。要打造大批一流科技领军人才和创新团队。要培养大批卓越工程师，努力建设一支爱党报国、敬业奉献、具有突出技术创新能力、善于解决复杂工程问题的工程师队伍。要调动好高校和企业两个积极性，实现产学研深度融合。要加强人才国际交流，用好用活各类人才。③ 同时，习近平总书记在党的十九大报告中提出，新时代党员领导干部应具备学习本领、政治领导本领、改革创新本领、科学发展本领、依法执政本领、群众工作本领、狠抓落实本领、驾驭风险本领等"八大本领"。④ 2018 年 1 月，习近平总书记对高级领导干部提出练就信念过

① 习近平：《深入实施新时代人才强国战略，加快建设世界重要人才中心和创新高地》，《求是》2021 年第 24 期。

② 《习近平主持召开中央全面深化改革委员会第二十四次会议强调 加快建设世界一流企业 加强基础学科人才培养 李克强王沪宁韩正出席》，新华网，2022 年 2 月 28 日。

③ 习近平：《深入实施新时代人才强国战略，加快建设世界重要人才中心和创新高地》，《求是》2021 年第 24 期。

④ 习近平：《决胜全面建成小康社会 夺取新时代中国特色社会主义伟大胜利——在中国共产党第十九次全国代表大会上的报告》，《人民日报》2017 年 10 月 28 日。

硬、政治过硬、责任过硬、能力过硬、作风过硬等"五个过硬"要求。2020 年 10 月，习近平总书记要求干部特别是年轻干部要提高政治能力、调查研究能力、科学决策能力、改革攻坚能力、应急处突能力、群众工作能力、抓落实能力等"七种能力"。习近平总书记指出，"好干部是选拔出来的，也是培育和管理出来的。"①要加强干部教育培训，使广大干部政治素养、理论水平、专业能力、实践本领跟上时代发展步伐。要围绕事业发展需要配班子用干部，及时把那些愿干事、真干事、干成事的干部发现出来、任用起来。培养选拔年轻干部要优中选优、讲求质量，不能拔苗助长，更不能降格以求。

在庆祝海南建省办经济特区 30 周年大会上，习近平总书记指出，"海南要坚持五湖四海广揽人才，在深化人才发展体制机制改革上有突破，实行更加积极、更加开放、更加有效的人才政策，创新人才培养支持机制，构建更加开放的引才机制，全面提升人才服务水平，让各类人才在海南各尽其用、各展其才。"②同时，要求海南广大党员、干部"坚定理想信念、更新知识观念、掌握过硬本领，更好适应新形势新任务的需要"。③海南自由贸易港是世界唯一社会主义自由贸易港。这就要求广大领导干部在自由贸易港建设过程中，要牢牢把握姓"党"姓"社"基本原则，无论是在制度创新中，还是在对外开放中，都要坚持党的全面领导，坚持以人民为中心，坚持走中国特色社会主义道路，时刻保持头脑清醒，时刻保持思想警惕。同时，自由贸易港

---

① 习近平：《贯彻落实新时代党的组织路线，不断把党建设得更加坚强有力》，《求是》2020 年第 15 期。

② 习近平：《在庆祝海南建省办经济特区 30 周年大会上的讲话》，《人民日报》2018 年 4 月 14 日。

③ 习近平：《在庆祝海南建省办经济特区 30 周年大会上的讲话》，《人民日报》2018 年 4 月 14 日。

是全新知识全新理念。自由贸易港不仅要复制自贸试验区推广的理念，而且要探索独有的理念，摆脱路径依赖需要更新观念，掌握过硬本领。2022 年 4 月，习近平总书记在海南考察时再次强调，"要加强干部教育培训，引导广大党员、干部用党的创新理论武装头脑，自觉践行初心使命，着力解决'本领恐慌'、能力不足的问题，着力克服形式主义、官僚主义。"[①]

（四）坚持营造识才爱才敬才用才的环境

在全国组织工作会议上，习近平总书记指出，"要树立强烈的人才意识，寻觅人才求贤若渴，发现人才如获至宝，举荐人才不拘一格，使用人才各尽其能。""决不能让科技人员把大量时间花在一些无谓的迎来送往活动上，花在不必要的评审评价活动上，花在形式主义、官僚主义的种种活动上！"[②]必须向改革要动力、用改革增活力，向用人主体授权、积极为人才松绑，真正建立起既有中国特色又有国际竞争比较优势的人才发展体制机制。要进一步解放思想、转变观念，从完善人才管理制度、深化科研经费管理和科研项目管理改革、优化整合人才计划等方面入手，在服务、支持、激励上下更大功夫，把人才从各种体制机制束缚中解放出来，放手让他们把才华和能量充分释放出来。习近平总书记指出，"向用人主体授权""积极为人才松绑""完善人才评价体系"。要营造氛围，推动形成尊重人才的风尚，对他们的崇敬、热爱、关心，要超过流量明星等，这是一个国家的希望所在。要制定实施基础研究人才专项，长期稳定支持一批在自然科学领域取得突出成绩且具有明显创新潜力的青年人才。要培养造就大批哲学家、

---

① 《习近平总书记考察海南》，新华社，2022 年 4 月 13 日。

② 《习近平出席全国组织工作会议并发表重要讲话》，新华社，2013 年 6 月 29 日。

社会科学家、文学艺术家等各方面人才。要加强人才国际交流。要用好用活各类人才，对待急需紧缺的特殊人才，要有特殊政策，不要求全责备，不要论资排辈，不要都用一把尺子衡量，让有真才实学的人才英雄有用武之地。要建立以信任为基础的人才使用机制，允许失败、宽容失败，鼓励科技领军人才挂帅出征。要为各类人才搭建干事创业的平台，构建充分体现知识、技术等创新要素价值的收益分配机制，让事业激励人才，让人才成就事业。要造就规模宏大的青年科技人才队伍，把培育国家战略人才力量的政策重心放在青年科技人才上，支持青年人才挑大梁、当主角。2016 年，中共中央印发《关于深化人才发展体制机制改革的意见》，全面发力加快推进人才培养、评价、流动、激励、引进等关键环节改革，为人才发展注入强大动能。2017 年，国家外国专家局等三部门启动实施人才签证制度，为高层次人才来华开辟"绿色通道"。2018 年 2 月，中办国办印发《关于分类推进人才评价机制改革的指导意见》，提高评价的针对性和精准性。2019 年，中办国办印发《关于促进劳动力和人才社会性流动体制机制改革的意见》，破除妨碍人才流动的障碍和制度藩篱。2021 年，国办印发《关于改革完善中央财政科研经费管理的若干意见》，赋予科研人员更大的经费管理自主权，为创新"松绑"。

二、具体部署

中央 12 号文、《海南自由贸易港建设总体方案》立足海南自由贸易港建设需求，结合海南干部人才工作特点，对干部人才队伍建设全面深化改革开放做出部署。

（一）创新人才培养支持机制

我国是世界最大的国际学生生源国和亚洲最大的留学目的地国。目前，经教育部批准和备案的各层次中外合作办学机构和项目近2300个，其中本科以上机构和项目近1200个。通过积极引进境外优质教育资源，鼓励中外教育机构开展强强合作或强项合作，实现了教育资源供给多样化，满足了学生不出国门享受高质量国际化教育的需求。教育开放是海南自由贸易港建设和全面深化改革开放的重要内容。中央决定支持建设国际教育创新岛，赋予海南打造新时代中国教育对外开放新高地、教育改革开放试验田和集中展示窗口的时代重任。在此背景下，中央12号文提出鼓励国内知名高校和研究机构在海南设立分支机构。鼓励海南充分利用国内外优质教育培训资源，加强教育培训合作，培养高水平国际化人才。鼓励海南引进境外优质教育资源，举办高水平中外合作办学机构和项目，探索建立本科以上层次中外合作办学项目部省联合审批机制。职业教育是为了培养高素质技术技能人才，使受教育者具备从事某种职业或者实现职业发展所需要的职业道德、科学文化与专业知识、技术技能等职业综合素质和行动能力而实施的教育，是与普通教育具有同等重要地位的教育类型，是国民教育体系和人力资源开发的重要组成部分，是培养多样化人才、传承技术技能、促进就业创业的重要途径。培育"大国工匠"、打造"中国品牌"，离不开职业教育。近年来，我国的职业教育事业快速发展，加强了职业教育与普通教育的沟通，为学生多样化选择、多路径成才搭建"立交桥"。中央12号文提出，支持海南完善职业教育和培训体系，深化产教融合、校企合作，鼓励社会力量通过独资、合资、合作等多种形式举办职业教育。完善职业教育和培训体系。深化产教融合、校企合作，鼓励社会力量通过独资、合资、合作等多种形式举办职业教育。推进职业院校（含技工院校）在专业设置、课程改革等方面与海南产业需求深度对接，实现教育链、人才链和产业链、创新链有机融合。加强产业发展急需的高技能人才实训基地、技能大师工作室建设，建立企业首席技师、特聘技师制度，完善技能人才激励政策，着力提高技能人才经济待遇和社会地位。海南大学是海南省唯一和全国热带地区唯一、面向南海最前沿的国家"双一流"建设高校和"部省合建"高校，习近平总书记明确提出要支持海南大学创建世界一流学科。中央12号文指出，支持海南大学创建世界一流学科，支持相关高校培育建设重点实验室。支持海南通过市场化方式设立专业人才培养专项基金。完善促进终身教育培训的体制机制。支持海南建立健全职业教育与普通教育、学历教育与非学历教育相衔接的机制。构建政府、企业、社会共同参与的终身学习激励机制，建设开放便捷的终身学习公共服务体系。整合职业培训资源，基于社会工作岗位需求，向学习者提供职业培训包。

（二）构建更加开放的引才机制

人员进出自由便利是海南自由贸易港实现贸易自由化便利化的支撑政策。《海南自由贸易港建设总体方案》明确，海南可以根据自由贸易港发展需要，针对高端产业人才，实行更加开放的人才和停居留政策，打造人才集聚高地。在有效防控涉外安全风险隐患的前提下，实行更加便利的出入境管理政策。对外籍高层次人才投资创业、讲学交流、经贸活动方面提供出入境便利。完善国际人才评价机制，以薪酬水平为主要指标评估人力资源类别，建立市场导向的人才机制。对外籍人员赴海南自由贸易港的工作许可实行负面清单管理，放宽外籍专业技术技能人员停居留政策。允许符合条件的境外人员担任海南自由贸易港内法定机构、事业单位、国有企业的法定代表人。中央12号文和中组部等7部门印发的《关于支持海南开展人才发展体制机制创新的实施方案》提出，海南要实行宽松的商务人员临时出入境政策。实施更加便利的出入境管理政策。逐步实施更大范围适用免签入境政策，逐步延长免签停留时间。优化出入境边防检查管理，为商务人员、邮轮游艇提供出入境通关便利。实现工作许可、签证与居留信息共享和联审联检。同时，支持海南开展国际人才管理改革试点，探索建立吸引国外高科技人才的管理制度。符合《外国人来华工作分类标准（试行）》中外国高端人才（A类）标准的外国人才来海南工作，可享受外国人才签证（R字签证）政策；授权海南制定经济发展急需紧缺的其他外国人才标准，享受外国人才签证（R字签证）政策。支持海南制定引进外籍技术技能人员就业创业的审批条件。放宽外国专家参与海南科研项目的科研经费管理限制。支持海南自由贸易试验区试行人力资源市场外资准入试点，允许外商独资设立人才中介机构，允许外资直接入股中资人才中介机构。

创新柔性引才政策。创新"候鸟型"人才引进和使用机制，鼓励各级各类用人单位设立"候鸟"人才工作站，通过项目合作、科技咨询、技术入股、合作经营等多种方式柔性使用国内外人才智力资源。允许内地国企、事业单位的专业技术和管理人才按规定在海南兼职兼薪、按劳取酬，鼓励有较强专业能力的退休人员发挥个人专长、参与社会发展。支持有条件的企业在海南省外设立研发机构，吸引使用当地优秀人才。允许具有港澳台执业资格的金融、建筑、规划、专利代理等服务领域专业人才，经相关部门或机构备案后，按规定范围为海南自由贸易试验区内企业提供专业服务。为在海南工作、创业的外籍高层次人才、外籍技术技能人员、外籍华人、外籍留学生等重点群体提供办理签证、工作许可、居留和永久居留的便利，允许港澳台地区技术技能人员及符合一定条件的华侨按照规定在海南就业和定居。允许在中国高校取得硕士及以上学位的优秀外国留学生及港澳台学生在海南就业和创业。扩大海南高校留学生及港澳台学生规模。

同时，中央 12 号文和中组部等 7 部门印发的《关于支持海南开展人才发展体制机制创新的实施方案》提出，鼓励海南打破户籍、地域、身份、学历、年龄、人事关系等制约，为人才合理流动创造便利条件。加快构建统一开放的人才市场体系，建立产业发展、转型升级与人才需求匹配机制，优化人才行业、区域布局。鼓励高校、科研院所等事业单位科技人才到企业兼职或离岗创业。建立高校、科研院所和企业科研人员双向流动机制。改进完善市县以下企事业单位招录人才政策，适当放宽条件、降低门槛，完善职称、工资等激励政策，鼓励引导人才向基层一线流动。加大国家级人才计划对海南人才队伍建设的支持力度。

（三）建设高素质专业化干部队伍

人才是经济实力竞争的核心因素。柔性引进人才是新形势下做好人才工作的时代需要，是坚持"聚天下英才而用之""不求所有、但求所用"的具体体现。柔性引进人才打破国籍、户籍、地域、身份、档案、人事关系等刚性制约，在不改变和影响人才与所属单位人事关系的前提下，适应市场经济和人才社会化发展要求，引进非本地户籍人才。海南发展基础薄弱，人才短缺矛盾突出。中央12号文和中组部等7部门印发的《关于支持海南开展人才发展体制机制创新的实施方案》提出，鼓励海南通过双向交流、挂职任职、短期协作等方式柔性引进干部人才。聚焦海南自由贸易港建设需要，做好选派挂职干部工作，按照好干部标准，突出政治素质，坚持事业为上，依事择人，对照岗位需求、专业特长、工作经历等条件，择优选派有思路、有闯劲、有经验、能较快打开工作局面的干部承担重要任务。做好海南干部跟班学习工作，有计划选派海南干部到有关中央单位和省市跟班学习，采取业务学习、岗位实践、实地考察等多种方式进行培养指导，帮助提升海南干部专业能力、专业素质，增强干部队伍助推海南全面深化改革开放的能力。加强优秀年轻干部储备，完善鼓励干部到基层一线、困难艰苦地区历练的机制。

公务员聘任制是通过公开招聘或直接选拔的方式，以平等自愿、协商一致的原则与所聘人员签订聘任合同，从事专业性较强的职位和辅助性职位。行政机关根据工作需要，经省级以上公务员主管部门批准，可以对专业性较强的职位和辅助性职位实行聘任制。公务员聘任制是任用公务员的一种人事管理制度，是对公务员制度的发展和创新，是一种特殊的公务员制度，区别于公务员考任制、公务员委任制、公务员选任制。中央12号文和中组部等7部门印发的《关于支持海南开展人才发展体制机制创新的实施方案》均要求，海南要推进公务员聘任制和分类管理改革。要拓宽社会优秀人才进入党政干部队伍渠道，允许在专业性较强且工作需要的政府机构设置聘任职位，实施聘期管理和协议工资。同时，建立适应自由贸易港需要的党政机关选人机制，统筹用好调任、聘任、公开遴选、公开选调等多种选人方式，逐步探索随用随考的常态化补员机制，为加快推进事业发展凝聚更多高层次专业人才，满足机关吸引和使用优秀人才的需求，提高公务员队伍专业化水平。尤为重要的是，作为世界最高水平的开放形态，海南自由贸易港公职人员需要在引进和交流方面迈出更为扎实的国际化步伐。为此，中央12号文提出，加强海南与中央和国家机关部委、国内发达地区的公务员学习交流。开展公务员国际交流合作，根据工作需要，稳妥有序开展公务人员赴海外培训。允许港澳台和外籍人才按规定参加海南事业单位公开招聘。

（四）全面提升人才服务水平

人才公共服务的供给与发展是招才引智的重要问题。不断健全人才公共服务体系，强化服务职能，提升服务能力，满足社会进步和经济发展以及人民群众日益增长的人才公共服务需求，是我国实施"人才强国"战略，建设服务型政府的重要内容。中央12号文和中组部等7部门印发的《关于支持海南开展人才发展体制机制创新的实施方案》要求，海南要加大优质公共服务供给。大力引进优质医疗资源，鼓励社会资本发展高水平医疗机构，推进国际国内医疗资源合作，积极引进优秀卫生专业技术人员。开展外国高端人才服务"一卡通"试点，建立住房、子女入学、就医、社保服务通道。深度推进跨省异地就医住院医疗费用直接结算，支持海南将灵活就业人员纳入跨省异地就医住院医疗费用直接结算范围。并支持海南大力发展人力资源服务业，鼓励海南培育各类专业社会组织和人才中介服务机构，发展高端人才猎头等专业化服务机构，探索开展招才引智、服务外包与代办等业务。支持海南建设中国海南旅游人才市场和中国海南人力资源服务产业园。鼓励发展商业补充保险。推进社会养老服务设施建设。加快数字图书馆、数字博物馆、网上剧院等建设，构建标准统一、互联互通的公共数字文化服务网络。

要确保高层次人才引得来、留得住，不仅需要政策上有吸引力，更要为高层次人才提供更加贴心的服务，既营造拴心留人的好环境，也解决人才后顾之忧，让更多的人才能够全身心地投身到自由贸易港建设中去，让聪明才智充分涌动。中央 12 号文和中组部等 7 部门印发的《关于支持海南开展人才发展体制机制创新的实施方案》要求，切实解决人才后顾之忧。支持海南大胆探索创新，研究解决引进人才住房、落户、就医、社保、子女教育、配偶就业等问题。支持海南创办外籍人员子女学校，允许在海南就业创业的外籍和港澳台高层次人才聘雇外籍家政服务人员。鼓励海南实施人才安居工程，通过大力发展住房租赁市场、提供人才公寓，以及向符合条件的人才提供公共租赁房、共有产权房、租赁补贴、住房公积金缴存补贴等方式多渠道解决各类人才居住需求。切实为人才解决"后顾之忧"，让他们能够把更多的时间和精力用在岗位上，让他们能感受到一个地方提供的良好成长环境，方能激发人才内生动力，打通人才服务"最后一公里"，为高质量发展注入人才动能。

三、实践探索

近年来，海南省委省政府坚决贯彻落实习近平总书记关于海南干部人才工作重要论述精神，把干部人才队伍建设作为自由贸易港建设强基固本工程，聚焦解答好"人才为什么来海南、人才来海南能干什么、人才留在海南能得到什么"的重要实践问题，加快落实中央干部人才工作重大支持举措，打造服务自由贸易港建设的人才集聚高地，开启干部人才工作全面深化改革开放新征程，吹响自由贸易港引才聚才"冲锋号"，推动人才工作取得长足进步。

（一）强化顶层设计

近年来，海南牢固确立人才引领发展的战略地位，不断强化干部人才工作顶层设计。成立由省委书记担任主任的省委人才工作委员会，加强全省人才工作统筹规划和统一领导。组建省委人才发展局，调整优化人才工作职能，促进人才政策、项目、资源、力量的系统集成、协同高效。设立省人才服务中心，与省政务服务中心合署办公，统一打造省、市（县）、重点园区三级人才服务"一站式"平台。建立产业人才工作机构，在 12 个重点产业牵头部门有关处室加挂产业人才处牌子，有效增强产业人才工作力量。建立并全面实施人才工作月推进、季汇报、年述职工作推进机制，层层压实"一把手"抓第一资源责任。党委统一领导，人才部门牵头抓总，有关部门各司其职、密切配合，上下联动、多方参与的人才发展领导体制和工作机制日臻完善，工作运行机制日益高效，工作活力日益迸发。

围绕人才发展重点领域和关键环节进行改革攻关，着力破解人才发展体制机制障碍，坚持把制度集成创新摆在突出位置。先后出台《关于开展海南自由贸易港国际人才服务管理改革试点工作的实施方案》《海南自由贸易港高层次人才分类标准（2020）》等政策措施，探索建立与国际接轨、突出中国特色、体现海南特点的人才引进服务管理体制机制，在人才引进使用、培养评价、服务保障上实现突破。健全人才工作目标责任制、人才工作述职制度、重大事项报告制度、人才工作考核制度，充分发挥统筹协调和督促落实作用。高起点谋划实施"百万人才进海南"战略，对全省人才事业发展作出部署安排。全省各人才工作部门相继出台一系列人才政策，逐步构建比较完善、务实管用的人才政策体系。"创建海南自由贸易港人才发展体制机制"案例获评2021年（第五届）全国人才工作创新案例"最佳案例奖"，"全国首创设立'候鸟'人才工作站"等10篇人才工作案例入选海南自由贸易港"制度创新案例"，彰显海南人才工作创新活力。

着眼自由贸易港建设需要，出台《关于高质量推进海南自由贸易港干部队伍建设的若干意见》，坚持事业为上、以事择人，拓宽专业化干部来源，让各级领导班子的专业结构更趋完善、整体功能更加优化。科学制定专业化干部队伍建设规划，分类分领域建立领导干部专业人才库，培养储备一批具有专业背景、专业经历的干部。面向全球引进一批通晓国际规则、创新能力突出的高端急需紧缺专业人才到法定机构、事业单位、国有企业任职。有计划地选派干部到重点园区、重大项目等一线经受磨砺，提升本领。

（二）坚持培养引进"双轮驱动"

海南省委省政府认真贯彻习近平总书记"创新人才培养支持机制"重要指示，坚持培养本地人才与引进外地人才并重，围绕重点领域、重点产业需要，建立健全全方位、多元化、立体式的人才培养体系，统筹推进各类人才队伍建设。出台《百万人才进海南行动计划（2018—2025年）》，采用多种方式吸引集聚各类人才。实施"南海系列"育才计划是《百万人才进海南行动计划（2018—2025年）》提出的重大人才培养工程，是落实海南省委省政府人才培养引进"双轮驱动"战略的重要抓手。近年来，海南先后两批次选拔培养对象

993 人，涵盖了海南全面深化改革开放聚焦的三大产业类型、十个重点领域、十二个重点产业、"五网"基础设施建设、生态文明建设、乡村振兴和民生事业。发放资助经费 1.6 亿余元，其中，第一批培养对象共获国家级奖项 109 人次，省部级奖项 323 人次，获专利 400 余项，主持（参与）重点课题、项目 1200 余人次。同时，已培养 2 人入选国家人才计划，1 人入选"百千万人才工程"国家级人选，2 人荣获国家科技进步二等奖。设立 2.1 亿元规模的海南省人才创新创业投资基金，通过股权投资等方式支持优秀人才团队在琼干事创业。"南海系列"育才计划已成为海南人才工作的重要品牌。"南海系列"人才的高端引领示范作用，优化了资源配置，培养造就了更多本土人才，促进形成了人才活力竞相迸发、人才成果充分涌流的生动局面。

引进急需紧缺高层次人才，推动人才引进工作实现由点到面、由量到质的新跨越。以海南省人民政府名义，以服务重点领域、重点产业发展需要，缺什么引什么为原则，面向国内外大力吸引高校毕业生、留学归国人员、各类社会人才特别是琼籍人才就业创业。连续举办"聚四方之才"主题大型招才引智活动，以线上线下融合方式，面向全球招引各类优秀人才。聚焦航天领域重大科技创新基地、国家深海基地南方中心、国家南繁科研育种基地、国家热带农业科学中心、全球动植物种质资源引进中转基地 5 大平台和教育、医疗、科技、文化等重点领域，积极推动高校、医院、科研院所、企业等用人单位大力引进大师级人才、杰出人才及其团队。围绕重点领域、重点产业发展需要，支持各类用人单位大力引进急需紧缺的高层次人才及其团队。聚焦教育、医疗事业发展需要，支持用人单位采用退休返聘等方式，吸引使用 70 岁以下大师级人才、65 岁以下杰出人才和领军人才。面向国内外公开招聘一批熟悉自由贸易试验区、自由贸易港建设的高端特聘人才，面向中央国家机关、发达省市、国内自由贸易试验区、大型国企和港澳等地区选调一批紧缺人才，面向社会特殊招录一批优秀人才，面向高校选调一批优秀本科以上毕业生。支持各级各类事业单位在编制总额内，引进或招聘事业单位管理服务人才和专业技术人才。支持用人单位通过顾问指导、短期兼职、项目合作、"候鸟"服务、对口支援等多种方式柔性使用国内外人才智力资源。加大柔性引才引智力度。2018年至今，全省共引进各类人才43.2万人，其中仅2021年一年就引进人才19.9万人，同比增长63%。评审认定首批海南省"双百"人才团队，在申报科研项目和科研经费、申请创新创业投资基金以及落户、购房、子女入学、配偶就业等方面予以支持保障，并从200个团队中评选出2个国际先进人才团队、4个国内领先人才团队，分别给予每个团队2000万元和1000万元专项经费支持。在全国首创设立"候鸟"人才工作站，已建设各类"候鸟"人才工作站点104个，目前已集聚具有高级职称或相当层次的"候鸟"人才1.3万多名。推动实施卫生健康和教育领域"银发精英"汇聚计划，吸引高水平退休人才到海南服务。支持建设152家省级院士创新平台，柔性引进35名两院院士、40名外籍院士及78个院士创新团队，推动依托单位累计引进高层次人才453名，承担国家级项目177项。海南大学等高校探索实行高校"冬季小学期"，吸引院士、长江学者等知名专家学者寒假期间来琼授课、讲座，已聘请国内外著名专家学者1000多人次，受益学生超过12万人次。

（三）推动人才发展体制机制改革

海南省委省政府坚持对标先进、解放思想、大胆创新，以制约人才发展的突出问题为导向，以制度集成创新为抓手，着力推动人才发展体制机制改革。出台《海南自由贸易港高层次人才分类标准（2020）》，并同步修订印发《海南自由贸易港高层次人才认定办法》，建立以薪酬水平为主要指标、突出市场认可和专业共同体认可的高层次人才分类标准，打造全领域人才评价新标准。为突破传统人才评价藩篱，改变过往以科技人才指标为主的评价模式，紧密围绕自贸港建设需要，积极对标国际规则，着力打造人才评价新标准。将人才标准覆盖各个领域、各个类别、各个层次。创新设立一整套较为全面的市场认可标准，将人才判断权交给市场主体，以反映人才市场价值的薪酬水平、纳税情况作为主要指标评价人才。同时，在一些市场特别活跃的领域，直接将收入作为人才评价的指标。坚持不把人才"帽子"作为各领域人才评价的普遍要求，对反映人才为某领域事业发展作出重要贡献、取得重大成就的奖项进行保留，对引育性人才项目"帽子"不再保留。推进扩大开放，以国际化视野评价人才。对接国家外国专家局《外国人来华工作分类标准（试行）》等有关政策文件，把国际上所认可的人才评价指标、各类新业态人才尽可能纳入进来。同时，树立辩证看待人才业绩的导向，不把人才过去取得的成绩异化成终身性的待遇"帽子"，鼓励人才立足岗位为海南作出新的更大贡献。2018 年以来，共认定高层次人才 3.2 万多人次，其中 C 类人才（领军人才）以上层次 1747 人次，充分发挥人才评价的正向激励作用。

开展国际人才服务管理改革试点。推动外国人工作许可、签证与居留信息共享和联审联检，外国人申请工作许可、居留证件审批流程由原来的 6 个步骤优化为 2 个步骤，精简率达 66.7%。外国人工作许可申请全程办理时限从 20 个工作日压缩为 7 个工作日。实施《外国高端人才服务"一卡通"试点工作实施方案》，制定国际人才出入境、住房、医疗保障、子女入学等一系列服务保障政策。发布境外人员执业办法、参加职业资格考试办法，开放境外人员参加职业资格考试 38 项，单向认可境外职业资格 219 项和开放度均位居全国前列。放宽境外人员参加职业资格考试的限制，对符合条件的境外专业资格认定，实行单向认可清单制度。建立高效便利的出境入境管理制度，实施更大范围适用免签入境政策，延长免签停留时间，优化出境入境检查管理，提供出境入境通关便利。据统计，近年来在海南省申请并取得永久居留身份证的外国人较引才引智政策部署实施前增长 213%；2018 年 4 月 13 日至 2021 年 7 月 31 日，全省共签发工作类居留许可 9000 余枚，其中 2021 年 1 月至 7 月签发约 1500 枚，同比增长 64%。

同时，实施高端紧缺人才个人所得税特别优惠政策。《财政部税务总局关于海南自由贸易港高端紧缺人才个人所得税政策的通知》（财税〔2020〕32 号）规定，自 2020 年 1 月 1 日起到 2024 年 12 月 31 日，对在海南自由贸易港工作的高端人才和紧缺人才，其个人所得税实际税负超过 15% 的部分，予以免征。包括来源于海南自由贸易港的综合所得（包括工资薪金、劳务报酬、稿酬、特许权使用费四项所得）、经营所得以及经海南省认定的人才补贴性所得。2035 年前，享受政策的对象不再局限于高端人才和紧缺人才，只要是一个纳税年度内在海南自由贸易港累计居住满 183 天的个人，其取得来源于海南自由贸易港范围内的综合所得和经营所得，均按照 3%、10%、15% 三档超额累进税率征收个人所得税。此外，海南通过梳理整合 47 项人才业务项目，积极打造自由贸易港人才服务"单一窗口"，有效解决人才服务工作中职能交叉、项目分散、多头入口、分口审批等问题。企业和人才可以在任一"单一窗口"就近办、快捷办，做到线下"一窗受理、全程代办、统一反馈"，为人才提供最简化、最便捷、最高效的服务保障。预计办理时限将比省内原承诺最短办理时限平均提速62%，部分事项做到秒批、即办。建设线上人才"单一窗口"，设立人才咨询专线，通过全力打造线上线下融合、跨部门协同、覆盖全流程的人才服务"单一窗口"服务保障体系，为各类人才提供"只进一次门、只用一张网、只打一次电话"的高效便捷服务。

（四）打造高素质专业化干部队伍

省委印发实施《关于加快推进海南自由贸易港高素质专业化公务员队伍建设的实施意见》，通过构建以党的政治建设统领公务员选、育、管、用、爱的"1+5"一体化建设体系，全方位、系统性推进自由贸易港高素质专业化公务员队伍建设。坚持把学习贯彻习近平新时代中国特色社会主义思想作为公务员培训的首要任务、考试测查重要内容和考核监督重要方面。把政治标准和政治要求融入公务员队伍建设各方面，对政治上不合格的"一票否决"。统筹用好调任、聘任、公开遴选、公开选调等多种选人方式，逐步探索随用随考的常态化补员机制。完善公务员调任政策，推进公务员聘任制。大力开展针对性强的专业化培训，普遍开展专题培训，用好用足对口培训优质资源。综合运用各类考核结果，完善综合绩效管理办法，构建有利于发挥激励鞭策作用的考核评价体系。树立重实干重实绩用人导向，坚持能者上、优者奖、庸者下、劣者汰。印发实施《关于在海南全面深化改革开放中激励干部新担当新作为的实施意见》《海南自由贸易港公职人员容错纠错办法（试行）》《关于建立海南自由贸易港公职人员容错纠错、澄清正名和重新使用典型案例通报发布制度的实施办法（试行）》，对干部新时代新担当新作为提出要求。

坚持引进来走出去相结合，连续4年争取中组部支持从全国选派415名优秀干部来琼挂职，在制度集成创新、政策落地和产业升级等多个领域取得显著成绩。组织干部开展"组团式""专项式""实操式"跟班学习和双向挂职，立足岗位开展专业化大练兵，推动干部跨领域、跨部门、跨条块交流。选派5批677名年轻业务骨干赴有关中央单位和发达省市跟班学习，组织596名干部到自贸港一线岗位挂职锻炼，推动各级干部进一步开拓视野、积累经验、提升能力。坚持"全省一盘棋"统筹全省干部资源，推动201名干部跨地区、跨条块、跨领域交流任职，择优选用61名获得省部级及以上表彰奖励的干部，择优选配一批"80后""90后"干部到市县和乡镇任职，鲜明树立起重实干重实绩的导向。

高度重视干部教育培训，扎实开展党内集中教育，依托各级党校、自贸港大讲堂等阵地和平台，分级分类举办培训班1.3万余期，累计培训党员、干部超过100万人次，帮助广大党员、干部坚定理想信念、更新知识观念、掌握过硬本领。以"能力提升建设年"活动为契机，坚持"缺什么补什么、干什么精通什么"，大力补齐干部能力素质短板。针对不同干部群体的特点，分层分类开展实战化大学习、大培训，重点抓好新进市县领导班子成员、乡镇（街道）党（工）委书记等干部的任职培训。加强党员教育管理，创办党支部书记学院，持续开办乡村振兴电视夜校，深入实施"双学历双轮训"工程、"四个乡土"工程，五年培训基层党员12938人次。在作风建设方面，深化拓展"查堵点、破难题、促发展"活动，与营商环境改革领跑工程、"揭榜挂帅"攻关行动有机融合、一体推进，重点围绕重大平台载体引进难、重大项目落地难、历史遗留问题破解难等开展大比武，比"查堵点"的精准、比"破难题"的成效、比"促发展"的成果，推动广大干部在攻坚克难中锤炼作风、在担当作为中砥砺奋进。

（五）提升人才服务水平

近年来，海南省委省政府认真贯彻习近平总书记"聚四方之才"的重要指示精神，紧扣以人为本方针强化人才服务定位，不断提升人才服务水平。省政府印发《海南省引进人才落户实施办法》，通过放开人才落户限制积极引进具有一定知识或技能的各类人才。年龄在40周岁以下具有全日制大专以上学历、中级以上专业技术职称、技师以上职业资格或执业资格的人才，可在我省工作地或实际居住地落户。年龄在55周岁以下的各类高层次人才、硕士毕业生、"双一流"高校和海外留学归国本科毕业生、年收入达到30万以上且年缴纳个人所得税达到5万元以上的来本省就业人才，以及拥有重大科研成果的创新人才、产品符合重点产业支持方向的创业人才可在海南任一城镇落户。

聚焦人才所需，持续完善人才住房、子女入学、配偶随迁安置、医疗保健等服务保障措施，切实解决人才的后顾之忧，高质量服务人才。印发《关于引进人才住房保障的有关意见》《吸引留住高校毕业生建设海南自由贸易港的若干政策措施》等，通过人才公寓、住房租赁补贴和购房补贴、购买商品住宅三种方式给予人才安居保障。对2018年5月13日后引进的大师级人才、杰出人才、领军人才可以供应一套人才公寓。人才公寓8年免收租金，人才全职工作满5年由政府无偿赠与80%产权，满8年无偿赠与100%产权。在人才公寓建成交付使用前，由市县政府指定部门按相应面积标准向上述三类高层次人才提供免租金的住房。相继出台《海南省高层次人才子女入学实施办法》《海南省教育厅关于进一步做好引进人才子女入学保障工作的通知》《全职引进的大师级和杰出人才直系亲属入学"一事一议"事项办理服务规程》《关于进一步简化中小学生转学手续的通知》等文件，切实解决人才子女就学问题。积极引进国内外名校、名师，规划建设国际学校，提升基础教育水平。全职引进的大师级人才、杰出人才直系亲属就读我省中小学、幼儿园采取"一事一议"方式予以解决。领军以上层次人才子女户籍转入我省的，参加高考不受报考批次限制；其他高层次人才子女高中转学的，按与原就读学校等级相当的原则予以解决。据统计，2018 年 4 月 13 日以来，全省各市县共协调安置高层次人才子女 770 人。印发《海南省引进高层次人才配偶就业安置实施办法（试行）》，积极协助解决高层次人才配偶就业问题，营造良好人才环境。全职引进的各类高层次人才，配偶为公务员或事业单位人员的，对口安排相应工作；配偶为企业人员的，安排到企业工作；配偶未就业且符合岗位条件的，经考核安排到事业单位就业；其他未就业的，按引才当地社会平均工资一定比例发放生活补助，3 年内为其缴纳基本养老和医疗保险。同时，聚焦人才医疗保障服务，建立健全人才基本医疗保险政策，优化高层次人才医疗服务。大力引进优质医疗资源，深度推进跨省异地就医住院医疗费用直接结算，鼓励发展商业补充保险。全职引进的大师级人才、杰出人才纳入省保健委医疗保健服务对象范围，配偶及直系亲属享受就医"绿色通道"服务。领军人才享受在全省三级医院就医"绿色通道"和年度健康体检等服务。拔尖以上人才享受政府统一购买的商业健康团体保险。柔性引进的大师级人才、杰出人才、领军人才享受就医"绿色通道"服务。

健全人才服务和保障机制。成立高层次人才服务工作小组，建立高层次人才引进、培养、使用、保障等工作协调机制。建设海南人才大厦，集中受理人才认定，办理"天涯英才卡"，协调落实人才服务保障待遇。打造省级人力资源产业园，引进国内外知名人才中介组织和服务机构提供多元化的人才服务。各市县各单位以及各重点产业园区设立人才服务窗口，打造集中受理人才落户、安居、社保、子女入学、档案托管、证照办理、出入境等业务的"一站式"服务平台。完善人才评价和退出机制。充分发挥用人单位主体作用，突出市场评价和同行评价，对引进和培养支持的各类高层次人才及团队实行"五年两次"跟踪考核，考核合格的继续落实相关待遇，并在五年期满后给予持续稳定支持；考核不合格的取消相关待遇。实行高层次人才服务联络员制度，目前已发布第五批共计644人、覆盖32个服务事项的高层次人才服务联络员队伍名单。开通人才服务"单一热线"，现已具备中英韩等多语种、全天候24小时接听能力，为人才提供个性化、精准化、国际化服务。

后 记

经过两年的努力，本书终于如期出版。习近平总书记治国理政思想博大精深，海南自由贸易港建设实践日新月异，本书也只是做了阶段性、尝试性探索。古人常言，行之以诚，持之以久。在研究过程中，尽管我们夕惕若厉、殚精竭虑，但始终有种咫尺匠心难的无力感，难免有疏漏，因而，此书只是对海南自由贸易港建设研究的起点而不是终点，未来我们会再接再厉做更多相关领域的研究。我们相信此书能够抛砖引玉，引出更多更有价值的研究成果，也希望越来越多的专家学者和各界人士关注海南自由贸易港发展，投身海南自由贸易港研究。

本书的研究团队主要是省委党校的青年学者，他们年轻有朝气，学习能力强，在写作过程中，组织研讨近10次。我从纲目到内容都进行了认真审阅，提出具体修改意见。本书第一章主要由毕普云同志和杨显同志负责，第二章主要由娄瑞雪同志和王伟同志负责，第三章主要由毕普云同志负责，第四章主要由姜维同志和毕普云同志负责，第五章主要由毕普云同志和陈明雄同志负责，第六章主要由毕普云同志和康兴涛同志负责，第七章主要由毕普云同志和陈明雄同志负责，第八章主要由娄瑞雪同志负责，第九章主要由娄瑞雪同志和毕普云同志负责。

在写作过程中，省委省政府相关部门给予了具体指导，省内部分专家学者给予了许多帮助，人民出版社给予了大力支持，在此一并表示衷心感谢。

课题组组长：李军

二〇二四年一月

责任编辑：刘敬文

责任校对：白　玥

图书在版编目（CIP）数据

中国特色自由贸易港理论与实践研究 / 海南省马克思主义理论研究和建设
　　工程专项课题组著 . — 北京：人民出版社，2023.4
ISBN 978 – 7 – 01 – 025209 – 4

Ⅰ . ①中…　Ⅱ . ①海…　Ⅲ . ①自由贸易区 – 经济发展 – 研究 – 中国
　　Ⅳ . ① F752

中国版本图书馆 CIP 数据核字 (2022) 第 202551 号

中国特色自由贸易港理论与实践研究

ZHONGGUO TESE ZIYOU MAOYIGANG LILUN YU
SHIJIAN YANJIU

海南省马克思主义理论研究和建设工程专项课题组　著

人民出版社 出版发行

（100706　北京市东城区隆福寺街 99 号）

中煤（北京）印务有限公司印刷　新华书店经销

2023 年 4 月第 1 版　　2023 年 4 月北京第 1 次印刷

开本：710 毫米×1000 毫米 1/16　印张：22

字数：240 千字

ISBN 978–7–01–025209–4　定价：60.00 元

邮购地址　100706　北京市东城区隆福寺街 99 号

人民东方图书销售中心　电话（010）65250042　65289539